워런 버핏의
실전 주식투자

THE NEW BUFFETTOLOGY
by Mary Buffett and David Clark

Copyright ⓒ 2002 by Mary Buffett and David Clark
All rights reserved.

This Korean edition was published by ECON Publishers, Inc.
in 2010 by arrangement with the original publisher, Scribner, Division-of Simon & Schuster, Inc..

이 책의 한국어판 저작권은 (주)한국저작권센터(KCC)를 통하여
저작권자와 독점 계약한 이콘출판에 있습니다.
저작권법에 의하여 한국 내에서 보호를 받는 저작물이므로
무단 전재와 복제를 금합니다.

이 도서의 국립중앙도서관 출판시도서목록(CIP)은 e-CIP 홈페이지(http://www.nl.go.kr/ecip)에서 이용하실 수 있습니다.
(CIP제어번호: CIP2010003177)

워런 버핏의

The New Buffettology

실전 주식투자

메리 버핏 · 데이비드 클라크 지음 | 최준철 옮김

이콘

불필요하게 복잡한 언명을 제시해서는 안 된다.
(Pluralitas non est ponenda sine neccesitate.)

가장 단순한 설명 방법이 최고라는 아이디어를
투자와 과학 분야에 전수한
찰리 멍거와 빌리 오컴에게 이 책을 바친다.

:: 감사의글

무엇보다도 워런 버핏에게 감사의 말을 전하고 싶다. 비록 그가 집필에 참여하지는 않았지만 우리에게 수십 년에 걸쳐 지혜와 친절을 베풀어 준 사실을 영원히 잊지 못할 것이다. 투자자로서 그의 천재성은 언젠가 엄청난 자선 행위에 의해 가려질지도 모른다는 생각이 든다. 그가 버크셔 해서웨이의 마지막 걸작이 될 것이라 장담하는 버핏재단은 결국 세계에서 가장 큰 자선단체가 될 것이기 때문이다. 그리고 버핏재단은 다음 세대에게 버핏의 투자에 대한 헌신적인 열정이 만들어낸 성과물들을 물려줄 것이다.

우리는 또한 책을 낼 수 있도록 도와준 발행인 엘리너 로슨에게 감사한다. 그녀는 출판 분야의 최고이며 그녀가 없었다면 결코 이 책이 나올 수 없었을 것이다. 편집장인 리사 콘시딘에게도 감사의 뜻을 전하고 싶다. 그녀가 있었기에 우리의 책이 진솔함을 유지할 수 있었다. 그녀는 편집의 달인이다. 그리고 부편집장인 앤 바돌로뮤와 놀라운 능력을 보여준 문구 편집인 스티브 볼트에게도 특별한 감사의 말을 전한다. 또한 풍부한 경험을 바탕으로 조언을 해준 변호사 제니퍼 와이드먼과 에밀리 렘스에게도 감사한다. 이 둘은 사이먼 앤드 슈스터 출판사가 왜 업계 최고인지를 증명하는 사람들이다.

우리는 다음 열거하는 사람들에게도 이 책의 공로를 돌리고 싶다. 메리의 갑옷 입은 기사가 되어 준 샘. 나이는 어리지만 현명한 최고의 딸들 에리카와 니콜. 최고의 날들을 함께한 그녀들의 아버지 피터 버핏. 마법의 지팡이와 전화기를 휘두르며 불가능한 것들을 가능하게 해준 마술사 같은 사브리나 벤슨. 진심 어린 우정으로 조언을 해준 키티 오키프와 시화 류. 사랑으로 뒷받침해준 패티. 초고를 쓸 때 무척이나 고생했지만 항상 조용한 제3의 저자로 남아준 신디 코널리 케이츠(그녀가 없었다면 책을 쓸 수 없었을 것이다). 힘든 날을 보내고 책을 쓸 때 악령을 쫓아내준 벤 플랫. 매혹적인 음악을 연주해준 제시카 스켐. 저자가 바라는 최고의 교정자이자 멋진 시인인 에릭 호프먼. 우리가 지쳐 있을 때 용기의 말을 건네 준 게리 스펜스, 존 존슨, 로버트 로즈. 통찰력을 전해준, 월가에서 가장 정직한 사람인 팀 빅. 천사 같은 폴린 마카디컨. 우정으로 지혜를 선사해준 프리츠 펠버그와 롭 그리츠. 중요한 모든 것이 되어준 밸러리 샤트. 버핏과 버크셔 해서웨이를 조명한 월가 최고의 작가 로저 로웬스타인. 유능한 버크셔 역사가이자 매력적인 남부 신사인 앤디 킬패트릭. 역사 조사가인 앤디 클라크. 큰 거래를 만들어 낸 매넛 펠프스 앤드 필립스의 빈센트 월드먼. 창조적 영혼의 소유자 테리 로젠버그. 가장 힘들 때 그 자리에 서서 친구와 조력자가 되어준 로버트 E. 마지막으로 사랑하는 케이트 베네케에게 감사의 말을 전한다.

가치투자의 아버지는 벤저민 그레이엄이다. 그는 저서 『현명한 투자자』를 통해 투자를 과학으로 승화시켰으며 지식과 인내심만 있다면 주식투자를 통해 안정적인 수익을 창출할 수 있음을 알려주었다. 그러나 가치투자의 대명사는 역시 벤저민 그레이엄의 제자인 워런 버핏이다. 버핏은 스승에게서 배운 가치투자에 자신의 독특한 방법론을 더해 주식투자만으로 세계 2위의 부자 자리에 올랐다. 가치투자를 실증해냈고 아직도 현업에 종사하고 있다는 점에서 버핏은 역자를 포함한 가치투자자들의 스승이며 영원한 관심 대상이자 우상이다.

그러나 버핏은 자신의 투자 방법에 대해 직접 저술한 책이 한 권도 없다. 시중에 나온 버핏 관련 서적은 대부분 기자나 금융업 종사자가 버핏의 인터뷰와 주주들에게 보내는 편지, 공시자료 등을 모아 쓴 것들이다. 그러다보니 버핏의 투자 방법이, 코카콜라로 상징되는 지난 투자 사례들을 바탕으로 어렴풋이 기술되거나 그의 말 몇 마디로 간단히 소개되었던 것이 사실이다. 독자 입장에서는 버핏의 지난 세월을 알 수는 있을지언정 나의 투자에 어떻게 적용할 것인지에 대해 여전히 목말라 있는 상태였다.

이런 목마름을 해소해줄 가뭄의 단비 같은 책이 바로 『워런 버핏의 실전 주식투자』이다. 국내에도 소개되어 버핏의 며느리가 쓴 책으로 유명세를 탔던 『주식투자 이렇게 하라』의 속편 격이다. 『주식투자 이렇게 하라』는 버핏의 투자 방법을 지나치게 단순화시켰다는 말을 듣기도 했지만 가장 현실에 가깝다는 점에서 많은 가치투자자들의 필독서로 자리잡았다. 역자 역시 이 책을 통해 ROE, 소비자 독점력 등의 개념에 눈을 뜨게 되었고, 『한국형 가치투자 전략』에도 상당 부분을 변형해 차용했을 정도로 핵심 개념이 잘 정리되어 있다.

『워런 버핏의 실전 주식투자』를 원서로 처음 접했을 때는 기대 반 우려 반이었다. 2002년에 쓰여진 최신판이라는 점에서 기대감이 있었고 '전편만한 속편 없다'는 속설 때문에 우려감이 있었던 것도 사실이다. 그러나 한 장 한 장 책장을 넘기면서 지속적 경쟁우위를 중심으로 풀어가는 이야기 전개에 매료되고 말았다. 저자인 메리 버핏이 오히려 전편에서 너무 많은 내용을 빼먹은 것이 아닌가 하는 생각이 들 정도였다. 그래서 우리나라의 가치투자자들이 이 내용을 접했으면 좋겠다는 생각이 들어 직접 번역을 하기로 결심했다. 이 책의 좋은 내용이 역자로 하여금 버핏의 투자 방법을 가치투자자의 입장에서 제대로 전달하고 싶다는 욕심을 불러일으켰다고 보는 것이 더 맞는 표현일 듯하다.

이 책의 강점은 세 가지로 요약할 수 있다. 첫째, 버핏이 좋아하는 기업을 재는 잣대가 명확히 소개되어 있다. 기존의 책을 읽어보면 버핏이 기업의 어떤 부분에 중점을 두는지가 모호하다. 사례가 더해지면 오히려 더 헷갈린다. 예를 들어 코카콜라와 가이코를 같은 범주에 묶기가 매우 힘든 것처럼 말이다. 하지만 이 책에서는 기업 분류를 좀더 상세히 나눠 버핏이 투자했던 기업들의 공통점을 명쾌하게 풀어낸다. 국내 가치투자자들이 실전에서 우리나라 기업들을 찾는 데 큰 도움이 되는 내용이라 생각한다.

둘째, 언제 사고 팔아야 할지에 대한 내용이 잘 정리되어 있다. 흔히 버핏의 투자 방법을 기업만 좋으면 가격이 얼마이건 간에 언제든지 사서 장기 보유하는 것으로 잘못 이해하는 이들이 많은 이 부분을 잘 짚어냈다. 독자가 '버핏은 가격에 매우 신경을 쓰는 사람이다' 라는 개념만 받아들여도 이 책의 가치는 충분하다.

셋째, 2002년까지의 최신 사례가 풍부하게 담겨 있다. 버핏이 보유한 종목하면 코카콜라, 아멕스, 질레트 등이 떠오르겠지만 이것은 1980년대 후반에 나온 버핏 관련 서적들의 영향 때문이다. 이후에도 버핏은 다양한 기업에 투자했고 그 아이디어 하나하나도 코카콜라 등에 못지 않게 훌륭하다. 이런 사례들을 들어 다양한 질문을 던져보고 수치로 검증해보는 과정을 따라가는 것도 이 책이 제공하는 큰 재미 중 하나다.

마지막으로 당부하고 싶은 점은 이 책을 눈으로만 읽지 말라는 것이다. 계산기와 노트를 준비해서 문제도 풀어보고 우리나라 기업들 중 비슷한 종목을 찾아보면서 읽어야, 이 책을 100% 읽었다고 할 수 있을 것이다. 깊이 생각을 하면서 천천히 음미해보길 권한다. 버핏이 직접 책을 저술하지 않는 이상 그의 투자 방법에 대해 이렇게 많은 아이디어를 던져줄 책은 당분간 등장하기 힘들 것이다. 우리나라의 주식투자자들을 부자로 만드는 데 이 책이 큰 일조를 했으면 하는 바람이다.

VIP투자자문 대표이사

최준철

비밀에 가려진 억만장자에 대한 몇 가지 개인적인 얘기들

투자의 역사 속에서 워런 버핏의 이름은 어느 누구보다도 두드러진다. 그는 초기 투자금액인 10만 5,000달러를 주식투자만으로 300억 달러라는 어마어마한 금액으로 바꾸어놓았다. 이것은 깨지지 않을 기록이다. 그는 과연 어떤 사람이며, 부자가 되고자 하는 그의 집념은 어떤 것일까?

버핏은 아버지의 투자회사를 거의 파산 지경으로 몰아간 1929년 주가 대폭락 시기에 태어났다. 대공황기에 경제적으로 힘든 가정에서 자란 다른 아이들처럼 버핏도 어린 시절부터 돈에 대한 관심이 남달랐다. 어릴 때부터 장난감 동전교환기를 가장 좋아해서 어디든 들고 다녔고, 복리 계산에 푹 빠져 있기도 했다. 여섯 살 때는 네 개들이 코카콜라 팩을 6센트에 사서 아이오와 오코보지 호수에 휴가 온 사람들에게 개당 5센트에 팔았다. 이것이 그의 첫 사업이었다. 버핏은 『천 달러를 버는 천 가지 방법』이라는 책을 달달 외우고 나서 신문(워싱턴포스트) 배달과 핀볼 대여 사업으로 돈을 모으기 시작했다. 그는 돈을 버는 데 너무 열중한 나머지 푹푹 찌는 한여름에 수 마일 떨어진 경마장에 가서 톱밥으로 뒤덮인 바닥에 엎드려 몇 시간 동안이나 버려진 마권을 뒤지기까지 했다. 혹시나 당첨된 것이 있을까 하는 마음에서.

버핏은 열한 살 때 주식투자에 입문했는데, 그가 처음으로 매입한 주식은 시티즈서비스 세 주였다. 고등학교를 졸업할 때인 열일곱 살에는 6,000달러라는 적지 않은 금액을 모았다. 3년 만에 대학을 조기에 마친 그는 하버드와 컬럼비아 대학, 두 곳의 MBA 과정에 지원했는데 하버드는 떨어지고 결국 컬럼비아에 들어가게 된다.

누구나 젊은 시절 자신의 길을 발견한 순간이 있을 것이다. 버핏에게는 컬럼비아 시절이 바로 그런 때였다. 컬럼비아 대학 교수이자 가치투자의 창시자 벤저민 그레이엄과의 만남은 버핏의 인생을 바꿔놓았다. 버핏은 그레이엄과 만나자마자 지적인 교감을 나누게 된다. 버핏의 동창이자 현재 세쿼이아 펀드의 수장인 빌 루앙은 "불꽃이 튀는 것 같았죠. 누구라도 버핏이 특별한 사람임을 알아차릴 수 있었을 겁니다"라는 말로 그들의 만남을 회고했다. 마치 그레이엄이 버핏의 눈에서 가리개라도 떼어낸 것처럼 버핏은 어린 시절부터 꿈꿔오던 돈 버는 길을 발견하게 된다. 그레이엄은 그에게 길을 밝혀주는 등불과도 같은 존재였다.

버핏은 컬럼비아 대학을 졸업한 뒤 그레이엄이 운영하는 월가의 투자회사에서 수습 애널리스트로 일하길 원했다. 그러나 그레이엄은 거절했다. 버핏은 무급으로라도 일하겠다고 간청했다. 결국 스승에 대한 끊임없는 버핏의 구애에 그레이엄은 그를 고용했다.

버핏은 그레이엄이 은퇴한 때인 1956년까지 그 회사에서 근무하다가 네브래스카를 그리워하여 사랑하는 고향 오마하로 돌아왔다. 오마하에서 버핏은 그레이엄의 회사와 유사한 투자조합을 만들기 위해 돈을 모으러 다녔다. 지인들로부터 투자를 받기 위해 투자클럽에서 강연도 하고 심지어는 이웃집을 찾아가기도 했다. 이렇게 해서 설득한 여덟 명의 초기 투자자들의 자금에 자신의 돈을 합쳐 10만 5,000달러로 '버핏 파트너십'을 설립했다. 버핏 파트너십은 연평균 복리로 계산할 때 13년 동안 30%의 수익률을 올렸다. 버핏은 뛰어난 투자자로 이름이 알려지자 더 많은 돈을 운용하고 싶었다. 그는 종종 투자자가 될 만한 사람들에게 투자조합의 세금 정산서를 보냈는데, 이는 투자조합 투자자들에게 얼마나 많은 수익을 올려주고 있는지를 보이기 위해서였다. 그 자신의 재산은 모두 파트너십에 투자했는데 그의 말에 따르면 '직접 요리를 해서 먹고 있는 것'과 같았다. 이를 통해 버핏은 자신의 돈으로 하고 싶지 않은 것은 투자자들의 돈으로도 하지 않는다는 철칙을 세운다.

그러나 1969년 들어서면서 초강세장이 펼쳐졌다. 버핏은 1960년대 후반의 활황장을 보면서 거의 모든 주식이 과대평가되어 있다고 생각했다. 이런 상황에서는 가치투자에 기초한 자신만의 투자 스타일을 지키기가 불가능하다고 판단했다. 결국 그는 과감한 결정을 내린다. 주식

---

* 미국은 지배주주가 회사에 이익을 유보함으로써 누진적으로 적용되는 고액의 소득세를 회피하는 것을 방지하고자 법인세와 별도로 회사 유보 이익에 대해 과세하는 유보이익세(accumulated earnings tax)를 두고 있다.

시장이 너무 과대평가되어서 지금까지 보여줬던 수익률을 더 이상 내기 힘들지만 그렇다고 새로운 투자 전략을 적용하는 건 본인에게 맞지 않은 것이므로 파트너십을 청산해서 돈을 돌려주겠다고 투자자들에게 통보한 것이다. 그리고 돌려받는 것은 파트너십이 보유하고 있던 회사의 주식과 현금 중에서 선택할 수 있도록 했다.

파트너십이 경영권을 가지고 있었던 회사는 버크셔 해서웨이라는 방직회사였다. 파트너십은 1967년에 이 회사의 지분을 대거 사들여 대주주가 되었다. 버핏은 경영권을 확보하자 버크셔의 운영자금으로 보험사를 사들였다(버핏은 이후 30년간 많은 보험사들을 인수한다). 파트너십을 청산한 1969년 이후, 버핏은 투자자들에게서 버크셔 주식을 되사 27%의 지분을 확보했고 개인적으로 완전히 이 회사를 통제할 수 있을 정도까지 주식시장에서 추가로 지분을 사들였다.

버핏은 두 가지 이유에서 버크셔 해서웨이가 필요했다. 첫번째 이유는 버크셔가 보험사를 인수해서 보유하고 있었다는 점이다. 보험 가입자는 보험사에 보험료를 지급하는데, 보험사 입장에서 보면 보험료는 유동자금이 되어 투자에 활용할 수 있었다. 두번째 이유는 세금 때문이었다. 당시 개인에게 부과되는 세율은 법인세율보다 훨씬 높았다. 버핏은 투자의 도구로 보험사를 이용함으로써 세금을 절약하고 더 많은 자본을 축적할 수 있었다. 또한 보험사는 '유보이익세*'를 피할 수 있다. 유보이익세란 위런 버핏과 같이 회사를 투자의 도구로 삼아 고율의 개인소득세를 회피하려는 사람들을 막기 위해 고안된 세금인데, 보험사는 유보이익세가 면제되는 몇 안 되는 업종 중 하나였던 것이다.

버크셔의 투자자금을 확보하고 개인 세금으로부터 자유롭게 된 버핏은 그의 모든 능력을 동원해 버크셔의 자산을 불려나가기 시작했다. 그의 놀라운 능력 덕분에 버크셔는 30년 동안 장부가치를 매년 복리 기준으로 평균 23%씩 늘려왔다 주당 장부가치가 19달러에서 4만 달러로 증가한 셈이다. 이에 따라 주가도 크게 올랐다. 13달러였던 주가는 연평균 29%씩 상승해 거의 7만 달러에 육박했다.

버핏의 초기 버크셔 지분가치는 700만 달러에서 현재 300억 달러 이상으로 불어났다. 그는 오로지 투자를 결정하는 탁월한 능력과 투자의 도구로 보험사를 활용하는 현명함만으로 부를 창출해냈다. 이 두 가지 요인은 그를 세계에서 가장 부유한 사람 중 한 명으로 만들었을 뿐 아니라 투자 역사를 통틀어 가장 위대한 투자가로 만들었다.

어떻게 버핏은 10만 달러를
300억 달러로 만들었나

『워런 버핏의 실전 주식투자(The New Buffettology)』는 약세장과 하락장에서도 수익을 내는 워런 버핏의 선택적 역발상 투자 전략(selective contrarian investment strategy)을 가장 깊이 있게 다룬 첫번째 책이다. 선택적 역발상 투자 전략은 그를 세계에서 둘째 가는 부자로 만든 비법이다. 또한 이 책은 H&R블록, 브리스톨 마이어스 스퀴브, 뮬러 인더스트리즈, 퍼니처 브랜즈 인터내셔널, 저스틴 인더스트리즈, 염 브랜즈, 존스 맨빌, 쇼 인더스트리즈, 리즈 클레이본, 나이키, 던 앤드 브래드스트리트, USG, 퍼스트데이터, HRPT 프라퍼티즈 트러스트, 퍼스트리얼티 트러스트, 이지스 리얼티, JDN 리얼티 등과 같은 기업들에 대한 투자를 살펴봄으로써 선택적 역발상 투자라는 철학이 버핏을 새로운 방향으로 이끌었음을 보여준다. 이뿐 아니라 『워런 버핏의 실전 주식투자』는 버핏이 어떻게 하락장이라는 좋지 않은 상황을 이용하여 전설적인물이 되었고, 어떻게 돈을 잃을 가능성을 없애면서 이득을 취하는 방법을 터득했는지에 대해 설명한다. 이 책은 버핏의 투자법을 다룬 책 중에서 선택적 역발상 투자 전략을 분석한 유일한 책이다. 또한 버핏 같은 투자 대가가 어떤 주식을 살 것인지 결정할 때 적용하는 수학적 공식을 소개했다는 면에서도 독보적이다. 그뿐 아니라 버핏은 그가 '지속적 경쟁우위(durable competitive advantage)'라 부르는 요소를 갖춘 기업에만 관심을 둔다는 사실을 지적했다는 면에서도, 이 책은 최초라는 타이틀을 갖는다. 그리고 버핏이 언제 그리고 왜 주식을 파는지를 속시원히 밝힌 책은 드물었는데 이 책에는 그 의문에 대해 완벽한 답을 제시한다. 지엽적으로 들어가면 코카콜라 주식이 1998년 수익의 167배 가격에 거래되는 초활황장에서 어떻게 코카콜라 지분 17%를 세금 없이 팔 수 있었는지에 대한 설명도 담고 있다. 마지막으로 인터넷에서 개인투자자들이 접할 수 있는 투자분석 도구를 활용해 버핏의 투자 방법을 어떻게 구현할 수 있는지에 관한 실질적인 내용도 담고 있다.

오직 거부들만이 독점적인 재무 정보에 접근할 수 있었던 시대는 이제 인터넷으로 인해 종말을 고했다고 해도 과언이 아니다. 개인투자자들은 인터넷을 통해 월가의 투자회사들과 경쟁할 수 있을 정도로 비대칭적이었던 정보에 자유롭게 접근할 수 있다. 인터넷은 복잡한 재무의 세계를 흡수해 모든 사람이 접근할 수 있게 만들었고, 보통의 투자자들도 내부정보를 가진 사람들에게 뒤지지 않는 결과를 만들 수 있는 정보 민주주의 시대를 열었다. 이제 모든 투자 환경은 몇 번의 마우스 클릭만으로 평등해졌고, 어떤 엘리트 집단도 재무정보를 독점할 수 없다.

인터넷이라는 정보 매체의 등장으로 이제는 그 정보를 어떻게 해석하느냐가 가장 중요한 문제가 되었다. 어떻게 하면 새로 발견된 정보를 돈을 벌어다주는 황금으로 변화시킬 수 있을까? 바로 『워런 버핏의 실전 주식투자』가 이에 대한 해답을 제시해줄 것이다. 이 책은 당신이 마치 워런 버핏이 된 것처럼 재무정보를 자유자재로 활용할 수 있는 방법을 가르쳐줄 것이다. 이 책을 당신 머릿속에 깔아두는 소프트웨어 프로그램이라고 생각하면 이해가 빠를 수도 있겠다. 우리는 당신이 버핏처럼 생각하고 투자할 수 있도록 당신의 머리를 프로그래밍 해줄 것이다. 읽어볼 만한 가치가 있지 않겠는가!

우리는 당신 머릿속에 있는 프로그램을 작동시키기 위해 차근차근 버핏의 방법에 대해 알아갈 수 있는 방법을 단계별로 구성했다. 한 단계씩 밟아나가다 보면 그 투자 전략의 특징을 간파해, 약세장에서도 주식투자를 통해 부를 만들어내는 수준까지 만들어줄 것이다. 이 책에서 소개하는 방법과 공식은 단지 어떤 기업에 투자를 해야 할 것인가에 국한되지 않고 심지어 '언제 투자해야 할 것인가?' 까지 포함한다. 여기서 더 나아가 버핏이 주식을 파는 시점을 정하는 방법까지도 가르쳐줄 것이다.

버핏이 어떤 유형의 기업들에 관심을 가지는지에 대한 이해만으로는 부족하다. 당신은 주식을 살 적정 가격을 결정하는 방법까지 알아야 한다. 제 아무리 탁월한 능력을 가진 기업이라고 해도 지나치게 비싼 값을 치른다면 도로아미타불이다. 투자수익이 영원히 별 볼 일 없는 수준에 머물러 있을 것이기 때문이다. 적당한 사업에 대해 충분히 낮은 값을 지불하면 할수록 당신이 부자가 되어 「포브스」지의 표지를 장식할 확률이 높아진다.

버핏은 스스로를 증권분석가(security analyst)가 아니라 사업분석가(business analyst)로 생각하길 좋아한다. 따라서 우리는 당신에게 평범한 사람과 버핏을 구분 짓는 훌륭한 사업 감각이 어떤 것인지 보여주고자 한다. 이 책의 초반부는 사업을 분석하는 질적인 부분에 초점이 맞춰져 있다. 여기서 당신은 버핏이 어떻게 기업이 가진 장기적 경쟁력의 힘과 질을 파악하는지에 대해 배우게 될 것이다. 버핏은 오직 특정한 종류의 기업에만 관심이 있으며 그 기업이 좋은 인수 대상이 될 정도로 싸야만 투자한다는 사실을 깨닫게 될 것이다. 버핏은 기업이 가진 경쟁력의 견고함을 측정하기 위해 제일 먼저 '주가 폭락이라는 폭풍우를 뚫고 나갈 수 있을 정도의 경쟁력인가?' 라는 질문을 던진다. 이 질문을 통해 당신은, 버핏의 천재성이 주식시장이 폭락할 때에도 흔들리지 않고 장기적인 경쟁력과 사업 기반을 가지고 있는 기업을 파악해내는 능력에 있다는 사실을 알게 될 것이다. 이와 같은 혜안을 수익으로 변모시킬 수 있는 방법을 배워보자.

그다음은 양적인 부분이다. 여기서 당신은 어려움을 겪는 기업이 충분히 싸게 거래되고 있는지를 판별하기 위해 버핏이 즐겨 사용하는 수학 공식에 대해 배우게 될 것이다. 그는 이를 일컬어 '사업 감각(business sense)' 이라 부른다. 이 부분에서 버핏이 사용하는 계산법과 숫자를 유의미한 정보로 바꾸는 기술에 대해 다루게 된다. 그는 오직 충분한 연간 복리수익률이 나올 정도로 저평가된 기업에만 투자한다. 연간 복리수익률은 간단한 계산을 통해 도출이 가능하다. 또한 인터넷의 어디에서 재무정보를 얻고 이를 어떻게 사용하는지에 대한 방법을 보여줄 것이다.

숫자를 쉽게 도출하기 위해서는 텍사스 인스트루먼트 사의 'BA-35 재무용 계산기'가 필요한데 이 사용법도 책에 서술되어 있다. 30년 전 만 해도 이런 놀라운 계산기는 존재하지 않았는데 지면을 빌어 텍사스 인스트루먼트 사에 감사의 말을 전하고 싶다. 과거 월가의 분석가들만 독점적으로 점유하고 있던 정보와 도구가 이제 누구에게나 활짝 열려 있다. 수학에 자신이 없더라도 걱정할 것 없다. 우리가 가르쳐주는 몇 가지 간단한 것들만 익힌다면 언제든지 당신은 척척 재무 계산을 해낼 수 있다.

이뿐 아니라 버핏이 최근에 투자했던 몇 가지 기업들의 사례와 함께 그의 방법론을 따라 적용해볼 수 있는 몇 가지 예를 담고 있다. 당신은 몇 가지 질문과 계산을 통해 버핏의 독특한 시각을 얻을 수 있게 될 것 이다.

제16장에는 버핏이 최근에 투자한 기업과 함께 지난 30년간 그에게 큰 부를 안겨준 기업이 열거되어 있다. 이 리스트는 버핏의 투자에 관심 을 갖는 투자자라면 유심히 볼 만한 가치가 충분하리라 생각한다.

이 책의 전편인『주식투자 이렇게 하라』를 읽은 독자라면『워런 버핏 의 실전 주식투자』가 이전과는 다소 다르지만 여전히 버핏의 투자 방법 에 대해 놀라운 혜안을 제공하고 있다는 사실을 눈치챌 수 있을 것이다. 우리는 버핏의 과거 분석들이 여전히 유효한지를 검증하기 위해 전편 의 사례들을 포함하면서도 새롭게 업데이트했다. 또한 인터넷 주식 거래가 버핏의 전매특허라 할 수 있는 차익거래(아비트라지)를 소액투자자들도 할 수 있도록 도와준다는 것도 자세히 소개했다. 『주식투자 이렇게 하라』가 사업 전망에 근거한 투자에 초점을 맞췄다면, 『워런 버핏의 실전 주식투자』는 주식시장에 대한 근시안적인 비관론을 어떻게 하면 탁월한 경쟁력을 가진 기업을 헐값에 살 수 있는 기회로 활용할 수 있는지에 대한 깊이 있는 이해에 초점을 맞추고 있다는 점이 차이점이다.

이 책은 버핏의 글, 강연, 인터뷰, 대화에 기초를 두고 있다. 비록 우리 두 명의 저자가 과거 이 투자 대가와 관계를 맺고는 있었지만 정작 그가 직접 이 책의 집필에 관여하지 않은 것이 사실이다. 그렇게 작업이 이뤄졌기 때문에 우리는 그의 선택적 역발상 투자 스타일을 소개하는 데 더 자유로울 수 있었다는 장점도 있다. 일례로 이 책은 공식적으로 발표된 버핏 소유의 주식뿐 아니라 그의 투자 스타일에 맞아 사고 있을지도 모른다는 소문이 떠돈 주식까지도 소개한다. 우리는 다른 저자들이 놓친 작은 것들까지도 독자들에게 전달하고 싶었기 때문이다.

참고로 여기에 소개된 버핏의 공식적인 주식 매매일자는 모두 증권거래위원회(SEC)의 자료를 토대로 추정한 것이다. 버핏은 불과 며칠 동안에도 수백만 주의 주식을 빠르게 사들이는 것으로 잘 알려져 있다. 심지어는 몇 주 만에 기업 인수를 마무리짓기도 한다. 매수와 마찬가지로 매도도 재빠르다. 따라서 정확한 매매일자를 짚어내는 것은 불가능에 가깝다. 책에서 달리 날짜를 얘기하지 않는다면 모든 주가는 2002년 2월 현재가라는 점도 알아두었으면 한다.

참고로 우리는 버핏의 선택적 역발상 투자 스타일의 이면에 숨겨진 개념을 정확히 전달하기 위해서 세금과 인플레이션의 영향을 무시하는 편이 낫다고 판단했다. 전작에서는 세금과 인플레이션이 버핏의 투자 스타일에 미치는 영향에 대해 강조했지만, 이 개념을 또 이 책에서 반복하는 것은 사족일 뿐 아니라 원래 전달하려고 했던 중요한 원칙을 오히려 퇴색시키는 일이라 생각했기 때문이다.

이제 당신은 이 책을 통해 버핏의 투자 방법이 매우 간단하다는 사실을 이해하게 될 것이다. 많은 사람들이 기본적인 인간의 성향을 무시하고 월가의 지혜들을 도외시하다 보니 어렵게 느껴왔을 뿐이다. 그러나 배우기는 쉽지만 적용은 또다른 문제다. 당신이 사려고 하는 때에 다른 대부분의 사람들은 주식을 팔려고 하기 때문이다. 남들과 다른 행동을 한다는 것은 쉬운 일이 아니다. 하지만 버핏의 선택적 역발상 투자 철학을 받아들이고 그것을 실행하는 능력을 키우고자 하는 사람들은 그들을 세계에서 가장 부자 중 한 명이 될 수 있도록 만들어낸 화수분을 발견하게 될 것이다.

계산기를 앞에 두라. 그리고 연필을 깎아두고 깨끗한 종이를 준비하라. 그렇다면 이제 당신은 주식시장에서 돈을 버는 버핏의 놀라운 혜안을 전수 받을 준비가 된 셈이다. 지금부터 당장 시작해보자.

2002년 3월

메리 버핏, 데이비드 클라크

CHAPTER 01

주식시장을 벗어나라

바보들은 현명한 자가 보는 나무를 보지 않는다

· 윌리엄 블레이크 ·

버핏의 투자 방법에 대해 본격적으로 알아보기 전에 가장 먼저 염두에 두어야 할 사항이 있다. 바로 버핏은 주식시장을 벗어나 있다는 점이다. 그는 최신의 투자 경향에 관심이 없을 뿐 아니라 인기 있는 주식은 철저히 피한다. 심지어는 주가 차트를 들여다보지도 않고 가격이 오르는 주식을 쫓아가서 사는 모멘텀 투자(월가에서 가장 좋아하는 투자 방법이다)에 편승하지도 않는다. 투자 세계에서 보편적으로 통용되는 방식을 따르지 않는 것이 버핏의 투자 철학 중 가장 두드러진 부분이다. 그는 인터넷 혁명과 바이오 열풍에 동참하지 못했던 과거에 대해 기꺼이 인정한다. 그리고 월가에서 굵직하게 일어난 거의 모든 투자 기회를 놓친 사실에 대해서도 빙그레 웃으며 담담하게 얘기할 뿐이다. 그럼에도 불구하고 그는 오직 주식투자만으로 초기 투자금액 10만 5,000달러를 300억 달러로 불려놓았다.

여기서 우리가 주목해야 할 것은 버핏이 주식시장에서 한발 벗어나,

오히려 주식시장에 끊임없이 투자하고 있는 투자자들을 역으로 이용함으로써 거부가 되었다는 사실이다. 그는 다른 투자자들의 비관론과 단기적인 시각에서 비롯된 비이성적인 행동을 이용하여 종국에는 승리한다. 대부분의 개인투자자들과 뮤추얼펀드를 포함한 기관투자가들은 단기적으로 수익을 내기 위해 주식투자를 하고 있다. 그들은 빨리 그리고 쉽게 돈을 버는 데 집착한 나머지, 단기적 시각에 휩싸인 투자 방법과 철학만을 발전시켜왔다. 그러나 버핏은 단기적인 시각이 바보 같은 투자로 이어진다고 믿는다. 이러한 단기적인 시각의 비이성적 투자 패턴이 나타나면 버핏은, 버크셔의 수십억 달러에 이르는 자산을 가지고 개인투자자나 뮤추얼펀드가 급하게 처분하는 기업들을 엄선해 매수할 준비를 한다. 오늘 당장은 헐값에 거래되지만, 내일이면 주식시장이 다시 정신을 차리고 비싼 값에 사줄 기업을 찾아낼 만한 힘이 있기 때문에 두려움 없이 주식을 사들이는 것이다.

버핏은 투자자들이 거의 인식하지 못하는 두 가지를 알고 있기 때문에 이런 현명한 판단을 다른 투자자들보다도 더 잘할 수 있다. 첫째는 주식시장을 구성하는 투자자들의 거의 95%가 소위 '단기적 시각'을 가지고 있다는 점이다. 이는 투자자들이 장기적인 사업 전망에 근거해 투자하기보다는 호재에 사고 악재에 파는 등 단기적 뉴스에 금방 반응한다는 것을 의미한다. 바보 같은 얘기처럼 들리겠지만 안타깝게도 실제로 대부분의 투자자들이 투자하는 방식이다. 투자자로 하여금 주식을 사게 만드는 호재는 매각 가능성을 알리는 헤드라인 기사가 될 수도, 분기 실적 호전 기사가 될 수도, 단기 급등주에 관한 기사가 될 수도 있다(심지어 투자자들은 단지 주가가 오르고 있다는 이유만으로 그 주식을 열심히 사들이기도 한다. 그러나 '모멘텀 투자'는 현재 진행 중인 열병과도 같다는 사실을 기억하라. 주지하다시피 버핏은 모멘텀 투자를 하지 않는다. 그는 모멘텀 투자를 완전한 정신병이라고 여긴다).

투자자들로 하여금 주식을 팔게 하는 악재는 해당 업종의 전반적인 불황에서부터 아주 조금 감소한 분기실적에 대한 실망감, 그리고 중동 지역의 전쟁까지 매우 다양하다. 모멘텀 투자자들로 가득 찬 월가에서는 주가가 급락하면 반드시 매도하는 습성이 있다. 이 때문에 주가가 하락하면 뮤추얼펀드들은 단지 남들이 팔고 있다는 이유만으로 매도 대열에 합류한다. 우리가 얘기했듯이 버핏은 이런 현상을 미친 짓으로 규정한다. 그러나 역설적으로 이런 미친 짓은 가치투자자들에게 커다란 기회를 제공해준다.

버핏은 몇 가지 호재들로 인해 최근 급등한 인기주는 주가가 거기 머물지 않고 하늘 높은 줄 모르고 다시 치솟게 된다는 사실을 깨달았다. 이것은 흔히 '호재 현상(good news phenomenon)'이라 불린다. 그는 또한 반대의 상황으로 몇 가지 악재들로 인해 주가가 하락한 주식은 날개 잃은 새처럼 바닥까지 추락할 수 있다는 사실도 알아챘다. 이것은 '악재 현상(bad news phenomenon)'이라 불린다.

이런 상황이 발생하면 장기적인 기업의 사업 전망은 완전히 무시된다. 즉 주식시장에 대한 단기적 시각이 때로는 기업가치에 비해 과대평가된 주식을, 때로는 기업가치에 비해 과소평가된 주식을 낳는다.

버핏에게 성공을 가져다 준 두번째 깨달음은 장기적으로는 결국 기업의 가치가 주가에 반영된다는 사실이다. 그는 과대평가된 주식은 결국 하락해서 주주를 더 가난하게 만든다는 사실을 발견했다. 다시 말하면 그 시대에 가장 인기 있는 투자 대상은 떼돈을 벌어다 주는 것이 아니라 주가 폭락으로 귀결되어 투자자들에게 큰 피해를 입히는 경우가 종종 있다는 것이다. 2000년 일어난 닷컴 버블의 붕괴는 이런 인기 있는 투자의 종말을 보여주는 대표적인 사례다.

결국 버핏은 강력한 장기 경쟁력(strong long-term economics)을 가진 저평가 주식만이 궁극적으로 주가가 재평가를 받고 주주를 부자로 만들어줄 수 있다는 결론에 도달했다. 이것은 오늘 인기 없는 주식이 내일의 인기주로 거듭날 수 있음을 의미한다. 가장 좋은 예는 업황 부진을 이유로 주가가 반 토막 나버린 2000년 보험주의 사례이다. 이 침체기 동안 자동차보험업계의 선두주자인 올스테이트는 주당 19달러에, 버핏의 회사인 버크셔 해서웨이는 수당 4만 800달러에 거래되었다. 1년 뒤 올스테이트는 주당 40달러에 육박했고 버크셔는 무려 7만 달러까지 치솟았다. 만약 2000년에 버크셔 주식을 샀더라면 불과 1년만에 75% 이상의 수익률을 올릴 수 있었다.

주식시장을 지배하는 단기적인 시각이 때때로 탁월한 기업을 저평가 상태로 만든다는 사실을 간파한 버핏의 천재성이 그를 거부로 만들었다. 그는 주식시장이 때때로 악재에 과도하게 반응해 탁월한 기업의 주식을 패대기치는 때가, 장기적인 사업의 경쟁력을 보는 관점에서는 바겐세일 기간임을 알고 있다(기관투자가를 포함한 대부분의 투자자들이 악재에 주식을 판다는 사실을 기억하라). 그는 이때 주식시장으로 뛰어들어 가능한 한 많은 주식을 사들인다. 장기적으로는 기업의 가치가 부정적 상황을 압도하고 주가를 제자리로 돌려놓을 것을 알고 있기 때문이다.

주식시장의 많은 투자자들은 호재에 사고 악재에 판다. 그러나 버핏은 악재에 산다. 지난 수년 동안 인터넷, 컴퓨터, 바이오, 휴대폰 등 투자자를 꾀어낸 많은 인기 산업이 주식시장을 활황으로 만들었지만 버핏이 관심을 전혀 갖지 않은 이유도 여기에 있다. 그는 오직 부정적인 단기 시각이 월가에 드리워져 탁월한 기업의 장기적 가치를 보지 못하도록 만드는 시점에만 투자를 한다. 즉 주식이 인기가 없고 가격이 턱없이 쌀 때만 쇼핑을 하는 셈이다.

╭ key point 활황장에서 호재를 바탕으로 투기를 하는 것은 버핏의 게임 방식이 아니다. 실제 그는 야후, 프라이스라인, 아마존닷컴, 루슨트, CMGI와 같은 인터넷 열풍의 첨단기술 주식을 단 한 번도 보유한 적이 없다. 버핏의 게임 방식은, 인기 있는 주식을 피하고 단기적인 악재가 환상적인 사업 내용을 가진 기업의 주가를 끌어내릴 때를 기다렸다가 거기에 올라타서 가능한 한 많은 주식을 사들이는 것이다. 버핏은 다음과 같이 말한다. "낮은 주가의 가장 주된 이유는 비관론입니다. 때때로 주식시장 전반에 걸쳐 영향을 미치기도 하고 한 기업이나 산업에 국한되기도 합니다. 우리 버크셔 해서웨이는 비관론이 만들어낸 낮은 주가 때문에 비관론을 좋아합니다." 낙관론이 아니라 비관론이 버핏에게 부를 안겨다준 원천이다.

CHAPTER 02

악재에서 수익을 창출하라

버핏은 나에게 힘주어 얘기했다.
"당신도 알다시피 월가 사람들은 아무도 장기적으로 생각하려고 하지 않아요."
· 캐서린 그레이엄의 자서전 『나의 역사(Personal History)』에서 ·

버핏은 '선택적 역발상 투자 전략(selective contrarian investment strate-gy)'를 구사한다. 원래 역발상 투자 전략의 의미는 폭락한 주식에 과감하게 투자하는 방법을 말한다. 다시 말해 역발상 투자자는 회사의 자산이나 주가가 다시 원상으로 회복하면 큰 수익을 낼 수 있다는 기대감을 바탕으로 다른 투자자들이 매력적이라고 생각하지 않는 주식에 투자한다. 그러나 단순한 역발상 투자자와 달리 버핏은 단지 주가가 폭락했다는 이유만으로 투자를 해서는 안 된다고 생각한다. 그는 오직 다른 기업과 차별화될 정도로 탁월한 경쟁력을 갖춘 기업의 주가가 역발상 투자를 할 만큼 떨어졌을 때만 관심을 가진다. 탁월한 기업의 주가가 설마 폭락하겠느냐고 생각하는 사람도 있겠지만 주식시장의 근시안적인 비관론은 종종 이런 결과를 만들어낸다. 버핏의 근본적인 투자 철학은 기본적으로 역발상에 있다. 다만 그가 말하는 '지속적인 경쟁우위'를 가진 기업에만 투자한다는 점이 다를 뿐이다. 이 점에 대해서는 나중에 자세히 다루게 된다. 버핏의 철학은 가능한 한 빨리 수익을 얻고자 하는 인간의 본성을 거스르길 요구한다. 또한 어떤 기업이 경쟁우위를 가지고 있고 언제 매력적인 가격에 거래되는지를 결정하게끔 도와주는 프로그램을 투자자의 머리에 설치할 것을 요구한다.

역발상 투자 전략 vs. 선택적 역발상 투자 전략

역발상 투자 전략을 사용하는 투자자는 최근 주가가 지지부진하거나 기대보다 더 많이 떨어진 주식을 매수한다. 이 전략은 지난 2년간 주가가 하락한 종목에 투자하면 다음 2년간 평균을 초과하는 수익을 얻을 수 있다는 유신 파마와 케네스 프렌치의 연구 결과에 기초하고 있다. 역발상 투자 전략에서는 주가가 떨어지는 종목에 관심을 가질 뿐 그 종목이 가진 경쟁력에는 거의 신경을 쓰지 않는다. 따라서 역발상 투자자는 가격경쟁형 기업과 지속적 경쟁우위형 기업을 구별하지 못하는 치명적인 맹점을 가진다. 단지 주가가 빠지면 매수 대상이 될 뿐이다.

선택적 역발상 투자 전략은 지속적 경쟁우위를 가진 기업의 주가가 단기적으로 시장의 외면을 받아 매력적인 가격으로 거래될 때만 주식을 사는 방법이다. 이때 매력적인 가격이라 함은 기업을 통째로 매수해도 될 정도를 말한다. 이 전략은 경쟁자에 비해 지속적인 경쟁우위를 가지고 있지만 새롭게 오너가 될 투자자가 매력적이라고 느낄 정도까지 싸게 거래되는 주식만을 매수 대상으로 한다는 면에서 전통적인 역발상 투자 전략과 차이가 있다(명확하게 와 닿지 않더라도 걱정하지 마라. 뒤에서 다시 설명할 것이다).

버핏처럼 되기 위해서는 어떤 종목을 언제 사야 하는지를 알아야 한다. 어떤 종목을 사야 하는가? 지속적 경쟁우위가 제대로 작동하는 탁월한 기업을 사야 한다. 그럼 언제 사야 하는가? 주식시장의 근시안적 비관론으로 인해 주가가 폭락했을 때 사야 한다.

근시안적인 비관론과 악재 현상은 버핏에게 기가 막힌 매수의 기회를 제공해준다. 만약 주식시장이 근시안적 비관론에 휘둘리지 않는다면 버핏은 세계에서 가장 환상적인 기업 중 몇몇을 할인된 가격에 살 기회를 잡지 못했을 것이다. 예를 들면 2000년에 주당 28달러에 H&R블록 지분 8%를 매입할 수 없었을 것이며, 1974년에 워싱턴포스트를 주당 6달러에 170만 주나 살 수 없었을 것이다. 현재 H&R블록은 60달러, 워싱턴포스트는 무려 500달러를 호가한다. H&R블록에 투자한 지 불과 1년 만에 세전 41%의 수익률을 올린 셈이다. 이 정도는 약과다. 워싱턴포스트는 단순 계산해서 27년간 8,468%의 수익률을 올렸다. 세전 연평균 복리수익률로 따지면 17.8%다.

2000년과 2001년에 닥친 주식시장의 비관론 속에서 버핏은 저스틴 인더스트리즈, 염 브랜즈, 존스 맨빌, 쇼 인더스트리즈, 리즈 클레이본, 나이키, 던 앤드 브래드스트리트, USG, 퍼스트데이터, H&R블록 등의 기업에 투자할 수 있었다. 이 기업들에 대해서는 나중에 살펴보자.

버핏은 투자를 시작한 초창기에 이미 다음과 같은 사실을 깨달았다. 인터넷 데이트레이더(프로 인터넷 데이트레이더는 하루 평균 44번의 거래를 한다고 하는데 이는 9분마다 한 번씩 거래를 하는 셈이다)부터 뮤추얼펀드

매니저들(단기적 시각을 가진 대중들이라 할 수 있다)까지 오로지 관심사는 '빨리 수익을 내는 것'에 있다는 것이다. 많은 사람들이 장기투자에 대한 중요성을 강조하는 입에 발린 말을 하지만 사실은 어떻게 하면 빨리 돈을 벌 수 있을까에 사로잡혀 있다.

버핏은 사람들이 얼마나 똑똑하건 간에 투자 판단을 하는데 있어서 인간 본성으로부터 자유롭지 못하다는 사실을 알고 있다. 뮤추얼펀드 매니저들을 예로 들어보자. 그들과 얘기를 해보면 가능한 한 높은 연간 수익률을 내야 한다는 압박감에 사로잡혀 있다고 말해줄 것이다. 그 근본적인 이유는 고객들이 그해 최고의 성과를 올리는 펀드에 투자하고자 한다는 데 기인한다. 펀드매니저들이 운용사의 마케팅팀에 자신이 맡고 있는 펀드가 미국 전체 뮤추얼펀드 순위에서 하위 10%에 포함되어 있다고 말하는 모습을 상상해보라. 과연 마케팅팀에서 그 펀드를 알리기 위해 수백만 달러의 광고를 기꺼이 집행할 수 있겠는가? 전혀 그렇지 않다. 평균 이하의 수익을 올리는 펀드매니저는 직장을 그만두고 후임자가 그 펀드를 맡게 될 것이 자명하다.

이런 일이 있을 수 없다고 생각하는가? 그렇다면 뮤추얼펀드에 투자한 주위 사람들에게 왜 그 펀드를 선택했는지 한번 물어보라. 분명 그 펀드가 뮤추얼펀드 순위 상위권에 올라 있기 때문이라는 대답이 돌아올 것이다. 이러한 뮤추얼펀드의 생리는 많은 현명한 투자자들이 수십억 달러의 자금을 가지고 근시안적인 수익률 게임을 하도록 만들고 있다. 펀드매니저의 개인적인 믿음이야 어쨌든 간에 최고의 단기 성과를 만들어내는 것이 현재의 직장에서 목이 달아나지 않는 방법이다.

우리는 몇 년 전에 서부지역의 대형 은행에서 수백억 달러의 자산운용 부문을 맡고 있는 숭년의 뮤추얼펀드 매니저와 식사할 기회가 있었다. 그는 휘하의 애널리스트들이 작성한 2,000개 기업의 내용을 담은 방대한 분량의 분석 요약 자료를 가지고 왔다. 그들은 그것을 '투자 목록(investment universe)'이라 불렀다. 그의 허락으로 그 자료를 보게 되었는데 거기서 버핏이 보유하고 있던 기업인 캐피털시티즈를 발견했다. 캐피털시티즈 커뮤니케이션즈는 톰 머피가 경영자로 있는 텔레비전 라디오 방송사였다. 톰 머피는 회사 내부를 속속들이 꿰고 있는 경영의 천재였다. 버핏은 이 기업을 너무나 사랑한 나머지 '딱 한 종목에만 투자해놓고 10년간 무인도에 가 있어야 한다면 모든 돈을 캐피털시티즈를 사는 데 쓸 것'이라는 말을 했을 정도였다. 그만큼 캐피털시티즈에 대해 확신을 가지고 있었다.

우리가 만난 뮤추얼펀드 매니저는 자신이 투자한 종목 리스트를 우리에게 보여줬다. 그런데 그는 캐피털시티즈 주식을 단 한 주도 가지고 있지 않았다. 우리는 그에게 버핏이 캐피털시티즈를 사고 있는데 이 리스트에는 캐피털시티즈가 들어 있지 않음을 지적했다. 그러나 그는 캐피털시티즈가 탁월한 기업이기는 하지만 6개월 내에 주가가 오를 것 같지 않기 때문에 사지 않았다고 말했다. 우리는 캐피털시티즈가 적절한 값에 거래되는 환상적인 장기투자 대상이라고 얘기해주었다. 그러자 그는 가능한 한 최고의 분기 수익률을 기록해야 하는 압박을 받고 있다는 입장을 피력했다. 만약 그가 분기별로 경쟁자의 수익률을 압도하지 못한다면 그의 고객은 당장 돈을 빼서 다른 곳에 투자할 것이고 그것은 곧 직장을 잃게 됨을 의미한다. 직장을 잃게 되면 지금 타고 다니는 포르셰도 잃게 되고 아들을 하버드로 보낼 돈도 없어지고 만다. 너무 무섭지 않은가?

결국 그 뮤추얼펀드 매니저는 6개월 내에 주가가 올라간다는 확신이 없다 보니 탁월한 투자 대상임을 알면서도 캐피털시티즈 주식을 한 주도 살 수 없었다는 것이다. 이것이 바로 뮤추얼펀드의 속성이다. 그리고 그 근원은 단기적 시각으로 뮤추얼펀드를 사는 고객들이다. 이런 고객들의 돈은 항상 더 나은 단기 성과를 내는 펀드로 몰려든다.

(캐피털시티즈는 결국 디즈니에 합병된 ABC방송국과 합병했으며 이 과정에서 버핏은 수십억 달러를 벌었다. 좋은 결과는 항상 인내심과 통찰력을 가진 사람들에게만 돌아가는 법이다.)

버핏은 단기 수익률 게임에 가담하고 있는 투자자들이 보유 주식에 대한 악재가 나오면 즉각적으로 팔아버리는 조건반사 성향을 가지고 있음을 알았다. 단기 수익률 게임에서 큰돈을 벌려면 주가가 오르기 전에 가장 먼저 들어가서 내리기 전에 얼른 나와야 한다. 이때 승부는 가장 최신의 정보를 입수하느냐 못 하느냐에 달려 있다. 좋은 실적보고서가 나오면 주가가 오르고 나쁜 실적보고서가 나오면 수가가 내리기 때문이다. 실적이 1,2년 동안 계속 좋아질 것이라고 예측하는 보고서는 관심 밖이다. 사람들의 관심은 오직 오늘 어떤 일이 벌어질까에 집중되어 있다. 만약 이번 주에 좋은 뉴스가 나오면 사람들은 주식을 사지만 당장 다음주에 나쁜 뉴스가 나올 것 같으면 팔아버린다. 이런 이유로 대부분의 뮤추얼펀드는 높은 회전율로 악명이 높다. 지상 최대의 목표인 '올해 최고의 펀드'라는 타이틀을 얻기 위해서는 다른 펀드를 압도해야 하기에 수많은 주식을 사고 파는 것이다.

악재에 주식을 파는 '악재 현상'은 매일 이뤄진다. 저녁 시간 경제 뉴스를 보면 악재 발표 후에는 반드시 주가가 하락한다는 사실을 목격할 수 있다. 악재가 정말 심각한 것이라면 주가는 하늘에서 떨어지는 돌처럼 추락하고 만다. 앞서 언급했다시피 투자자들의 속성이 빚어낸 결과다.

대부분의 사람들에게 악재는 주가 하락을 의미하지만 버핏에게는 눈이 번쩍 뜨이게 하는 일이다. 그에게 악재 현상과 결합된 주식시장의 근시안적 성향은 끊임없이 주어지는 선물이다. 급락에 이은 또다른 급락은 정말 환상적인 매수 기회를 제공하기도 한다. 이것이 매년, 수십 년을 이어지다보니 이를 이용하여 버핏은 결국 300억 달러의 부를 움켜질 수 있었다.

key point 단기 수익을 추구하는 투자의 세계에서는 낙관론과 비관론에 영향을 받는 인간의 취약한 감정이 최종적인 투자 결정을 좌우한다. 그러나 근시안적 비관론은 버핏에게 환상적인 매수 기회를 만들어준다.

버핏의 스승인 벤저민 그레이엄은 버핏에게 주식시장의 근시안적 성향에 대해 가르치면서 미스터 마켓(Mr. Market)이라 불리는 파트너와 함께 안정적이고 환상적인 사업을 소유하면서 운영한다고 생각하라고 충고했다.

미스터 마켓은 사업의 한쪽 면만을 보는 특이한 성격을 가지고 있다. 어떤 날은 세계경제와 사업 전망에 대해 극단적으로 낙관하려고만 한다. 그러나 어떤 날은 사업의 부정적인 면만을 보고 미래에 대해 매우 비관적으로 돌변한다.

이뿐 아니라 미스터 마켓은 또다른 변덕을 부리기도 한다. 매일 아침 당신에게 그가 관심을 가진 사업을 사라고 제안한다. 어떤 날은 그 사업의 장기적인 미래를 너무 낙관한 나머지 매우 높은 값을 부르기도 한다. 그러나 우울한 날에는 그 사업의 단기적인 전망을 비관하면서 당신이 문제가 있는 기업을 기꺼이 받아줄 정도로 멍청하다는 생각을 하고 매우 낮은 값을 부른다.

미스터 마켓은 당신의 관심을 끌지 못하더라도 개의치 않는다. 눈이 오나 비가 오나 매일같이 사업의 일부인 주식을 기분에 따라 가격을 매겨놓고서는 당신 앞에 나타나서 사라고 제안한다. 제안을 무시하든지 받아들이든지 그것은 당신의 자유다. 어떤 반응을 보이건 간에 그는 내일이면 새로운 가격을 들고 어김없이 나타난다.

만약 당신이 어떤 사업의 장기적인 전망을 좋게 보고 통째로 사고자 한다면 언제 미스터 마켓의 제안을 받아들여야 할 것인가? 그가 낙관론에 빠져 높은 가격을 부를 때인가 아니면 단기적 시각에 빠져 비관론에 싸여 있을 때인가? 당연히 미스터 마켓이 사업을 근시안적으로 보고 비관할 때 사야 한다. 그때가 당신에게 최고의 매수 타이밍이다.

그레이엄은 이 가르침에 한 가지를 덧붙였다. 바로 미스터 마켓은 투자자를 안내하기보다는 투자자를 이용해서 이익을 보려고 한다는 것이다. 따라서 당신은 어떤 사업이 좋은지 그에게 묻기보다는 제시하는 가격에만 관심을 가지면 된다. 사실 그의 변덕스러운 생각을 참고하게 되면 재앙을 가져올 수 있다. 장밋빛 미래에 지나치게 흥분해 높은 값을 지불하거나 너무 비관적으로 보다가 미스터 마켓이 제시하는 낮은 가격을 이용할 기회를 놓칠 수 있기 때문이다.

버핏은 최근까지 미스터 마켓과 함께 사업을 하고 있다는 상상을 하길 좋아한다는 말을 남겼다. 그에겐 미스터 마켓이 단기적인 시각을 가지고 비관론에 휩싸여 가치 있는 사업을 턱없는 가격에 제시한다는 사실 자체가 기쁨이다.

다음 장으로 넘어가기 전에 버핏의 투자 비밀 중 하나를 공개할까 한다. 그는 몇몇 기업이 주변의 악재와 주식시장의 근시안적 우려를 딛고 일어서서 부가가치를 창출할 수 있는 소위 지속적 경쟁우위를 가지고 있다는 사실을 발견했다. 버핏은 이런 기업을 발견할 수 있도록 도와주는 특별한 생각의 틀을 발전시켜왔다. 지속적 경쟁우위를 가진 기업이 악재를 만나고 투자자들의 단기적 시각이 그 기업의 주가를 폭락시키면 유유히 걸어들어와 미친 듯이 주식을 산다. 바로 여기에서 선택적 역발상 투자 전략이 발휘된다. 그는 이런 기업에 투자함으로써 큰돈을 벌었다. 지속적 경쟁우위를 가진 기업들은 버핏이 일궈낸 성공의 성배다. 우리는 버핏과 마찬가지로 당신도 앞으로 투자를 할 때 이런 기업들을 매우 사랑하게 될 것이라 짐작한다.

핵심 요약

○ 버핏은 선택적 역발상 투자 전략을 사용한다.

○ 버핏은 뮤추얼펀드 매니저들부터 인터넷 데이트레이더에 이르기까지 거의 모든 사람들이 단기 수익률 게임에서 헤어나지 못하고 있다는 것을 안다. 그것이 바로 주식시장의 생리다.

○ 사람들이 악재에 주식을 파는 한 악재 현상은 계속된다.

○ 지속적 경쟁우위를 가진 기업은 악재를 극복할 수 있는 저력이 있다.

○ 버핏은 지속적 경쟁우위를 가진 기업에 투자해 큰돈을 벌었다.

CHAPTER 03

주식시장의 단기적
시각을 이용하라

버핏이 투자하는 사업에는 어떤 특징이 있을까? 그는 45년 동안 주식에 투자하면서 다음과 같은 사실을 발견했다. 주식시장의 근시안적 비관론을 제대로 이용하기 위해서는, 반드시 악재를 극복하고 끝까지 살아남아 성공할 수 있도록 해주는 경쟁력을 가진 기업에만 투자해야 한다는 것이다.

이를 위해 버핏은 탄탄한 내재가치뿐 아니라 환상적인 이익을 만들어낼 수 있는 경쟁력을 가지고 있는지를 확인하고 나서야 투자를 한다. 그는 싼 주식을 사들이는 전통적인 의미에서의 역발상 투자를 거부한다. 오직 미국에서 제일 가는 기업을 할인된 가격에 살 수 있는 기회를 제공하는 주식시장의 근시안적 비관론을 이용하는 데만 관심이 있다. 선택적으로 사들인 기업의 주가만이 회복 수준을 뛰어넘어 지속적으로 상승할 수 있기 때문이다. 버핏에게는 사들인 탁월한 기업의 가치가 극적으로 상승하는 것이 그리 대단한 사건이 아니다. 일례로 그는 가이코의 가치가 5,230% 증가하는 모습을 목격했다. 심지어 워싱턴포스트의 가치는 8,468%나 올랐다. 그는 월가의 투자자들이 이런 기업들이 마치 전염병이라도 걸린 것처럼 급하게 빠져나오는 시점에서 주식을 대거 사들였다. 그런 다음 주식을 보유하고 기다렸다. 이들은 장기적으로 버핏에게 막대한 부를 안겨다 주는 기업 고유의 경쟁력을 가진 기업들이었기 때문이다.

이렇게 한번 생각해보자. 당신은 두 마리의 경주마를 가지고 있다. 한 마리는 '건강'이라는 이름을 가진 말인데 여러 경주에서 이긴 우수한 기록을 가지고 있다. 다른 한 마리의 이름은 '약골'로 평균보다 낮은 저조한 기록을 보였다. 그런데 두 마리 모두 심한 감기에 걸려 1년간 경주에 나올 수 없었다. 그해에 단 한 번도 상금을 탈 수 없었으므로 가치가 급속히 하락했다. 마주는 손실을 줄이기 위해 어쩔 수 없이 두 마리 모두 팔려고 내놨다. 이 경우 당신은 '건강'과 '약골' 중 어떤 경주마에 투자하겠는가?

당연히 '건강'이 정답이다. 무엇보다도 당신은 '건강'이 원래 우수한 말이라는 사실을 알고 있다. '건강'은 '약골'보다 감기가 빨리 나을 가능성도 더 높을 뿐 아니라 일단 회복만 되면 여러 경주에서 이겨 당신에게 많은 돈을 벌어다 줄 것이다.

반면 '약골'은 회복이 된다 하더라도 이름에 걸맞은 상태로 되돌아올 뿐이다. 게다가 자주 아플 수 있다. '약골'에 대한 투자는 '약골'의 건강 상태와 마찬가지로 실패로 돌아갈 가능성이 높다.

버핏은 투자의 대상이 되는 사업을 두 유형으로 구분한다. 첫번째 유형은 비실비실한 경쟁력을 가진 약골 사업이다. 그는 이런 사업들을 묶어 무차별 상품과 서비스를 파는 '가격경쟁형 산업(price-competitive industries)'이라 부른다. 가격경쟁형 사업은 고객을 끌기 위한 방법이 가격 할인밖에 없는 제품과 서비스를 제공한다.

두번째 유형은 건강한 사업이다. 이런 사업은 기업이 소비자에 대해 주도권을 가질 수 있는 고유의 경쟁력을 지니고 있다. 버핏이 얘기하는 지속적 경쟁우위를 가지고 있다는 것이다. 지속적 경쟁우위를 가진 기업은 해당 분야에 경쟁이 없어 보일 정도의 독점력을 가지고 가격을 책정하는 독보적 위치에 서 있다. 이들 제품과 서비스는 강력한 브랜드 파워를 가지고 있어서, 당신이 특정 제품과 서비스를 이용하고 싶다면 이 기업의 것을 사용할 수밖에 없다. 이렇게 되면 그 기업은 가격을 마음대로 올려 더 많은 이익을 창출할 수 있는 자유를 얻게 된다. 또한 이들 기업은 장기적으로 성장할 수 있는 환상적인 잠재력을 보유하게 된다. 이들은 부침이 거의 없을 뿐더러 근시안적인 주식시장이 과민하게 반응하는 환경 악화에도 견딜 수 있는 자금을 확보하고 있다.

이것이 가장 중요하다. 버핏은 이 두 가지 유형의 사업을 정확히 구분해야만 근시안적인 주식시장이 만들어낸 가격 형성의 실수를 이용할 수 있다고 말한다.

당신은 사업의 성격을 정확히 파악할 수 있어야 한다. 그리고 병약한 가격경쟁형 사업이 어떤 것이며 그 사업의 성격이 어떤지 정확히 알고 있어야 한다. 그렇지 못하다면 결국 이런 형편없는 사업을 소유하게 될 것이다. 동시에 지속적 경쟁우위를 가진 건강한 기업을 구분해낼 수 있어야 한다. 당신에게 큰 부를 안겨주는 사업의 유형은 오직 지속적 경쟁 우위를 가진 건강한 기업뿐이기 때문이다.

위대한 야구 선수 테드 윌리엄스

버핏은 오래 전부터 야구 팬이었으며 야구를 통해 많은 것을 배웠다. 그는 위대한 타자였던 테드 윌리엄스의 책 『타격의 과학(The Science of Hitting)』을 읽은 뒤 승리의 비결을 따라했다. 투자에서 홈런을 칠 수 있도록 도와주는 투자 스트라이크 존(investment strike zone)을 만든 것이다.

테드 윌리엄스는 스트라이크 존을 야구공 크기와 동일한 77개의 구역으로 나누고, 최적의 구역으로 공이 들어왔을 때만 방망이를 휘둘렀다. 버핏은 테드 윌리엄스의 타격 철학을 투자에 적용해, 투자 대상 구역을 병약한 가격경쟁형 사업과 건강한 지속적 경쟁우위형 사업으로 구분했다. 그리고는 홈런을 치기 위한 유일한 방법은 오직 건강한 기업의 주가가 근시안적인 비관론에 의해 폭락할 때만 방망이를 휘두르는 것이라 결론 내렸다.

투자가 야구보다 좋은 점은, 야구에서는 방망이를 계속 휘두르지 않고 있으면 삼진, 즉 스트라이크아웃을 당하지만 투자의 세계에는 삼진이 없다는 점이다. 버핏은 맘에 들지 않는 공을 계속 흘려 보내더라도 아웃을 당하지 않고 계속 타석에서 있을 수 있다. 그는 오직 주가가 폭락한 건강한 회사라는 최적의 공을 기다릴 뿐이다. 그리고 때가 오면 수십억 달러짜리 스윙을 한다. 이것이 바로 투자의 세계에서 위대해질 수 있는 비법이다.

다음 장에서는 무차별 상품을 파는 가격경쟁형 기업과 지속적 경쟁 우위를 가진 기업에 대해 보다 심도 있게 다룰 것이다. 당신은 이를 통해 두 유형의 기업을 정확히 가려내는 능력을 얻게 될 것이다.

핵심 요약

- ○ 버핏은 투자 대상이 되는 사업을 두 유형으로 구분했다. 하나는 건강한 지속적 경쟁우위형 사업이며 다른 하나는 병약한 가격경쟁형 사업이다.
- ○ 지속적 경쟁우위를 가진 기업은 일반적으로 브랜드 제품을 만들어내며 해당 분야에서 독점기업처럼 행동할 수 있는 독특하고 특별한 위치를 점한다.
- ○ 가격경쟁형 사업은 어떤 기업이라도 흉내낼 수 있는 무차별적인 제품과 서비스를 만들어낸다.
- ○ 버핏은 이들 두 가지 사업 유형을 구분해야만 근시안적인 주식시장이 만들어내는 가격 형성의 실수를 이용할 수 있다고 믿는다.

CHAPTER 04

마진과 재고회전율이
높은 기업에 투자하라

본격적으로 버핏의 투자 방법에 대해 파고들기 전에 우선 몇 단락에 걸쳐 기업이 어떻게 돈을 버는지를 설명하고자 한다. 이것은 버핏이 중요하게 여기는 부분으로 당신 역시 본격적으로 종목 사냥을 하기에 앞서 이해하고 있어야 하는 중요한 부분이다.

기업은 두 가지 방법으로 수익을 창출한다. 하나는 가능한 한 높은 마진을 붙여 돈을 버는 것이며 다른 하나는 가능한 한 재고회전율을 높여 돈을 버는 것이다.

예를 한번 들어보자. 당신은 사막 한가운데에서 레모네이드 가게를 운영하고 있다. 레모네이드 한 잔의 원가는 2달러이고 3달러에 판매하고 있다. 원가와 판매가의 차이는 당신이 가지게 되는 마진이다. 마진은 크면 클수록 좋다.

위의 계산대로 레모네이드 한 잔을 팔아 1달러가 남는다고 하면 부자가 되기 위해서는 가능한 한 많은 레모네이드를 팔아야 한다. 사막을 건너가는 여행자들에게 판매하기 위해 늘 재고로 레모네이드 한 잔을 유지하고 있다고 해보자. 만약 1년에 열 명의 여행자들에게 열 잔을 판다면 연간 레모네이드 재고를 열 번 회전시킨 셈이다. 이것은 연간 이익 규모가 10달러가 됨을 의미한다(한 잔당 마진 1달러 × 판매량 열 잔).

레모네이드를 팔아 돈을 벌고자 한다면 마진을 높이든지 재고회전율을 높이든지 두 가지 중 하나는 반드시 일어나야 한다. 만약 사막이 정말로 넓고 당신이 그 지역에서 유일한 레모네이드 판매업자라면 독점 상황을 이용해 한 잔당 수백만 달러의 가격을 매길 수 있다. 아무리 레모네이드에 높은 값을 매기더라도 비용은 2달러밖에 들지 않기 때문에 부자가 되기 위해서는 딱 한 잔만 팔아도 충분하다. 즉 재고를 한 번만 회전시켜도 평생 놀고 먹을 만큼의 돈이 생기는 것이다. 이것은 재고회전율은 낮지만 마진이 엄청나게 높은 경우다.

레모네이드를 팔아 부자가 되는 다른 방법도 있다. 판매가격은 3달러, 마진은 1달러로 유지한 상태에서 매년 수백만 잔의 레모네이드를 파는 것이다. 이것은 마진은 낮지만 재고회전율이 엄청나게 높은 경우다. 한 잔만 팔아서는 큰돈을 벌 수 없지만 엄청나게 많이 팔면 큰돈을 벌 수 있다.

물론 반대의 경우들도 있다. 세상에서 가장 높은 마진을 매겨놓았더라도 단 한 잔의 레모네이드도 팔지 못한다면 부자가 될 수 없다. 마진도 낮고 재고회전율도 낮으면 당연히 한푼도 벌 수 없다.

이 점을 머릿속에 새겨두고 다른 사례를 들어보자. 당신은 레모네이드 사업을 구상 중이고 레모네이드 가게를 열 장소로 A사막과 B사막 중 한 곳을 고르려고 한다. A는 연간 10만 명의 목 마른 여행자들이 다니지만 50개의 레모네이드 가게가 있다. B는 여행자가 연간 10만 명으로 동일하지만 레모네이드 가게가 하나도 없다.

A사막에 레모네이드 가게를 연다면 당신은 치열한 경쟁에 직면하게 된다. 이것은 레모네이드에 높은 가격을 매길 수 없다는 뜻으로 다시 말하면 마진이 매우 박하다는 것을 의미한다. 또한 치열한 경쟁은 재고회전율도 낮아지게끔 한다. 모든 것들이 이익 전선에 불리하게 돌아간다. 더 많은 고객을 유치하기 위해 가격을 낮출라치면 경쟁자도 똑같이 가격을 낮출 것이다. 현실을 직시해야 한다. 당신은 누구라도 흉내낼 수 있어서 오직 가격을 바탕으로 경쟁할 수밖에 없는 제품을 팔고 있다. 이렇게 되면 사업도 할 수 없고 부자가 될 수도 없다. 이런 사업은 버핏이 절대 소유하길 원치 않는 가격경쟁형 사업의 전형적인 예이다.

반면 B사막에 레모네이드 가게를 차린다면 높은 가격을 매길 수 있다. 당신이 그 지역의 유일한 사업자이기 때문이다. 또한 독점적 위치에서 많은 양의 레모네이드를 팔 수 있으므로 재고회전율을 높일 수 있다. 이렇게 높은 마진과 재고회전율이 결합되면 환상적인 이익을 만들어낼 수 있고 결과적으로 부자가 될 수 있다. 이것을 일컬어 지역 독점(local monopoly)이라 한다.

더 깊이 들어가보자. B사막에서 비싼 레모네이드를 팔아 부자가 된 당신은, 자금 여유를 바탕으로 레모네이드에 최고의 재료들을 사용하기로 결심한다. 'OO'이라는 브랜드를 붙인 이 레모네이드는 전 지역에서 최고의 레모네이드로 손꼽히게 될 것이다. 많은 여행자들이 OO 레모네이드를 맛보고 이 제품을 매우 좋아하게 된 나머지, A사막에서는 왜 이 제품을 팔지 않느냐고 문의가 쇄도한다. 여행자들이 OO이라는 브랜드를 인지하고 있고, 당신이 A사막의 가게들보다 더 좋은 제품을 팔고 있다는 것을 알고 있기 때문에, A사막에도 손쉽게 가게를 열 수 있을 뿐 아니라 B사막에서 원래 받던 높은 마진을 유지할 수 있다. 이런 일이 가능한 이유는 A사막의 소비자들이 구식 레모네이드를 더 이상 원치 않기 때문이다. 그들은 OO 레모네이드로 알려진 특별한 맛의 레모네이드를 원하고 있다. 물론 A사막에서의 재고회전율이 B사막에서만큼이나 높지는 않겠지만 그래도 여전히 꽤 수익성이 좋을 것이다. 이것이 바로 버핏이 얘기한 '경쟁우위'이다. 경쟁우위는 OO 레모네이드에게 '소비자 독점력(consumer monopoly)'을 선사했다. 소비자 독점력은 소비자들이 OO 레모네이드를 마시고 싶다면 당신에게 구매할 수밖에 없다는 데서 기인한다. 이것이 브랜드의 힘이다. 실제 기업의 예를 보면 세금 정산 서비스는 H&R블록, 운동화는 나이키, 음료수는 코카콜라, 초콜렛은 허쉬, 껌은 리글리, 타코는 타코벨, 프라이드치킨은 KFC, 치즈케이크는 사라리, 피자는 피자헛이 대표적이다.

버핏은 높은 마진과 높은 재고회전율을 가진 사업을 소유하고 싶어한다. 만약 이런 환상적인 사업이 없다면 차선책으로 마진이 조금 낮지만 매우 높은 재고회전율을 가진 사업이나, 재고회전율이 낮지만 마진이 매우 높은 사업을 택한다. 이런 류의 사업들은 기막힌 매수 기회를 제공해주는 악재 상황을 이겨내고 결국 살아남아 장기적으로 큰돈을 벌어준다.

반면 낮은 마진과 낮은 재고회전율을 보이는 기업에는 전혀 관심이 이제 잠깐 멈춰 서서 당신이 머릿속에 입력한 것들에 대해 점검해보자. 당신은 버핏이 주식시장의 단기적인 시각과 악재 현상 때문에 주가가 폭락한 기업에 한해 관심을 갖는다는 점을 알아야 한다.

또한 버핏이 투자 대상을 두 가지 유형으로 구분한다는 점도 알아야 한다. 첫번째 유형은 독점에서처럼 높은 마진과 재고회전율을 가능하게 해주는 지속적이고 장기적인 경쟁우위를 가진 기업들로 이뤄진다. 두번째 유형은 오직 제품 가격만으로 경쟁해야 하는, 낮은 마진과 재고회전율로 귀결되는 무차별적인 제품을 만드는 가격경쟁형 산업에 속한 기업들로 이뤄진다.

이 두 유형의 사업 중 버핏은 오직 지속적이고 장기적인 경쟁우위를 가진 기업에만 관심을 가진다. 이들 기업은 좋은 매수 기회를 제공해주는 악재로부터 확실하게 회복해 장기적으로 기업 가치가 계속 증가할 가능성이 높기 때문이다. 반대로 가격경쟁형 산업에 속한 기업들은 악재로부터 회복되어 기업가치가 증가할 가능성이 거의 없기 때문에 관심을 두지 않는다.

없다. 이런 기업들은 악재 상황에서 회복되기도 힘들고 장기적으로 그를 부자로 만들어줄 가능성도 거의 없다고 여긴다.

마진과 재고회전율은 높으면 높을수록 좋다는 점을 기억하자. 만약 둘 다 가질 수 없다면 하나만이라도 챙기자. 낮은 재고회전율을 가진 고(高)마진 기업과 낮은 마진을 가진 고(高)재고회전율 기업은 나름대로 효력이 있다. 그러나 어떤 일이 있어도 낮은 마진과 낮은 재고회전율을 가진 기업에는 관심을 갖지 말자. 저(低)마진과 저(低)재고회전율의 조합은 재앙을 초래할 수 있다.

핵심은 지속적이고 장기적인 경쟁우위를 가진 기업과 가격경쟁형 기업을 구별해내는 능력을 개발하라는 것이다. 지속적 경쟁우위형 기업을 발견하고 나면 주식시장의 단기적 시각이 그 기업의 주가를 폭락시켜 환상적인 매수 기회를 줄 때까지 기다리기만 하면 된다.

다음 장에서는 지속적 경쟁우위를 가진 기업과 가격경쟁형 산업에 속한 기업을 구별하는 방법을 알려주는 데 주력할 것이다. 우선 버핏이 철저히 거리를 두는 가격경쟁형 산업에 속한 기업을 파악하는 방법부터 시작해보자. 그리고 나서 지속적 경쟁우위를 가진 기업을 파악하는 방법에 대해 알아보자. 지속적 경쟁우위를 가진 기업은 버핏의 투자철학의 핵심이자 그가 일궈낸 주식시장에서의 성공의 비결이다.

핵심 요약

○ 버핏이 가장 선호하는 사업 유형은 높은 마진과 높은 재고회전율을 가진 사업이다.

○ 버핏이 그 다음으로 선호하는 사업 유형은 마진이 높은 사업 혹은 낮은 마진을 만회할 수 있을 정도로 재고회전율이 높은 사업이다.

○ 버핏은 낮은 마진과 낮은 재고회전율을 가진 사업을 소유하는 데는 관심이 없다.

오래 전에 일군의 경영학 교수들이 한 자리에 모여 주식시장은 효율적이라고 의견 일치를 봤다. 이들이 주장한 효율적 시장 가설은 모든 정보가 대중들에게 똑같이 유통되어 그에 따라 그날의 주가가 정확히 결정된다는 이론이다. 또한 그들은 주식시장의 효율성 때문에 어떠한 투자 전략도 시장을 초과하는 수익을 가져다 주지 않는다고 주장했다. 결국 이들은 이런 논리에 따라 최적의 투자 방법은 시장과 똑같이 움직이는 인덱스 펀드에 투자하는 길이라는 결론에 도달했다(인덱스 펀드는 개별 종목의 주가에 상관 없이 주식시장 전체의 움직임에 맞추기 위해 기계적으로 주식을 사고 판다).

버핏은 투자자들의 95%가 빨리 돈을 벌기 위해 서로의 호주머니를 터는 데 혈안이 되어 있기 때문에 주식시장이 매우 효율적이라고 말한다. 그는 단기적인 수익률 게임에서 이들을 이긴다는 것이 불가능하다는 사실을 잘 알고 있다. 또한 주식시장을 지배하는 단기 성향의 투자 마인드는 진정한 장기 투자 전략과 완전히 상충되는 것이라 본다. 이런 증거는 옵션시장에서 찾아볼 수 있다. 6개월 정도로 만기가 짧은 옵션은 주식시장이 열리는 하루 동안에도 수백 개의 기업에 대해 수만 번의 계약이 체결될 정도로 거래량이 활발하다. 그러나 2년 이상의 만기가 긴 옵션은 50개 정도 주식에 대해서만 계약이 체결될 정도로 거래량이 저조하다. 버핏의 투자 관점에서 보면 2년도 여전히 짧은 기간이다. 활발한 옵션시장에서조차도 5년이나 10년 만기 옵션은 거의 거래가 되지 않는다. 아니 아예 존재하지 않는다.

버핏의 가장 큰 발견은 주식시장이 단기적 시각으로 보면 매우 효율적이지만 장기적 시각으로 보면 아주 비효율적이라는 사실이다. 이런 발견을 바탕으로 단기화된 시장이 장기적으로 보면 비효율적으로 매겨놓은 주가를 이용하는 투자 전략을 발전시켜왔다. 결국 그는 선택적 역발상 투자 전략을 발전시켜온 셈이다.

CHAPTER 05

위험한 유형의
사업을 피하라

버핏은 근시안적 비관론에 휩싸인 주식시장을 이용하기 위해서는 어디에 투자해야 할지를 아는 것만큼이나 어디에 투자하지 말아야 할지를 알아야 한다고 말한다. 그는 가격경쟁이 치열하고 무차별 상품을 만드는 병약한 기업에 투자하길 원치 않는다. 이런 류의 기업들은 환경 악화로부터 살아남을 수 있는 경쟁력이 부족할 뿐 아니라 투자자를 부자로 만들어주는 기업 고유의 장기적 수익 창출 능력도 없다.

이들 기업을 다른 말로 하면 고질적인 문제를 안고 있는 '이류 기업'이라 할 수 있다. 이류 기업의 경영진은 끝없이 어려운 결정을 내려야 한다. 또 일류 기업에서는 별 문제가 되지 않는 것들이 이류 기업에서는 생존을 위협하는 것일 수 있다. 일류 기업보다 훨씬 많은 수의 이러한 이류 기업들이 워낙 널리 퍼져 있고, 경제 순환에 따라 부침을 거듭하다 보니 전통적인 역발상 투자자들에게 좋은 투자 기회를 주고 있는 것도 사실이다. 그러나 이런 기업들은 주가를 올리고 가치를 늘릴 수 있는 지속적 경쟁우위가 없다. 버핏이 사용하는 선택적 역발상 투자 철학은 매수 기회가 얼마나 좋든지 간에 가격경쟁형 사업은 지나쳐버리라고 말한다. 개구리에게 키스를 아무리 많이 한다 하더라도 왕자가 되지는 않는다는 이야기다.

가격경쟁형 기업에 투자하는 것을 방지하기 위해서는 가격경쟁형 기업에 어떤 특징이 있는지 알아야 한다. 투자라는 숲에서 가격경쟁형 기업이라 불리는 곤충들을 알아보고 구별하는 생물학자라고 생각하자. 이류 기업들에 대해 많이 알면 알수록 더 쉽게 피해갈 수 있지 않겠는가!

병약한 가격경쟁형 사업 파악하기

병약한 가격경쟁형 사업을 파악하는 것은 쉽다. 이런 류의 사업은 소비자가 구매를 결정하는 가장 중요한 동인이 가격밖에 없는 제품과 서비스를 제공하기 때문이다. 우리는 일상 생활에서 이런 류의 많은 사업들과 접할 수 있다. 대표적인 예는 다음과 같다.

- 인터넷 포털 서비스업체
- 인터넷 접속 서비스업체
- 메모리칩 제조업체
- 항공업체

- 옥수수, 쌀 같은 식자재 생산업체
- 철강업체
- 가스 · 정유업체
- 벌목업체
- 제지업체
- 자동차 제조업체

가격경쟁형 기업들은 경쟁이 치열한 시장에서 장사를 한다. 제품과 서비스의 가격은 소비자가 구매 결정을 할 때 쓰이는 유일한 기준이다.

사람들은 브랜드가 아니라 가격을 보고 휘발유를 구매한다. 정유업체들은 자기 브랜드가 경쟁사보다 더 낫다고 믿고 싶겠지만 소비자는 두 기업의 휘발유 차이가 거의 없다는 것을 안다. 차이가 있는 건 오직 가격뿐이다. 콘크리트, 목재, 메모리칩, CPU도 마찬가지다(인텔은 CPU에 브랜드를 부여하기 위해 부단히 노력하고 있다). 자동차업체도 가격경쟁형 제품을 팔고 있다. 세분화된 자동차 시장에서 가장 낮은 가격으로 많은 옵션이 달린 자동차를 팔기 위해 경쟁하고 있는 것이다. 항공업체도 가장 낮은 가격의 좌석을 팔아 고객을 유인하고자 한다.

개인들이 인터넷을 이용할 수 있게 해주는 인터넷 접속 서비스업체(ISP)도 사정은 마찬가지다. 낮은 진입장벽으로 인해 제한된 소비자를 놓고 수많은 업체들이 치열한 경쟁을 펼친다. 어떤 소비자도 하나 이상의 서비스에 가입할 필요가 없다. 같은 서비스를 제공하는 많은 업체가 있다는 것은 결국 가격경쟁을 의미한다. 몇 년 전만 해도 최고 100달러에 이르던 월 접속료가 오늘날에는 거의 공짜 수준까지 내려왔다. 실제

넷제로 같은 회사들은 인터넷 접속 서비스를 공짜로 제공한다. 어느 누가 제품을 공짜로 제공해야 할 정도로 경쟁이 치열한 산업에 속하고 싶겠는가?

야후와 알타비스타 같은 인터넷 포털 서비스업체도 사정이 비슷하다. 야후와 알타비스타는 인터넷이 등장한 초기만 해도 높은 이름값을 자랑했다. 그러나 포털 서비스 시장에 진입하는 비용이 낮은 탓에 수십 개 업체들이 난립해 검색서비스를 제공하며 경쟁하고 있다. 다시 말하지만 같은 서비스를 제공하는 많은 업체가 있다는 것은 가격경쟁을 의미하고 이는 결국 낮은 마진으로 이어지는 법이다. 야후의 사업모델은 공짜로 서비스를 제공해 트래픽을 모으고 이를 바탕으로 광고를 유치하는 것이다. 이런 사업은 가능한 한 많은 콘텐츠를 추가함으로써 경쟁력을 강화하려는 노력을 경주하는 가격경생형 사업과 나를 바 없다. 문제는 남들과 똑같은 일을 하면서 판돈을 높여가는 도박판에서 빠져나와 경쟁을 그만둘 방법이 없다는 것이다. 일례로 온라인 서비스업체인 AOL은 온라인 서비스에 특별한 무언가를 추가할 목적으로 콘텐츠가 너무 필요한 나머지 「피플」지와 벅스 버니 캐릭터를 소유한 타임워너사와 합병했다.

한번 제대로 따져보자. 인터넷에 접속하기 위해 어떤 인터넷 접속 서비스업체를 이용할 것인가는 중요하지 않다. 사람들은 원하는 정보를 찾아낼 수만 있으면 어떤 인터넷 검색을 사용할지 꼼꼼히 따져보지 않는다. 또한 로스앤젤레스에서 샌프란시스코로 갈 수만 있다면 어떤 비행기를 타고 가느냐는 문제가 되지 않는다. GM과 포드는 거의 유사한 트럭을 제조하지만, 포드 트럭이 더 싸다면 소비자는 당연히 포드 제품을 선택할 것이다. 이런 심각한 수준의 가격경쟁은 낮은 마진으로 귀결된다. 달리 말하면 이런 류의 기업들에 투자해서는 돈을 벌기가 매우 힘들다.

가격경쟁형 사업에서는 반드시 저비용 구조 기업이 승리하게 되어 있다. 저비용 구조 기업이 가격을 결정할 능력을 가지고 있기 때문이다. 비용이 낮아지면 낮아질수록 경쟁사에 비해 잠재적으로 더 많은 수익 마진을 거둘 수 있다. 하지만 대부분의 경우 저비용 구조 제조업체는 사업의 경쟁력을 유지하기 위해 끊임없이 제조 기술을 향상시켜야 한다. 이 과정은 추가적인 자본 지출을 요구한다. 이러한 자본 지출은 원래 새로운 제품을 개발하거나 새로운 사업을 인수하는 등 기업 가치를 증진시키는 데 쓰여야 하는 이익잉여금을 갉아먹게 된다.

예를 들어보자. A기업은 마진을 높이기 위한 활동의 일환으로 제조 비용을 떨어뜨릴 수 있는 제조 공정에 투자한다. 또한 B, C, D 등의 기업으로부터 시장점유율을 빼앗아올 목적으로 제품 가격을 낮춘다.

결과적으로 B, C, D 기업들은 A기업에 사업영역을 내어주기 시작하고 여기에 대한 대응책으로 A기업이 했던 것처럼 똑같은 제조 공정에 투자를 단행하고 A기업과 경쟁하기 위해 제품 가격을 인하한다. 이런 대응은 결국 A기업의 제조 공정 개선이 일궈낸 마진 증가폭을 원래대로 되돌려버린다. 이렇게 악순환은 반복된다.

이론적으로 수요의 증가는 판매사들이 제품이나 서비스 가격을 올릴 수 있도록 해준다. 그러나 똑같은 제품과 서비스를 제공하는 판매사들의 숫자가 많은 경우 다른 기업을 따돌리기 위한 시도로 서로의 판매 가격을 갉아먹는 쪽으로 귀결된다. 결국 예상할 수 있다시피 다음 단계에서 그들은 가격 전쟁에 휘말린다. 이것은 버핏이 좋아하는 지속적 경쟁우위를 가진 사업의 유형과는 매우 거리가 있다. 지속적 경쟁우위를 가진 기업은 수요의 증가에 따라 가격을 올릴 수 있는 힘이 있다. 경쟁이 없다는 것은 이러한 기업들이 가격을 바탕으로 경쟁할 필요가 없다는 것을 의미한다.

가격경쟁형 사업이 가끔 잘 되는 경우도 있긴 하다. 수요자들의 소비하고자 하는 열망이 최고조에 달하는 경기 확장기에는 자동차 제조업체와 같은 기업들이 큰돈을 번다. 그들은 늘어나는 수요를 맞추기 위해 크게 부풀어오른 대차대조표를 바탕으로 생산 설비를 확장하는 데 수십억 달러를 쓴다. 회사의 부가 크게 늘어난 것을 목격한 주주들은 그들의 몫을 챙겨주기를 원하고 경영진은 높은 배당수익률로 이에 화답한다. 주주뿐만이 아니다. 회사가 잘 나가는 것을 보고 있는 노조도 더 많은 임금과 보너스를 원하고, 회사는 기꺼이 지불해준다. 그러나 경기 확장기가 끝나면 문제만 산더미처럼 남는다(경기 확장기는 언젠가 끝나기 마련이다). 회사는 공급 능력 초과 상태에 빠지고 분기마다 엄청난 금액의 배당금이 빠져나가고 비쌀 대로 비싸진 노조원들의 임금 수준은 그대로 지속된다. 환상적이었던 대차대조표는 갑자기 피를 철철 흘리기 시작한다. 과거를 돌아보자. GM은 가벼운 침체기였던 1990년과 1993년 사이에만 96억 달러를 토해냈다. 심각한 침체기에는 훨씬 심했다. 갑자기 200억 달러 이상의 손실을 내는 것은 대수롭지 않은 일로 보일 정도다. 곧 그들은 공장을 폐쇄하고 배당금을 줄인다. 이것은 주가 폭락으로 이어진다. 그리 좋은 광경은 아니다.

똑같은 일이 컴퓨터칩 제조업체에도 일어난다. 시장이 좋을 때 마이크론 테크놀로지와 같은 메모리칩 제조업체는 엄청난 돈을 벌어들였다. 그러나 수요가 위축되자 메모리칩 제조업체들은 전 세계적으로 제품가격을 낮추기 시작했다. 2000년 7월에 64메가 D램 값은 개당 최고 9달러를 기록했다. 그러나 수요 감소와 아시아 업체들의 덤핑 공세 때문에 같은 제품이 3.5달러에 팔렸다. 경기가 좋을 때는 메모리칩 분야의 모든 기업들이 돈을 벌지만 과거 늘어났던 수요를 맞추기 위해 증가된 잉여생산력은 일단 반도체 경기가 하강세를 타게 되면 업체들을 나락으로 떨어뜨려버린다. 쪼그라든 수요에 목을 매는 메모리칩 제조업체들이 너무 많아지면 제품가격이 폭락하고 이에 따라 이익이 감소하고 주가가 폭락하는 것으로 귀결된다.

이런 유형의 기업들도 일정 기간 동안에는 많은 돈을 벌 수 있다. 컴퓨터 메모리에 대한 수요가 높을 때는 마이크론 테크놀로지와 같은 기업들이, 모든 사람들이 여행을 가길 원하는 여름철에는 항공업체들이 큰 수익을 낸다. 수요가 최고조에 달할 때는 모든 제조업체와 판매업체들이 큰 수익을 낸다. 그러나 수요의 증가는 반드시 공급의 증가를 수반한다. 이후 수요가 급감하면서 잉여생산력은 제품 가격과 이익을 떨어뜨린다.

부연하자면 가격경쟁형 사업은 전적으로 수익성 있는 사업 분야를 만들어내는 경영진의 능력과 수준에 달려 있다. 만약 경영진의 혜안이 부족해서 회사의 소중한 자산을 엉뚱한 쪽에 낭비한다면 그 사업은 저비용 구조 제조업체로서의 경쟁력을 잃고, 저가 공세에 그대로 노출된다.

투자의 관점에서 볼 때 가격경쟁형 사업은 주주가치를 거의 증진시키지 못한다. 우선 이런 기업들의 이익은 가격경쟁 때문에 진폭이 심하고, 사업을 확장하거나 이윤이 높은 새로운 사업에 투자하기 위한 돈이 넉넉하지 않다. 겨우 돈을 좀 마련하더라도 이 자금은 공장을 업그레이드하는 데 사용되거나 경쟁자를 한발 앞서 나가기 위한 연구개발을 수행하는 데 쓰인다. 잠시라도 멈추게 되면 경쟁자들이 치고 나온다. 이런 대부분의 기업들은 엄청난 규모의 장기 부채를 짊어지고 간다. 2000년 기준으로 GM은 약 1,360억 달러의 장기 부채를 가지고 있었고, 이는 1990년부터 2000년까지 벌어들인 340억 달러를 훨씬 상회하는 금액이다. 마찬가지로 GM의 라이벌인 포드는 지난 10년 동안 375억 달러를 벌었지만 2000년 기준 장기성 부채는 1,610억 달러나 된다. 포드가 계속 지금처럼 돈을 번다 하더라도 장기 부채를 갚는 데 무려 38년이 걸린다. 이게 좋은 사업으로 보이는가? 경기 확장기가 끝날 때 이 정도의 장기 부채를 가지고 있는 회사를 소유하고 있다고 상상해보라. 그 엄청난 손실을 어떻게 감당하겠는가? 또한 장기 부채는 갑자기 당신의 회사를 옭아매는 족쇄가 될 수도 있다.

항공업체도 크게 다르지 않다. 세계에서 가장 잘 운영되는 항공사 중 하나인 유나이티드 에어라인은 2000년 현재 50억 달러의 장기 부채를 가지고 있다. 지난 10년간의 누적 순이익은 40억 달러에 불과했다. 노조의 존재와 높은 고정비용 때문에 어떤 항공사도 주주의 부를 장기적으로 높일 수 없음이 자명하다.

때때로 가격경쟁형 기업은 브랜드를 알리기 위해 엄청난 규모의 광고비를 집행하고, 제품을 차별화하려고 노력한다. 이것은 소비자가 그들의 제품이 경쟁사의 것보다 더 낫다고 믿게끔 기만하는 행위이다. 가끔은 경쟁사보다 조금이나마 앞서기도 한다. 하지만 무차별 제품이나 서비스에 어떤 변화를 가하다 하더라도 소비자의 선택 기준이 오로지 가격뿐이라면 최후의 승자는 저비용 구조 제조업체일 수밖에 없다.

버핏은 이런 구조를 설명하기 위해 무차별 제품 중 하나인 섬유제품을 제조하는 벌링턴 인더스트리즈의 예를 즐겨 든다. 1964년 벌링턴은 12억 달러의 매출을 올렸고 주가는 분할을 감안해 대략 30달러에 거래되었다. 이 회사는 효율성과 수익성을 높이기 위해 1964년부터 1985년까지 약 30억 달러를 투자했다. 주당 100달러 수준의 이 자금 대부분은 비용을 절감하고 생산시설을 확충하는 데 사용되었다. 하지만 1985년 매출은 28억 달러였는데 인플레이션을 감안하면 오히려 매출이 줄어든 셈이었다. 또한 1964년보다도 영업이익률과 자본수익률은 훨씬 더 떨어지고 있었다. 1985년의 주가는 34달러로 1964년보다 조금 더 나은 정도에 불과했다. 21년 동안 주주의 돈을 30억 달러나 썼지만 주주에게는 약간의 시세차익만을 안겨주었을 뿐이다.

벌링턴의 경영진은 섬유업계에서 가장 유능한 사람들로 구성되어 있었지만, 산업 환경이 너무 좋지 않았다. 취약한 산업 환경은 지나친 경쟁을 불러왔고 결국 섬유산업 전체의 공급 과잉으로 이어졌다. 공급 과잉은 더 낮은 마진과 더 낮은 이익을 의미했으며 이 두 가지는 부진한 주가 흐름으로 이어져 투자자를 실망시켰다.

주가 하락기나 나쁜 뉴스에 벌링턴 주식을 샀더라도 변변치 않은 투자에 불과했다. 지속적 경쟁우위가 부족하기 때문이다. 이런 형태의 투자는 버핏이 기피하는 투자이다.

버핏은 훌륭한 평판을 가진 경영진과 형편없는 평판을 가진 사업이 만나면 항상 사업의 평판만이 고스란히 남을 뿐이라고 말한다. 달리 말하면 누가 경영한다 하더라도 원래 좋지 않은 사업을 훌륭하게 탈바꿈시킬 방법은 없다는 뜻이다. 미운 오리새끼가 아름다운 백조로 성장하는 이야기는 동화에서나 나오는 얘기다. 사업의 세계에서 경영진이라는 왕자가 제 아무리 키스를 많이 하더라도 미운 오리새끼는 미운 오리새끼일 뿐이다.

핵심 요약

○ 버핏이 행하는 선택적 역발상 투자 철학은 아무리 매수 기회가 좋아 보여도 가격경쟁형 기업은 그냥 넘겨버리라고 얘기한다.

○ 가격경쟁형 기업은 나쁜 상황에 직면했을 때도 살아남을 수 있도록 해주는 경쟁력이 부족하다.

○ 많은 가격경쟁형 기업들은 경쟁력을 유지하기 위해 끊임없이 공장을 업그레이드하기 때문에 엄청난 규모의 장기 부채를 안고 가는 경향이 있다.

CHAPTER 06

버핏이 좋아하는
사업 유형에 투자하라

전 세계가 '신경제'라는 패러다임에 사로잡혀 있던 닷컴 버블 기간에도 버핏은 사업이 얼마나 사회를 변화시키느냐보다는 경쟁우위와 경쟁우위의 지속성에 초점을 맞추는 것이 투자의 핵심이라고 언급한 바 있다. 독점적 이익을 얻게 해주는 요인이 기업의 경쟁우위이며, 미래에도 독점적 이익을 얻을 수 있는지를 결정하는 요인이 바로 경쟁우위의 지속성이다.

악재로 인해 폭락한 주가를 다시 원상 복구하는 기업의 능력이 수익 창출 능력이며, 이 수익 창출 능력을 만드는 것이 바로 경쟁우위이다. 경쟁우위의 지속성은 장기적으로 기업이 부를 쌓아갈 수 있도록 만들어주는 절대적 의미의 보증수표라고 할 수 있다.

사업의 세계에서 경쟁우위를 갖기 위해서는 차별화된 제품을 생산하거나 차별화된 서비스를 제공해야 한다.

- 차별화된 제품 생산으로 창출된 경쟁우위
- 차별화된 서비스 제공으로 창출된 경쟁우위

버핏은 제품이나 서비스에서 경쟁우위가 지속된다는 전제 하에 두 가지 유형 중 하나에 속하는 기업을 적절한 가격에 소유하고자 한다.

버핏의 선택적 역발상 투자 철학을 이해하기 위해서는 반드시 경쟁우위의 지속성에 대해 알아야 한다. 이제 하나하나 살펴보도록 하자. 우리는 먼저 경쟁우위에 대한 개념을 설명한 다음, 경쟁우위가 지속 가능한 것인지를 구별하는 방법에 초점을 맞출 것이다. 또한 지속적 경쟁우위가 차별화된 제품과 서비스의 판매를 통해 어떻게 창출되는지에 대해 설명하도록 하겠다. 마지막으로 우리는 조우량 기업을 어떻게 식별하고 그 기업들을 어디서 찾아볼 수 있는지 이야기할 것이다.

지속적 경쟁우위

경쟁우위의 개념에 대해 설명할 때 버핏은 '성과 해자(castle-and-moat)'에 비유한다. 즉 사업은 성에 해당하고, 성을 둘러싸고 있어 적의 침입을 막는 일종의 연못인 해자는 경쟁우위라는 것이다. 경쟁우위라는 해자는, 소비자를 유혹하려는 다른 기업의 공격으로부터 성을 보호해준다. 간단히 말하면 브랜드 같은 것이 해자일 수 있다. 만약 당신이 타코벨의 샌드위치를 먹고 싶다면 타코벨에 가는 것 외에는 다른 방법이 없다. KFC 치킨을 먹고 싶을 때도 마찬가지다. 또한 세금 전문가를 원한다면 H&R블록에 가야 한다. 일과 후에 버드 맥주를 마시고 싶다면 버드와이저 제품을 사야 한다. 리글리는 껌 시장을 지배하고 있으며, 허쉬는 미국인들이 가장 좋아하는 초콜릿 회사다. 코카콜라, 필립모리스의 말보로 담배도 마찬가지다. 이렇게 브랜드를 가진 제품과 서비스를 구매하기 원한다면 당신은 딱 한 회사로부터 살 수밖에 없다. 이와 같은 논리는 신문사가 단 하나뿐인 대도시에도 적용된다. 그 지역에 살면서 광고를 내고자 한다면 그 신문사가 제시하는 광고단가를 지불해야 한다. 그렇지 않으면 광고를 게재할 수 없다(이런 신문사는 소위 지역독점 (regional monopoly)을 가지고 있다). 앞서 열거한 기업들은 브랜드 혹은 지역독점에 의한 경쟁우위를 보유하고 있어 독점적 이익을 올릴 수 있는 사업 내용을 가지고 있다는 공통점이 있다. 경쟁우위는 어떤 사업으로 하여금 더 높은 가격을 매기고 더 높은 마진을 창출하게 해서 주주에게 큰 이익을 가져다준다. 이들과 정면으로 맞서 경쟁한다는 것은 거의 미친 짓이다.

하지만 경쟁우위와 그에 따르는 소비자 독점만으로는 충분치 않다. 버핏은 경쟁우위가 지속 가능한 기업에만 관심을 가진다. 지속성이 의미하는 바는 '경쟁력을 유지하기 위한 추가적 대규모 자본 지출 없이도 미래에까지 경쟁우위를 지켜나갈 수 있어야 한다'는 것이다. 경쟁우위를 지키기 위해 대규모 자본을 지출해야 하는 기업은 버핏에게 의미가 없다.

저비용 구조의 지속적 경쟁우위는 버핏에게 두 가지 면에서 중요한 의미를 가진다. 첫째는 미래의 수익 창출 능력을 예측할 수 있게 해준다는 것이다. 그런 기업이 매년 같은 제품을 생산한다면 계속 수익을 창출해 주가를 떨어뜨린 악재로부터 회복되게 마련이다. 결과 예측의 확신은 버핏 철학의 주춧돌이라는 사실을 명심하자. 그에게 있어 단순한 제품이란 지속 가능한 이익과 동의어이다.

둘째는 주주 이익을 단순히 유지시키는 차원이 아니라 이를 급속히 증가시킬 수 있는 능력을 강화한다는 점이다. 경쟁우위를 지속하기 위해 끊임없이 자본을 투자해야 한다면 돈이 주주의 주머니로 들어가기는 불가능할 것이다.

저비용 구조의 지속성(low-cost durability). 이 개념을 좀더 이해하기 위해서 허쉬의 예로 돌아가보자. 여기 지난 70년간 거의 변화가 없었던 초콜릿이라는 제품을 파는 기업이 있다. 다음 70년 동안에는 큰 변화가 있을 것이라고 생각하는가? 아마 아닐 것이다. 당신의 할머니도 초콜릿을 먹고 싶어했고 당신의 어머니도 초콜릿을 사랑했고 당신도 어렸을 때 초콜릿을 먹었으며 당신의 아이는 현재 초콜릿을 먹고 있고 당신의 손자도 초콜릿을 애용할 것이다(버핏은 어린 시절 단 것을 너무 좋아한 나머지 열세 살 때 가출해서 곧장 펜실베이니아에 있는 허쉬 공장으로 달려갔다). 타코벨, 피자헛, KFC도 마찬가지다. 이 회사들은 모두 30년 이상 동일한 제품을 팔아왔다. 무디스는 50년 이상 투자자를 위해 주식에 대한 정보를 제공해왔다. 코카콜라와 같은 기업은 지난 80년 동안 같은 제품을 만들어왔다. 이런 기업들이 연구 개발 혹은 새로운 제품을 위한 생산공장 변경에 수십억 달러를 지출할 것 같은가? 아마 아닐 것이다. 버핏은 기업이 과거 10년 동안 동일한 제품을 만들어왔다면 다음 10년간도 그러할 확률이 매우 높다고 얘기한다.

버핏에게 핵심은 '제품이나 서비스가 지속성을 가지고 있느냐' 하는 것이다. 어떤 기업은 뛰어난 경영진과 거대 자본이라는 경쟁우위를 가지고 있다. 그러나 그 기업들은 수명이 짧은 제품을 만들고 있어 지속성이라는 면에서 버핏의 투자 리스트에 오르기엔 자격 미달이다. CPU 시장을 장악하고 있는 인텔이 그 좋은 예다. 팀 잭슨의 저서 『인사이드 인텔(Inside Intel)』을 보면 인텔이 매우 치열한 경쟁이 펼쳐지는 시장에서 특히나 똑똑한 인물들로 구성된 놀라운 회사라는 점을 알 수 있다. 또한 회사의 생존을 위해 사활을 걸고 베팅을 해야만 했던 때를 볼 수 있을 것이다. 인텔은 모토로라, AMD와 같은 기업들과의 한판 승부 속에서 계속 새롭고 혁신적인 제품들을 창조해내고 있다. 하지만 새로운 제품의 개발은 인텔에 엄청난 비용을 요구한다. 숫자를 한번 따져보자. 2000년, 인텔은 연구 개발에만 30억 달러를 쏟아부었다. 이 비용을 쓰지 않았다면 인텔의 제품 라인은 몇 년 안에 금방 고물이 되어버렸을 것이다. 반면 허쉬는 새로운 제품의 연구개발을 위해 얼마의 돈을 투입할 것 같은가?

인텔의 경쟁우위는 경쟁사를 압도하기 위해 새롭고 혁신적인 제품을 창조해내는 경영진의 능력에 달려있다. 경영진이 한 번이라도 실수를 범한다면 인텔과 그 주주들은 게임에서 지고 만다.

비슷한 논리가 메릴린치와 같은 대형 투자은행에도 적용될 수 있다. 자본주의의 첨병인 이들 기업은 미국에서 가장 똑똑한 사람들로 이루어져 있다. 그러나 투자은행의 수익은 우수한 인력의 이용과 거기서 일하는 사람들의 개인적인 계약 관계에 의존하는 구조이다. 만약 핵심 인력들이 다른 회사로 옮겨가버리면 투자은행은 자산을 잃고 만다. 주식

중개인과 뱅커들이 담당하던 고객을 데리고 떠나버리기 때문이다. 공장과 기계가 일제히 일어나 뚜벅뚜벅 월가를 걸어 내려가는 모습을 상상해보라! 투자은행에서는 충분히 일어날 수 있는 일이다. 이런 특이한 성격의 사업은 일류 뱅커와 주식중개인들이 경영진과 수백만 달러의 연봉을 놓고 협상을 할 때 큰 힘을 실어준다. 경영진은 핵심 인력들이 다른 회사로 자리를 옮겨버릴까봐 전전긍긍해야 하며 이들을 달래기 위해 많은 연봉을 지급해야 한다. 버핏은 트래블러스 그룹으로 합병됐다가 결국 씨티코프로 최종 합병된 살로먼브러더스에 투자할 때 이런 기이한 현상을 발견했다. 보유 기간 중에도 살로먼브러더스는 국채 스캔들에 연루되어 연방준비은행과 심각한 마찰을 겪기도 했다. 버핏은 이때 회장에 취임해 살로먼을 구해내는 데 전력을 다했다. 그가 회장으로서 조치한 첫번째 일은 수백만 달러를 받는 핵심 인력들의 연봉을 능력에 맞추어 현실화한 것이었다. 버핏은 이들이 연봉 삭감 조치에 경쟁사로 옮겨가는 형태의 대응을 보인 것에 대해 놀라움을 금치 못했다. 핵심 인력들의 보상 욕구가 주주들의 경제적 이해관계보다 더 중요했다는 의미이다. 즉 경쟁우위가 회사가 만들어내는 제품이나 서비스에 있지 않고 회사 내부에 있는 일군의 엘리트 그룹에 있었다.

살로먼브러더스나 메릴린치의 브랜드를 타코벨이나 H&R블록의 브랜드와 대조해보자. 핵심인력이 빠져나가면 타코벨과 H&R블록의 경쟁우위는 없어질 수 있는가? 그럴 일은 없다. 이 두 기업은 브랜드에 대한 권리를 소유하고 있다. 만약 종업원들이 회사를 나가 새로운 회사를 설립하고자 한다면 반드시 새로운 브랜드를 만들어서 소비자에게 제품을 팔아야 한다. 이건 매우 힘들고 높은 비용을 초래하는 일이라 실패할 확률이 높다.

타코벨이나 H&R블록을 인텔과 같은 회사와 비교해보자. 타코벨의 사업은 태초부터 있어왔던 하루 세 번 찾아오는 배고픔이라는 반복적 필요를 충족시키고 있다. 요리할 시간은 없지만 배고픈 사람들이 존재하는 한 타코벨은 반복적으로 찾아오는 고객을 대상으로 사업을 할 수 있다. H&R블록은 미국에서 가장 크고 잘 알려진 세금 계산 서비스 기업이다. H&R블록에서 제공하는 서비스는 성경만큼이나 오랜 역사를 가지고 있다. 정부가 국민들에게 세금을 부과하는 한 H&R블록은 복잡한 세금납부 서류를 작성할 수 있게 도와주는 서비스를 제공할 것이다. 실제로 이 회사는 50년 동안 똑같은 서비스를 팔아왔다. 이런 기업들이 인텔처럼 생산 라인을 재조정해야 할 필요가 있다고 생각하는가? 물론 아니다. 타코라는 음식이나 세금은 저기 있는 산만큼이나 오래 되었다. 그들은 변하지 않을 뿐 아니라 이런 기업들이 만족시켜야 하는 반복적 형태의 니즈도 변하지 않는다.

인텔과 같은 기업이 돈 버는 기계로 스스로를 증명하지 못했다는 의미는 아니다. 다만 경쟁우위가 기업문화에 내포되어 있다는 뜻이다. 인텔은 창조성을 자극하고 북돋우는 근무 환경을 구축함으로써 기업문화를 발전시키고 강력한 경쟁우위를 확보해왔다. 버핏의 관점에서 보면 경쟁우위가 제품 자체에 있지 않고 새로운 제품을 끊임없이 만들어내는 능력에 있는 셈이다. 만약 인텔이 새로운 제품을 만들어내지 못하면 인텔은 빠르게 역사 속으로 사라지고 말 것이다.

버핏은, 소비자의 마음에 확고하게 자리를 잡아서 그 자체가 변할 필요가 없는 제품과 서비스를 제공하는 사업에 투자하길 원한다. 심지어는 바보가 운영해도 여전히 성공적인 그런 사업 말이다.

key point 지속적 경쟁우위에 대해 생각할 때는 항상 지속적인 제품과 서비스를 떠올려야 한다. 분석하는 기업이 과거 10년 동안 같은 제품과 서비스를 제공했다면 다음 10년도 그럴 가능성이 높다. 예측 가능한 제품은 예측 가능한 이익과 동의어이다. 이를 통해 버핏은 시장의 단기적인 악재로 인해 주가가 폭락한 기업에 크게 투자할 만한 확신을 얻는다.

핵심 요약

○ 버핏은 사업이 사회를 얼마나 변화시킬 것이냐 혹은 미래에 얼마나 성장할 수 있느냐가 투자의 핵심은 아니라고 말한다. 투자자는 주어진 기업에서 경쟁우위를 찾고, 경쟁우위의 지속성이 있는지를 확인하는 데 모든 힘을 쏟아야 한다.

○ 경쟁우위는 차별화된 제품이나 서비스를 제공하는 데서 창출된다.

○ 버핏이 보는 핵심은 제품이나 서비스가 지속성을 가지고 있는가 하는 점이다.

○ 인텔과 같은 몇몇 기업들은 경쟁우위를 명석한 두뇌와 투자 가능한 거대 자본에 두고 있다. 그러나 이들 기업은 수명이 짧은 제품을 제조한다는 한계가 있다. 이러한 종류의 기업들은 경쟁우위를 가지고 있을지 몰라도 지속적 경쟁우위를 가진 제품을 생산하지는 않는다.

CHAPTER 07

기술주 버블을 피할 수 있는
투자법을 익히라

버핏의 지속성 개념을 숙지했다면 잠깐 주제에서 벗어나 왜 그가 인터넷과 같은 혁신적인 산업에 투자하지 않는지에 대해 논의해보자.

버핏은 많은 투자자들이 사회를 변화시킬 만한 새로운 산업이 가져다주는 원대한 비전에 사로잡혀 있다고 생각한다. 라디오, 자동차, 항공 그리고 바이오 같은 혁신적인 산업이 지금까지 투자자들의 상상력을 자극해왔던 것처럼 말이다. 빨리 돈을 벌고 싶은 투자자들의 욕구는 혁신적인 산업에 자금을 집중시켜 엄청난 주가 상승을 야기해왔다. 이런 일련의 과정은 투자자에게 더 많은 돈을 투자하도록 유혹한다. 다른 사람이 부자가 되는 모습을 보면서 너도나도 게임에 동참하고, 주가는 하늘 높은 줄 모르고 올라간다. 이런 현상은 경제적인 본질과 완전히 동떨어질 때까지 진행되기도 하지만 영원할 수는 없는 노릇이다. 경제적인 본질은 중력과도 같아서 어느 순간이 되면 거품이 꺼지고 주가는 폭락하게 마련이다.

1919년부터 1939년까지 불과 20년 동안 300개의 항공기 제조업체들이 나타났다 사라졌다. 오늘날까지 살아남은 업체는 열 군데가 채 되지 않는다. 항공기 제조업체들의 형제 격인 항공사들은 어떠한가? 과거 20년 동안 129개의 항공사들이 파산했다. 사실 1992년까지 파산한 항공사들이 날린 총 금액은 이들이 벌었던 금액보다 훨씬 더 많았다. 인터넷업체들의 파산도 이와 비슷하다. 한때 주가가 수백 달러에 달했던 여러 인터넷업체들이 사라졌으며, 주주들에게 쓰디쓴 기억만을 남겼다.

버핏이 인식하는 혁신적인 산업의 문제는 그 산업이 불러일으키는 환상 때문에 지나치게 많은 경쟁자들이 존재하는 바람에 지속적 경쟁우위를 가진 기업이 거의 없다는 점이다. 치열한 경쟁은 더 낮은 이익으로 귀결되고 종국에는 주가를 폭락시키는 법이다. 또한 새로운 산업에서는 지속적 경쟁우위를 가진 기업이 출현하기 전까지 끊임없는 순위변동이 일어나게 된다. 새로운 사업은 버핏의 선택적 역발상 투자의 주춧돌에 해당하는 제품 지속성을 검증할 만한 역사가 존재하지 않는다.

지속성의 부재 때문에 버핏은 떠오르는 산업에 투자하지 않는다는 원칙을 가지고 있다. 심지어 그런 사업을 통째로 살 기회가 있더라도 고려조차 하지 않는다. 그는 기업을 통째로 살 만한 가치가 없다고 판단되면 단 한 주라도 매수하지 않아야 한다고 믿는다.

기업을 통째로 사들인다는 버핏의 사고체계를 이해하기 위해서는 시장에서 매겨지는 기업의 가치 즉 시가총액을 계산하는 방법을 알아둘 필요가 있다.

시가총액은 주가에 발행주식수를 곱한 값이다. X기업의 발행주식수가 1억 주이고 현재 주당 50달러에 거래가 이루어진다면 시가총액은 50억 달러가 된다. 다음날 주가가 45달러로 하락한다면 시가총액은 45억 달러로 떨어진다. 반대로 주가가 오르면 시가총액도 그에 따라 증가한다.

버핏은 투자를 결정을 할 때 스스로에게 다음과 같이 묻는다. 이 기업의 시가총액이 50억 달러인데 나에게 50억 달러가 있다면 이 돈을 주고 통째로 살 것인가? 50억 달러를 지불한다면 얻을 수 있는 기대수익은 얼마인가? 이렇게 질문을 던져서 기대수익률이 매력적이라고 판단되면 그는 비로소 투자를 결정한다. 주가가 올라갈 것인지 말 것인지를 물어보는 것이 아니라 통째로 기업을 샀을 때 얼마의 기대수익률을 얻을 수 있는지에 대해 물어본다는 점을 명심하라.

다른 예를 한번 들어보자. 당신이 2000년 3월 10일로 돌아가 야후에 투자할 것인지를 고민하고 있다고 하자. 당시 주가는 178달러이고 시가총액은 970억 달러에 이르렀다. 다음과 같은 질문을 던져보자. 지금 나에게 970억 달러가 있다면 야후를 통째로 살 것인가?

970억 달러라는 거금을 야후에 투자하기 전에 다른 투자 대안들을 살펴보자. 우선 무위험 수익률을 올릴 수 있는 미국 국채에 투자하는 방법이 있다. 금리를 7%라고 가정하면 이자만으로도 연간 67억 달러를 벌 수 있다. 나쁘지 않은 수치다. 이것을 야후의 2000년 예상 순이익인 7,080만 달러와 비교해보자. 틀림없이 미국 국채가 더 매력적인 투자 대안으로 보일 것이다.

당신이 인터넷의 미래에 대해 확신하고 있고, 그중에서도 야후의 미래를 가장 낙관하고 있다고 가정해보자. 버핏은 야후를 통째로 산다면 1년 순이익인 7,080만 달러를 위해 67억 달러에 이르는 미국 국채 이자를 포기해야 한다고 말할 것이다. 당신은 야후가 미래에 엄청난 수익을 거둘 것이라고 반박한다. 버핏은, 그 또한 사실일 수 있지만 미래에도 계속 유입될 수 있는 연 67억 달러의 이자수입을 포기해야 할 뿐 아니라 그 규모는 야후가 미래에 벌어들일 수익의 총합보다도 더 많은 규모일 것이라고 대답해줄 것이다. 현재의 10억 달러와 미래의 100만 달러는 불어나는 속도에도 차이가 난다(2000년에 코카콜라는 21억 달러, GM은 44억 달러를 벌었다. 매년 67억 달러를 벌어들이는 사업은 엄청난 것임을 알 수 있다). 야후가 970억 달러를 주고 살 만큼 현명한 투자 대상이 아니라는 것을 아는 데에는 천재적 두뇌가 필요치 않다. 한 번만 더 생각해보면 단 한 주라도 매수하는 것 역시 나쁜 아이디어라는 결론을 내릴 수 있을 것이다.

　야후에 대한 투자를 버핏이 좋아하는 거대 보험사인 올스테이트에 대한 투자와 비교해보자. 보험사들이 전반적인 불황에 빠져있던 2000년 3월 10일에 버핏이 주당 18달러에 올스테이트를 사들이고 있다는 소문이 돌았다(이 책을 쓰고 있는 시점에도 그 소문의 진위는 밝혀지지 않았다. 단지 가정을 위해서 그것이 사실이었다고 치자). 올스테이트의 발행주식 수는 7억 4,900만 주였고 따라서 시가총액은 134억 달러였다(7억 4,900만 주 × $18 = $134억). 1년 순이익은 22억 달러에 이른다. 만약 당신이 134억 달러를 주고 올스테이트를 통째로 산다면 연간 수익률 16.4%, 매년 22억 달러를 벌 수 있다는 것이다. 연간 2,200만 달러의 이익을 내는 야후를 970억 달러를 주고 사는 것보다 훨씬 나은 거래 조건이다. 야후에 투자해봤자 연간 수익률이 1%도 채 되지 않는다. 올스테이트에 대한 투자는 미국 국채에 투자하는 것보다 더 나은 결정이다.

사실 버핏과 같은 큰손조차도 한 회사를 970억 달러를 주고 살 수 있을지는 의문이다. 하물며 우리같이 작은 자금을 운용하는 사람들은 단지 기업의 일부 지분을 살 수 있을 뿐이다. 하지만 버핏은 통째로 살 만한 가치가 없다면 단 한 주라도 사면 안 된다고 믿는다는 사실을 기억하자. 반대로 통째로 살 만한 가치가 있다면 가능한 한 지분을 많이 사들여야 한다고 여긴다.

2000년 3월 10일에 5만 달러를 가지고 우리는 야후에 투자하고 버핏은 올스테이트에 투자했다고 가정해보자. 1년이 조금 지난 2001년 4월에 야후의 주가는 178달러에서 15달러로 폭락했다. 무려 91%의 손실로 5만 달러 중 4,215달러밖에 남지 않은 셈이다. 투자자들이 야후의 이익이 67억 달러까지 도달할 때까지 기다리다 지쳤기 때문이다. 냉엄한 경제 현실은 반드시 주가를 제자리로 돌린다는 사실을 명심하라. 실적이 없으면 투자자도 없다.

반면 버핏이 투자한 올스테이트의 주가는 18달러에서 40달러로 122% 올랐다. 5만 달러가 11만 1,111달러로 불어난 셈이다. 버핏은 숲속의 새가 아니라 손 안에 있는 새를 적절한 가격에 사는 지혜를 발휘했기 때문에 올스테이트 투자로 성공할 수 있었다(올스테이트가 그토록 낮은 가격에 거래되었던 이유는 대부분의 사람들이 인터넷 주식에 돈을 쓸어 부었기 때문이었다는 사실이 흥미롭다. 즉 투자자들의 돈이 구경제를 떠나 신경제로 갔던 것이다. 그들은 진부하고 오래된 보험회사를 소유하고 싶지 않았던 것 같다. 그로 인한 주가 하락은 버핏에게 매수 기회를 제공했다).

버핏이 혁신적인 산업에 투자하지 않는 이유는 지속적 경쟁우위의 부재와 경제적 본질에 비해 이해할 수 없을 정도로 부푼 주가 때문이다. 만약 사업을 통째로 살 만한 가치가 없다면 그 파이가 얼마나 매력적이든 간에 단 한 주의 주식도 살 만한 가치가 없다.

핵심 요약

○ 검증된 지속적 경쟁우위가 없다면 버핏은 새로 떠오르는 산업에 투자하지 않는다.

○ 버핏은 기업에 대한 투자를 결정하기 전에 다음과 같은 질문을 스스로에게 던진다. 만약 어떤 기업의 시가총액이 50억 달러이고 나에게 50억 달러가 있다면 모든 돈을 써서 이 기업을 통째로 사는 것인 현명한 일인가?

○ 버핏은 지분을 일부만 사는 경우라도 통째로 기업을 사들이는 것처럼 생각한다. 또한 현재 시가총액으로 통째로 기업을 살 만한 가치가 없다면 그 기업의 주식을 단 한 주도 사지 말아야 한다고 여긴다.

CHAPTER 08

이자율과 주가의
상관관계를 이해하라

이자율의 변화가 주가에 어떻게 영향을 미치는지 한번 알아보자.

버핏은 모든 투자 수익은 궁극적으로 서로 경쟁하는 관계에 있다고 생각한다. 즉 기업을 소유할 때의 수익과 채권을 소유할 때의 수익이 경쟁하는 식이다. 그는 기업의 가치가 얼마나 수익을 내느냐에 따라 결정된다는 사실을 알고 있다. 또한 주가가 기업의 가치 이상으로 오르거나 내려간다는 사실도 알고 있다. 그러나 기업의 가치는 결국 장기적으로 투자자가 소유한 기간 동안 창출된 수익에 맞춰 결정된다. 더도 덜도 아니다.

기업이 창출하는 수익과 다른 자산에 대비한 상대수익률이 주가를 결정한다. 예를 한번 들어보자. 연간 10만 달러를 버는 기업이 있다면 이 기업에 대해 얼마를 지불할 용의가 있는가? 아마도 다른 자산과 비교해 쇼핑을 해야만 할 것이다. 여기서 이자율이 사용된다. AAA등급 회사채의 이자율이 10%라고 하자. 이것은 연간 10만 달러의 이자를 받기 위해서는 100만 달러어치의 회사채를 사야 함을 의미한다.

만약 10만 달러의 수익을 창출하는 기업에 대해 150만 달러를 지불해야 한다고 하면 수익률은 6.7%로 하락한다. 하지만 이 150만 달러로 회사채를 산다면 연간 15만 달러의 이자를 받을 수 있다. 회사채를 사면 더 높은 수익률을 올릴 수 있는데 왜 이 기업에 150만 달러를 지불해야 하는가? 당신은 기업이 아니라 회사채를 사야 한다. 그 기업은 오직 100만 달러 이하에서만 매력적이다. 100만 달러 이상을 주고 산다면 차라리 회사채를 사는 게 더 낫다. 이런 상황에서 10%의 이자를 주는 회사채는 기업의 시가총액을 떨어뜨리는 압박 요인이 된다.

다시 이자율을 5%로 떨어뜨려서 생각해보자. 5% 이자를 주는 채권을 150만 달러어치 샀다면 매년 이자로 7만 5천 달러를 받을 수 있다. 매년 10만 달러의 수익을 창출하는 기업에 비하면 좋은 수익률이 아니다. 이 경우에는 반대로 이자율의 하락이 기업의 시가총액을 높이는 동인으로 작용할 것이다.

연방준비은행이 이자율을 높이거나 낮출 때도 같은 현상이 일어난다. 연방준비은행이 이자율을 낮추면 기업의 가치가 올라가고 따라서 가치를 반영해 주가도 올라간다. 반대로 이자율을 올리면 기업의 가치가 내려가고 따라서 이를 반영해 주가도 하락한다. 이자율이 하락하면 주가가 오르고 이자율이 상승하면 주가가 내리는 것은 늘 정확하게 들어맞는 공식이다. 그러나 때때로 예상과는 반대로 움직이는 때도 있어서 주식시장은 연방준비은행이 적극적으로 이자율을 조절하려는 모습을 확인하고 나서야 주가가 제자리를 찾는다. 한 예가 주가 버블기다. 이때는 주식시장이 모멘텀 투자자들에게 굴복해 기업 실적이 더 이상 주가에 영향을 주지 못한다. 이런 상황에서는 경기가 꺾이는 모습을 확인하고 나서야 주가가 바로 잡힌다. 이 상황의 변화는 매우 극적으로 나타나는 경향이 있다.

연방준비은행은 주가가 오르고 내리는 데는 관심이 없고 오직 안정적인 정책 기조를 통해 경제를 성장시키려는 목적을 가지고 있다. 너무 과열된 경기는 인플레이션을 야기하고 결과적으로 경제에 악영향을 미친다. 따라서 연방준비은행은 과열된 경기를 식히기 위해 이자율을 상승시키려고 하고 실제로 1999년에 이를 단행했다. 만약 미국 경제가 침체에 빠지면 연방준비은행은 경제를 회생시키기 위해 이자율을 낮춘다. 2001년에는 연방준비은행이 이자율을 낮췄다. 이런 이자율의 메커니즘은 기업과 개인이 구매를 위해 돈을 빌리기 때문에 작동된다. 낮은 이자율은 돈 값을 싸게 만들고 사업의 기회나 신용 구매를 아주 매력적으로 변모시킨다. 이런 상황의 변화는 경제를 매우 역동적으로 끌고 간다. 반대로 높은 이자율은 사업의 기회나 신용 구매에 있어 비싼 대가를 의미하게 되고 경제 활동을 위축시킨다. 부채로 집이나 자동차를 구매하는 것을 생각하면 이해가 빠를 것이다. 이자율이 급락했다면 새로운 집이나 자동차를 더 구매하고 싶겠는가? 물론 그럴 것이다. 집이나 자동차를 사기 위해 치러야 할 비용이 매력적인 수준으로 낮아지기 때문이다.

연방준비은행이 이자율을 낮추면 경기가 회복되고 기업의 가치가 상승해서 결국에는 주가가 오른다는 논리를 이해할 필요가 있다. 반대로 연방준비은행이 이자율을 올리면 경기가 하강하고 기업의 가치가 하락해서 결국에는 주가가 내린다는 논리 또한 이해해야 한다. 주식시장과 경제는 연방준비은행의 연주에 따라 춤을 춘다.

핵심 요약

○ 높은 이자율은 투자자에게 귀속되는 기업의 수익가치를 낮춰 주가 하락을 유발한다.
○ 낮은 이자율은 투자자에게 귀속되는 기업의 수익가치를 올려 주가 상승을 유발한다.

CHAPTER 09

상승장과 하락장의
사이클을 이용하라

버핏의 선택적 역발상 투자에서 주식의 매수 방법은 두 가지 부분으로 구성된다. 첫번째는 앞서 살펴본 바와 같이 지속적 경쟁우위를 가진 기업을 파악하는 것이고, 두번째는 이제부터 설명할 매수 기회를 포착하는 것이다.

매수는 무엇보다도 가격이 우선이다. 지속적 경쟁우위를 가진 기업을 발견했다고 해서 무조건 사는 것은 아니다. 같은 H&R블록이라도 주당 60달러에서는 버핏의 매수 조건에 포함되지 않지만 30달러가 되면 환상적인 매수 기회가 된다. 큰 투자수익을 얻을 수 있는 매수의 기회를 포착하는 능력 또한 버핏의 성공 비결 중 하나다. 그는 오직 합리적인 가격이 형성될 때에만 매수에 뛰어든다. 다시 말하면 오직 주가가 일정 수준 혹은 그 이하로 거래될 때에만 주식을 산다는 뜻이다. 합리적인 가격을 어떻게 포착하는지에 대해서는 책의 중반부에서 다시 설명할 것이다.

버핏은 주식시장, 업황, 그리고 사업 환경의 반복적인 변화 패턴이 그에게 지속적 경쟁우위를 가진 기업을 가장 좋은 가격에 살 수 있는 기회를 제공해준다는 사실을 발견했다. 여기서 핵심은 반복성이다. 반복성은 특정한 사건들을 인식할 수 있게 해준다. 강세장, 약세장, 업종 불황, 개별기업의 악재, 구조적 변화, 전쟁 등으로 불리는 이런 사건들이 어떤 것인지만 배우게 된다면 언제 어디서 매수 기회를 포착할 수 있는지 알게 될 것이다. 이 장에서는 강세장과 약세장의 다양한 국면에 대해 다룰 것이다. 나머지 시장 상황들은 다음 장에서 계속 설명된다.

강세장과 약세장의 여러 국면들은 버핏에게 그의 전매특허인 선택적 역발상 투자를 실행할 기회를 제공한다. 이제 약세장에 대한 설명에서 출발해 강세장과 약세장의 사이클 진행 과정을 살펴보고 각각의 국면이 제공하는 매수 기회를 포착하는 방법에 대해 알아보도록 하자.

약세장

진정한 약세장은 모든 종목의 주가를 초토화시키고 버핏에게 선택적 역발상 투자를 위한 최고의 매수 기회를 제공한다. 물론 아주 드물게 발생하는 매수 기회이긴 하지만 포착하기는 가장 쉽다. 언론들이 일제히 현재 주식시장이 침체라고 떠들어대기 때문이다. 일단 약세장이라는 사실이 기정사실로 받아들여지게 되면 금융계가 극심한 비관론에 휩싸이게 되고 은행 대출이 줄어 자본에 대한 접근이 심각하게 제한된다. 약세장은 항상 거품이라고 불릴 정도로 주가가 고평가되는 강세장 이후에 연출된다. 상당 기간 지속된 1920년대의 강세장은 1929년도의 주가 거품을 만들었고 결국 거품이 터지고 나서 1930년대 초의 약세장을 낳았다. 1960년대의 강세장은 1920년대보다 더 강하게 주가를 밀어올렸다. 결국 1973년에 거품은 꺼져버렸고 1973년부터 1974년까지의 약세장을 초래했다. 또한 1990년대의 강세장은 1999년 거품으로 이어졌고 2000년에는 거품이 꺼지면서 2001년 약세장을 만들었다.

1960년대 강세장에서 투자를 하던 버핏은 거품이 꺼져버린 1973~74년에서 3년 앞선 시장의 절정기에 모든 주식을 팔아버렸다. 그리고 1990년대의 강세장 기간에는 2000년 거품 붕괴에 1년 앞선 1999년에 주식을 대거 매도했다. 대신 그는 1973~74년 약세장을 매수 기회로 이용했다. 그의 말에 따르면 성욕에 가득 차서 하렘을 배회하는 사람의 기분이었다고 한다. 이때 그는 워싱턴포스트, ABC방송, 지역신문사인 나이트-리더, 광고대행사인 오길비 앤드 매더 등의 지분을 대거 사들였다. 2000년부터 2002년까지 이어진 약세장에서 버핏의 투자회사인 버크셔는 염 브랜즈, H&R블록과 같은 회사에 투자했다. 버핏의 비결은 모든 사람이 욕심을 낼 때 두려워하고, 모든 사람이 두려워할 때 욕심을 내는 데 있다. 약세장은 매수 기회를 제공하고 강세장은 버핏의 약세장 투자를 큰 이익으로 바꿔준다.

재난의 임박을 예측하는 버핏의 힘은 강세장과 약세장의 사이클, 그리고 그것이 선택적 역발상 투자자에게 제공하는 매수 매도 기회에 대해 완전하게 이해하는 데에서 비롯된다.

약세장에서는 환상적인 매수 기회를 발견할 수 있다. 지속적 경쟁우위를 가진 기업들도 장기적인 가치의 고작 일부분의 가격에 거래된다. 주가가 싸서 종목 선택을 쉽게 할 수 있는 만큼 최고의 기업을 선택하자.

약세장에서 강세장으로의 전환

약세장은 경제 침체 이후에 그 모습을 드러내고 주가를 초토화한다. 약세장에서 코카콜라, 인텔, GE와 같은 주식들의 주가수익률(PER)이 한 자리 수 혹은 10대 초반에서 거래되는 것은 놀라운 일이 아니다(반대로 강세장에서는 같은 주식임에도 불구하고 PER가 30 이상에서 거래된다). 2001 년 연방준비은행은 경제를 살리기 위해 연속적으로 이자율을 인하했다. 이렇게 되자 주식이 매력적인 투자 대상이 되었다. 약세장은 주가를 내리기 때문에 많은 선택적 역발상 투자의 기회가 존재한다. 또한 약세 장은 역발상 투자나 가치투자로 회귀하는 경향이 있으며 이런 투자 방법을 추구하는 펀드매니저들이 주가 폭락 때 전사해버린 모멘텀 투자자를 대신해 뮤추얼펀드를 맡게 된다. 이렇게 새로 고용된 가치투자 펀드매니저들은 시가총액이 장부가 이하에서 거래되는 소위 가치주에 투자한다. 버핏은 이런 투자법을 '1달러를 50센트에 사는 방식'이라고 부른다. 약세장에서는 많은 기업들이 사실상 이익이 훼손되는 부분이 없음에도 불구하고 경제와 주식시장 침체의 영향만으로 주가 움직임이 부진하다. 그 기업들의 지속적 경쟁우위는 견고하고 아직도 많은 부가

가치를 창출하고 있는데도 말이다. 그럼에도 불구하고 주식을 낮은 값에 팔아대는 건 오직 주식시장의 근시안적인 비관론 때문인데 이런 현상은 버핏에겐 기쁨이다.

강세장

연방준비은행의 이자율 인하는 경기를 자극하고 기업 실적을 증가시켜 주가 상승으로 이어진다. 이것이 바로 강세장의 신호탄이다. 투자자들이 주가 상승을 목격하고 시장에 뛰어들면서 주식시장은 점점 가열된다. 주식시장의 가열은 더 많은 투자자들을 끌어들인다. 주가 상승은 가치투자 펀드매니저들의 결정이 옳았다는 것을 입증하는 셈이 되고 뮤추얼펀드 회사들은 이 기회를 이용해 더 많은 투자자들의 자금을 모집하기 위해 광고를 집행한다. 뮤추얼펀드에 투자한 이웃들이 쉽게 20~30%의 수익률을 올리는 모습을 본 투자자들은 이자율이 낮은 은행에서 돈을 빼 뮤추얼펀드에 가입한다. 또한 강세장의 주역들인 모멘텀 투자 스타일의 펀드매니저들이 다시 무대로 등장해 홈런을 날리기 시작한다.

강세장에서의 주식시장 조정과 매도 열풍

10월이 되면 주식시장은 조정을 받거나 단기간의 매도 열풍이 휘몰아친다. 1929년 주가 대폭락도 10월에 발생했다. 주가 폭락은 투자자들을 다급하게 만들고 다급한 투자자들은 일단 주식을 대거 처분하고 상황이 좋아질 때까지 기다리려 한다. 9월과 10월 사이에 일어난 주식시장 조정은 일일이 열거할 수도 없을 정도로 많았다. 이런 10월 주식시장 조정은 때때로 두려움에 휩싸인 매도 열풍으로 이어진다. 대표적인 예가 1987년 10월의 대폭락이었다. 1929년 주가 대폭락이 다시 한번 연출될 것이라는 막연한 두려움 때문에 사람들은 파산을 피하기 위해 미친 듯이 주식을 팔아댔다.

key point   버핏은 강세장의 거품이 아직 꺼지지 않았다면 주식시장의 조정과 매도 열풍이 단명에 그치고 여전히 큰 매수 기회가 존재할 것이라는 사실을 잘 알고 있다.

주식시장의 조정과 매도 열풍은 포착하기가 쉽고, 항상 가장 안전한 매수 기회를 제공한다. 이 시기의 주가 하락은 기업 실적과는 무관하기 때문이다. 단, 증권사나 투자은행처럼 투자와 관계된 영업 부문을 가지고 있는 기업은 시장의 침체가 주식 거래 횟수를 떨어뜨려 수익성이 떨어지므로 예외다. 그렇지 않다면 대부분 사업들의 기초 체력은 변함이 없다. 주식시장의 조정과 매도 열풍이 오락가락하는 동안 주가는 그 기업의 경제적 상태와는 무관한 여러 가지 이유로 인해 하락한다.

이때도 약세장과 마찬가지로 투자의 적기다. 기업이 감내해야 할 실질적인 문제가 없는 데다가 경제에도 특별히 문제가 없기 때문이다. 기업 실적의 실질적인 하락은 없는 상태에서 막연한 비관론만이 존재한다. 오직 기업 실적의 하락만이 장세를 약세장으로 만들 수 있다.

key point
버핏은 주식시장의 조정과 매도 열풍은 선택적 역발상 투자자에게는 최적의 매수 기회라고 여긴다. 이 시기는 매우 짧으므로 당신은 이 기회를 최대한 이용해야 한다는 믿음을 가지고 재빨리 움직여야 한다. 버핏은 1987년 주가 대폭락 때 코카콜라를 처음 사들였다. 다른 투자자들이 모두 두려움에 사로잡혀 있는 동안, 두려움의 한가운데로 뛰어들어 마치 목마름으로 가득 차 있던 사람처럼 코카콜라 주식을 사들였던 것이다.

주식시장의 조정이나 매도 열풍은 대부분의 주가를 폭락시키지만 특히나 기업 실적 악화 같은 악재를 발표한 기업들의 주가를 더 심하게 훼손시킨다. 시장의 두려움은 악재가 주가에 미치는 영향을 극대화한다는 사실을 명심하라. 완벽한 선택적 역발상 투자의 기회는 주식시장의 두려움이 해당 기업에 대한 악재와 결합될 때 나타난다고 버핏은 믿고 있다.

주식시장의 조정과 매도 열풍이 끝나면 지속적 경쟁우위를 가진 기업의 주가는 반드시 1년 이내에 반등한다. 이런 반등은 좋은 기업을 상상할 수도 없을 정도로 좋은 가격에 산 투자자들이 단기간에 큰 이익을 볼 수 있게 해준다.

그러나 주식시장의 조정과 매도 열풍은 모든 투자자의 마음에 두려움의 씨앗을 뿌린다. 이것은 주가 거품이 꺼진 후 주식시장의 절정기에서도 나타나는 일이다.

강세장의 절정기

주가가 절정을 향해 올라가면 올라갈수록 작은 조정과 단기적 물량 부담이 나타나긴 하지만 강세장은 한번 시작되면 수년 동안 지속될 수 있다. 경제에 특별히 문제가 없고 주가가 심하게 높은 수준이 아니라면 반드시 반등이 찾아온다. 이렇게 생각하면 될 것 같다. 수가가 내려갈 수 있는 최저 가격은 사업의 내재가치 수준까지이다. 모멘텀 투자를 즐기는 펀드매니저들이 내재가치 이하에서 주식을 대거 파는 순간 가치투자 펀드매니저들이 몽땅 사들이고 주가 하락은 저지된다. 이렇게 주가가 반전되고 안정을 찾으면 모멘텀 투자자들은 다시 주식을 사들인다. 그들은 하루 밤 사이에 부자가 되고 싶어하고 이런 돈들은 항상 모멘텀 투자 게임에 참가한다. 하지만 모멘텀 투자 게임에서는 매년 연속해서 승리자가 될 수 없다.

강세장에서는 약세장 때 불과 한자리에 머물렀던 PER가 10, 20, 30, 40, 50으로 하염없이 올라간다. 이렇게 재평가가 진행되는 동안 몇몇 가치투자 펀드매니저들은 시장 평균 PER보다 개별종목의 PER가 낮으면 싸다고 여기는 상대적인 가치평가로 관점을 바꾸기 시작한다. 이 때문에 가치투자 펀드매니저들은 수익률 게임에 잔류하게 되고 주가가 오름에 따라서 그들의 투자 방식이 정당화되는 과정을 거친다. 그러나 PER가 50을 넘어가기 시작하면 기묘한 일들이 벌어진다. 일군의 투자자 그룹은 이제 더 이상 기업의 수익은 중요치 않고 대신 가치평가는 판매량이나 매출에 기초해야 한다고 주장한다. 그 결과로 수익이 한푼도 안 나는 기업의 주가까지 폭등한다. 이런 현상은 1920년대, 1960년대, 1990년대 후반에 일어났다.

강세장의 초기에는 투자은행들도 수익에 기초해 기업공개(IPO: Initial Public Offering)를 하지만 강세장이 심화되면 이런 전통적인 가치평가의 잣대를 버리고 매출액을 공모가 산출의 기준으로 사용한다. 강세장의 절정을 이룬 1998년과 1999년에 투자은행들은 매출액의 20배의 가격에 공모가를 산출해 기업공개 작업을 했다. 이런 방식으로 1990년대 후반에는 벤처캐피털이 큰돈을 벌었다. 벤처캐피털은 이익은 안 나지만 매출이 조금 일어나는 초기 단계 기업에 투자한 다음 기업공개를 했다. 주식시장은 이런 기업들에 대해 매출액의 20배가 넘는 가격을 매겨줬고 벤처캐피털리스트들은 즉각 부자가 되었다. 이 기간 동안 넷스케이프의 창업자 중 한 명인 짐 클라크는 넷스케이프가 한푼도 이익을 내지 못했지만 그의 지분을 수십억 달러에 팔 수 있었다.

key point 애널리스트나 언론이 수익은 더 이상 가치평가에서 중요치 않다고 일제히 주장하기 시작하면 강세장은 거의 막바지에 다다른 것이다. 여기서부터는 거품이 생겨나기 시작한다.

이 시점에서 대다수의 펀드매니저들은 모멘텀 투자를 강요당한다. 강세장에서는 뮤추얼펀드의 수익률이 70% 이상 되는 일이 다반사이다. 하지만 가치투자로 접근하는 펀드매니저들은 70%의 수익률은 엄두도 낼 수 없기 때문에 모멘텀 투자를 수용하거나 아니면 뮤추얼펀드의 세계에서 퇴출당한다. 그들의 고객이 모멘텀 투자를 하는 펀드매니저들이 만들어낸 엄청난 수익률을 보고 그쪽으로 모두 옮겨가기 때문이다.

key point 가치투자 펀드매니저들이 모멘텀 투자를 하는 펀드매니저와의 경쟁에서 도태되어 뮤추얼펀드 업계를 떠난다는 소식을 접한다면 거품은 믹 터지기 직전이라고 볼 수 있나.

강세장에서는 점점 더 많은 돈들이 주식시장으로 밀려들고 더 많은 사람들이 빨리 돈을 벌려는 욕심으로 주식 게임에 뛰어든다. 이런 투기 장세는 주가를 한없이 밀어올리고 참가자들 스스로 부자가 되었다고 느끼게 한다. 부자라고 생각하는 순간 행동도 딱 그렇게 된다. 즉 정신없이 돈을 쓰게 되고 이는 다시 경기를 과열시킨다. 과열된 경기는 인플레이션을 의미한다. 인플레이션을 감지한 연방준비은행은 이자율을 높이려고 시도한다. 만약 연방준비은행이 이자율을 크게 올리면 결국 주식시장의 거품은 터져버린다. 하지만 하루 밤 사이에 이와 같은 일이 벌어지는 것은 아니다. 처음에는 주식시장이 연방준비은행의 이자율 조정을 무시한다. 모멘텀 투자자들은 기업 실적은 물론 이자율 변화도 신

강세장의 절정이었던 1999년, 메릴린치의 가치주 발굴의 내가였던 찰스 클러프는 더 이상 주식을 살 수 있는 합리석인 근서가 없나는 관난을 내렸다. 내부분의 주식들이 부풀려진 주가만큼의 가치가 없었다. 그는 주식의 가격이 얼마가 되더라도 지불할 용의가 있었던 무모한 투자자들 사이에서 이성을 유지하며 장을 비관하기 시작했다. 그러나 그가 속해 있던 메릴린치는 빨리 돈을 벌려는 일반 투자자들을 대상으로 주식을 팔아 짭짤한 재미를 보고 있었다. 메릴린치가 보기에 클러프는 투자자들이 듣고 싶어하는 매수 사인을 전혀 내놓지 않고 있었다. 클러프는 논조를 바꾸거나 메릴린치의 주식중개인과 대중의 요구에 굴복하지 않고 자신의 신념을 지키기 위해 회사를 그만뒀다. 그의 비관적 예상은 정확히 들어맞았다.

버핏은 클러프와 같은 가치투자자가 자의 반 타의 반으로 게임에서 떠나면, 강세장이 거품으로 가고 있어서 빠져나와야 할 타이밍이라는 사실을 알고 있다. 또한 이후에는 매우 큰 매수 기회가 존재하고 있어 이를 이용하기 위해 많은 현금을 확보하는 것이 낫다는 사실도 안다. 클러프가 회사를 그만뒀을 때 주식을 다 팔았다면 주식시장이 붕괴할 때 많은 현금을 바탕으로 유리한 위치에 있었을 것이다. 반면 이런 신호를 무시했다면 모든 돈을 잃을 뿐 아니라 2000년부터 2002년까지 약세장 동안의 엄청난 매수 기회를 상실했을 것이다. 약세장에는 현금이 왕이다. 그리고 이때 버핏은 정확하게 280억 달러의 현금을 쥐고 있었다.

경 쓰지 않기 때문이다.

이자율이 오를 때쯤 되면 전통산업에 속한 기업들의 주가가 폭락하게 된다. 모멘텀 투자자들이 더 뜨거운 주식을 사기 위해 현금이 필요하다보니 전통산업에 속한 기업들의 주식을 대거 매물로 내놓기 때문이다. 1999년 펀드매니저들은 기술주를 사기 위해서 업황 부진 상태였던 보험사 주식을 대거 처분했다. 그 결과로 올스테이트나 버크셔 같은 대형 보험사들의 주가가 최고가의 절반 수준까지 떨어졌다. 근시안적인 모멘텀 투자자들이 비인기 산업으로 전락한 종목들을 철저히 외면하는 바람에 그 주식들은 말도 안 되는 낮은 가격을 기록했다. 이미 이 단계에서는 가치투자 펀드매니저들이 게임에서 떠나간 지 꽤 오래되었기 때문에 주식이 아무리 살 만한 가격까지 왔더라도 이들 기업에 투자할 사람은 아무도 없다. 단, 선택적 역발상 투자를 하는 버핏 같은 투자자를 제외하고는 말이다. 같은 기간 기술주들의 주가는 더 높이 올라간다. 모멘텀 게임에서는 항상 움직이는 주식으로 갈 수밖에 없다. 이런 주식시장의 모습을 목격한다면 뜨거운 주식들의 거품이 곧 터질 때가 임박했다는 사실을 깨달아야 한다. 뜨거운 주식을 쫓아들어가 주식시장 조정기나 매도 열풍 때 매수를 한다면 그것은 곧 재앙을 의미한다.

주식시장이 양극화되면 모멘텀 투자자들이 싫어하는 주식에 투자할 것을 고려해야 한다. 이들 주식이 저점을 경신하는 모습은 완벽하게 비이성적인 현상이다. 한때 이들 종목을 보유하고 있었던 가치투자 펀드매니저들은 오래 전에 시장에서 사라지고 없을 것이다. 사는 사람은 거의 없고 팔 사람만 가득하다는 것은 주가가 매수하기에 적절한 가격이라는 것이다.

거품 붕괴

이자율의 상승, 수익에서 매출로 가치평가 기준 변화, 가치투자 펀드매니저들의 도태, 그리고 몇몇 산업에 속한 주식들은 부진을 면치 못하고 다른 주식들은 끝없이 오르는 비정상적인 주식시장. 이런 현상은 다가올 재앙의 전주곡이다. 만약 아직도 뜨거운 주식에 투자하고 있다면 전량 매도하고 빨리 빠져나와 아무도 관심을 갖지 않는 종목들을 쇼핑하러 가야 한다. 거품이 터지면 뜨거운 주식들은 초토화되고 인기 없는 주식들이 슬금슬금 오른다. 이것은 자본이 고평가된 뜨거운 주식에서 저평가된 주식으로 이동하면서 발생하는 현상이다. 저평가된 주식이 갑자기 움직이기 시작하면 모멘텀 투자자들이 또 재빨리 이쪽으로 옮겨와 주가를 밀어올린다. 뜨거운 주식들이 산산조각 난 직후에 비인기 종목들의 주가가 몇 달 안 되어서 2배로 오르는 모습은 대수롭지 않은 광경이다. 거품이 터지고 나면 선택적 역발상 투자라는 모자를 쓰고 지속적 경쟁우위를 가진 기업을 쇼핑하러 갈 것을 권한다. 아마도 이런 유형의 많은 주식들이 당장 사도 될 만큼 폭락한 가격에 거래되고 있을 것이다.

지속적 경쟁우위를 가진 기업은 강세장 동안 일어나는 조정이나 매도 열풍 후에도 금방 주가를 회복한다. 그러나 PER가 40배가 넘을 때 샀다가 한 자리 PER까지 폭락하는 거품 붕괴기를 맞이하면 매수 가격까지 주가가 회복되는 데 수 년이 걸릴지도 모른다. 예를 들어 1973년부터 1974년까지의 대폭락 후에 캐피털시티즈, 필립모리스는 1977년에 가서야 1972년 강세장 때 기록한 최고가를 회복했다. 코카콜라는

1985년이 되어서야 1972년 강세장 때 기록한 최고가인 주당 25달러를 다시 기록했다. 반면 버핏이 그랬던 것처럼 주가 폭락기에 주식을 사면 큰 수익을 올리는 데 오랜 시간이 걸리지 않는다. 단 이것만은 기억하자. 가격경쟁형 기업은 강세장에 기록한 최고가를 결코 다시 볼 수 없다. 거품기 때 이런 주식을 사면 투자자는 눈에 보이는 장기간의 자본 손실로 고생할 것을 각오해야 한다.

거품 붕괴 이후

거품이 붕괴되고 나면 다음과 같은 일들이 벌어진다. 우선 국가 전체가 불황에 섭어든다. 기업의 수익이 급감한다는 보고서들이 난무하고 연방준비은행은 1년 이상 연속적으로 이자율을 인하하면서 경기를 자극하려고 노력할 것이다. 이자율 인하는 즉각적으로 자동차와 주택 판매 증가를 불러온다. 이런 모습을 본 투자자들은 경기 회복을 예측하고 주식시장으로 돌아온다. 하지만 이때 이들은 GE나 HP처럼 수익이 발생하는 대기업에만 투자하려 들고 한때 뜨거웠던 거품 주식은 쳐다보려고도 하지 않는다. 이런 주식들은 수익을 내는 모습을 보일 때까지 완전히 죽어 있는 상태다. 연방준비은행의 경기 처방이 의외의 결과로 이어질 수도 있다. 만약 이자율 인하가 경기를 다시 되살리지 못하면 국가 전체가 디플레이션에 빠지고 주가는 지옥행 열차를 탄다. 1929년 주가 대폭락의 여파를 극복하지 못한 1930년대 초반에 이와 같은 재앙이 발생했다. 이런 일이 발생한다면 당신은 극심한 경기 침체와 디플레이션에 허우적댈 것이고 주식시장은 제 기능을 발휘하지 못한다. 다른 사람들은 두려움에 떨지만 정작 버핏은 이런 기회를 꿈꾼다. 이와 같은 일이 가능한 것은 버핏이 엄청난 현금을 쌓아두고 장기적 전망에 근거해 선택적 역발상 투자를 하기 때문이다.

주의　　버핏은 주식시장의 방향성을 고려해서 주식을 사고 팔지 않는다. 그는 오직 가격만을 따진다. 오직 기업의 가격이 합리적이라고 생각될 때만 투자를 한다는 뜻이다. 이것이 바로 이 책의 두번째 부분에서 다룰 주제이다.

핵심 요약

○ 강세장과 약세장의 반복적 사이클은 선택적 역발상 투자자에게 많은 매수 기회를 제공한다.
○ 이런 매수 기회를 놓치지 말고, 주가가 떨어진 것 말고는 아무 이상이 없는 지속적 경쟁우위형 기업을 사야 한다.
○ 근시안적인 주식시장의 군중심리는 당신과 버핏에게 매수의 기회를 만들어준다.

CHAPTER 10

다른 투자자들이 놓치는
매수 기회를 잡으라

이 장에서는 업종 불황, 개별기업의 악재, 기업의 구조적 변화, 전쟁 등에 의해 촉발되는 매수 기회에 대해 다루게 된다.

업종 불황

버핏은 종종 산업 전반에 걸친 불황을 매수 기회로 활용한다. 이 경우 해당 산업에 속한 기업들 모두가 재정적 어려움을 겪는다. 그 정도는 어려움의 강도와 깊이에 따라 다양하다. 업종 불황은 심각한 손실로 이어질 수도 있고 주당순이익의 소폭 감소 정도에 그칠 수도 있다. 불황에서의 회복 속도는 보통 1년부터 4년까지 장기화될 수도 있지만, 불황이 훌륭한 매수 기회를 선사한다는 것은 자명하다. 극단적인 경우에 파산에 이르는 기업도 나타난다. 이때 너무 싸보이는 주가에 속아넘어가서는 안 된다. 대신 불황이 닥치기 전에 탄탄한 수익성을 자랑한 1등 기업에 집중해야 한다.

캐피털시티즈, ABC방송국은 1990년 극단적으로 침체된 주식시장의 희생양이 되었다. 업종의 불황으로 인해 광고 매출이 급감하기 시작해서 캐피털시티즈는 1990년의 순이익이 전년인 1989년과 거의 비슷한 수준이 될 것이라고 발표했다. 매년 27%의 주당순이익 성장에 익숙해 있던 주식시장은 이 뉴스에 극단적으로 반응했고 그 결과 캐피털시티즈의 주가는 63.30달러에서 38달러 수준으로 급락했다. 단지 전년과 비슷한 수준의 실적을 전망했다는 이유만으로 시가총액의 40%가 날아갔다(1995년 캐피털시티즈는 월트디즈니와의 합병에 동의했고, 주가는 125달러가 되었다. 만약 1990년 주당 38달러에 캐피털시티즈의 주식을 샀다가 1995년 합병 발표 시 125달러에 팔았다면, 연평균 복리수익률이 거의 26%에 이르고, 주당 87달러의 이익을 남긴 셈이 된다).

버핏은 1990년 은행 업종 불황을 이용해 웰스파고에 투자했다. 이 거래는 버핏에게 엄청난 수익을 안겨줬다. 업종 전체가 불황이면 모두가 타격을 받지만 결국 강자는 살아남고 약자는 도태한다는 사실을 기억하자. 당시 웰스파고는 미국에서 일곱번째로 큰 은행이었을 뿐 아니라 서부 해안 지역에서 가장 보수적으로 잘 운영되며 재정적으로 튼튼한 회사들 중 하나였다.

1990년과 1991년에 웰스파고는 부동산 시장의 불황과 부동산 대출 연체율 증가를 감안해 미래에 발생할 수 있는 대손에 대해 13억 달러의 충당금을 쌓았다. 당시 웰스파고의 주당순자산은 55달러였는데, 대손 충당금은 주당 25달러에 해당했다. 은행이 대손충당금을 설정한다는 것은 미래의 잠재 부실에 대비해 준비금을 마련해둔다는 의미다. 실제로 손실이 확정된 것이 아니라 손실이 발생할지도 모른다는 뜻이다. 웰스파고는 단지 손실이 일어날 것을 대비해 거기에 맞게 준비를 해놓은 것뿐이었다.

다시 말하면 만약 미래에 예상되는 손실이 모두 다 현실화되어 주당 25달러의 손실을 보더라도 웰스파고는 여전히 주당 30달러의 순자산을 가지고 있다는 것을 의미한다. 결국 손실은 현실화되었지만 웰스파고가 예상했던 것만큼 나쁜 상황은 아니었다. 1991년에 확정된 손실은 웰스파고의 순이익 대부분을 날려버렸다. 그러나 웰스파고는 여전히 건재했고 2,100만 달러, 주당 4센트의 소폭 이익을 냈다.

하지만 월가는 마치 웰스파고가 파산 지경에 놓인 지역 은행인 것과 같은 반응을 보였고, 주가는 4개월 만에 86달러에서 41.30달러로 주저앉았다. 단지 1991년에 돈을 벌지 못했다는 이유만으로 시가총액의 52%가 사라진 것이다. 버핏은 이 기회를 이용해 주당 평균 57.80달러, 총 500만 주를 사들여 10%의 지분을 확보했다.

버핏은 웰스파고가 운영이 잘 되고 있고 미국에서 가장 수익성이 좋은 은행임에도 불구하고 M&A시장에서 비슷한 규모의 은행이 팔리는 가격보다 낮게 거래되고 있다고 생각했다. 모든 은행들이 서로 경쟁을 하지만 웰스파고처럼 그 지역에 강력한 지배력을 가지고 있는 은행은 금융거래에 있어서 일종의 톨브릿지형 독점력(Toll Bridge Monopoly: 통행세를 내고 지나가는 다리와 같은 독점—옮긴이 주)을 가지고 있다. 당신이 개인이든 자영업을 하든 수십 억 달러짜리 기업을 경영하든 간에 은행 계좌, 기업 대출, 자동차 할부, 주택담보대출 등이 필요하다. 그리고 각각에는 그 복잡한 거래 과정에 은행이 책정하는 수수료가 부과된다. 캘리포니아에는 많은 인구와 수천 개의 기업 그리고 중소형 규모의 은행이 존재하는데 웰스파고는 거기에 속해 서비스를 제공하고 수수료를 받는다.

웰스파고의 대출 손실은 기대보다 낮은 수준이었으며, 10년 뒤인 2001년 웰스파고의 주가는 270달러에 달했다. 버핏은 웰스파고에 대한 투자로 연평균 16.8%의 복리수익을 올렸다.

캐피털시티즈와 웰스파고의 예에서 보듯이 업종 불황에 따른 주가 폭락은 버핏이 바겐세일된 가격에 두 회사의 지분을 대거 사들일 수 있는 기회가 되었다.

개별기업의 악재

때로는 똑똑한 기업도 바보 같은 짓을 할 때가 있고 그 결과로 큰돈을 잃게 된다. 이런 경우 열에 아홉은 주가가 박살나게 마련이다. 당신이 해야 할 일은 이런 상황이 일시적인 악재인지 회복할 수 없을 정도로 치명타가 되는지를 분별하는 것이다. 지속적 경쟁우위를 가진 기업은 거의 모든 악재를 견뎌낼 수 있을 정도의 힘을 가지고 있다. 버핏은 가이코와 아멕스가 말 그대로 전체 자산이 다 날아갈 정도로 재정 파탄 지경에 이르렀을 때 처음으로 투자를 했다. 1980년 초에는 담배 관련 소송으로 주가가 폭락한 필립모리스와 RJ 레이놀즈에 투자했다. 또한 수익성 없는 무리한 인수합병으로 바닥까지 추락한 마텔에 투자했다는 소문이 돌기도 했다.

누구도 넘볼 수 없는 지속적 경쟁우위를 가진 기업조차도 가끔 멍청한 짓을 저지르곤 한다. 1936년부터 1970년대 중반까지 가이코는 보험 모집인을 거치지 않고 직접 우편판매하는 방식으로 저비용 구조를 유지했고, 사고가 적은 운전자들을 대상으로 보험을 팔아 큰 이득을 올렸다. 그러나 1970년 초반 새로운 경영진이 회사를 성장시키려는 목적으로 가입 제한을 두지 않고 광범위하게 보험을 팔기로 결정했다.

이런 새로운 정책은 가이코가 사고율이 높은 운전자들을 받아들이도록 하는 결과를 초래했다. 누구라도 짐작할 수 있듯이 높은 사고발생률은 가이코에 대규모 손실을 안겨줬다. 1975년 가이코는 1억 2,600만 달러의 손실을 발표했고 거의 파산 지경에 이르렀다. 위기를 수습하기 위해 가이코 이사회는 새로운 회장으로 잭 번을 영입했다. 그는 회장직에 앉자마자 버핏에게 달려가 가이코에 투자할 것을 제안했다. 버핏은 가이코가 수익성이 낮은 보험 계약자를 줄이고 직접 우편을 통해 사고율이 낮은 운전자들에게만 보험을 파는 정책으로 돌아갈 것인지 여부를 타진했다. 번은 그렇게 하겠다고 약속을 했고, 버핏은 가이코에 투자하기로 결정했다. 버핏은 1976년에 가이코에 처음 투자하기 시작해 1980년까지 지분을 계속 늘렸다. 그의 총 투자금액은 4,570만 달러였고, 1996년에는 나머지 지분까지 모두 사들였다. 현재 가이코의 지분 가치는 23억 9,300만 달러로 늘어났다. 이것은 16년 동안 28%의 복리

수익률에 해당한다.

아멕스는 1960년대 중반 다른 형태의 재앙을 맞았다. 아멕스는 앤서니 드 안셀리스라는 상품중개인이 소유한 6,000만 달러어치의 샐러드 오일을 자회사를 통해 창고에 보관하는 것에 대한 보증을 했다. 드 안젤리스는 이 샐러드 오일을 담보로 6,000만 달러를 대출받았다. 드 안젤리스는 대출을 상환하지 못했고 채무자들은 대신 샐러드 오일을 저당 잡으려 했다. 그러나 놀랍게도 샐러드 오일은 존재하지 않았다. 아멕스는 무책임하게 있지도 않은 샐러드 오일이 있다고 보증한 바람에 채무를 고스란히 떠안게 되었다. 결국 이 사건은 아멕스가 6,000만 달러의 채무를 대신 지불하는 것으로 종결되었다.

이 손실액은 아멕스의 자산 대부분을 삼켜버렸고 아멕스의 주가는 폭락했다. 버핏은 이 사건을 보면서 아멕스가 대부분의 자산을 잃긴 했지만 신용카드와 여행자수표 부문의 소비자 독점력이 여전히 남아 있다고 판단했다. 그는 일시적인 자산의 훼손은 아멕스의 가치에 장기적인 충격을 주지는 않을 것이라고 생각하고 버핏 파트너십 자산의 40%를 투자해 아멕스 발행주식의 5%를 사모았다. 2년 뒤 시장은 아멕스 주식을 재평가했고 버핏은 주식을 매도해 2,000만 달러의 이익을 챙길 수 있었다.

개별기업의 악재 중 가장 최근의 사례는 1999년 마텔의 러닝컴퍼니 인수 건이다. 인수를 잘못하는 바람에 마텔은 지속적인 현금 유출이 발생했고, 주가는 1998년 최고가였던 46달러에서 2000년 최저 9달러까지 폭락했다. 이 사건은 선택적 역발상 투자자에게 매수 기회를 제공했다. 왜냐하면 마텔의 본 사업인 바비 인형 제조 부문이 여전히 환상적인 사업이었기 때문이다(마텔의 주가가 9~10달러를 오갈 때 버핏이 주식을 사들인다는 소문이 파다했다). 마텔은 러닝컴퍼니를 매각함으로써 문제를 해결했고 다시 살아나게 되었다. 2001년 봄에 마텔의 주가는 18달러까지 회복되었으면 버핏은 1년 만에 거의 100%의 수익률을 올렸다. 이것은 사업의 한 부분이 일시적인 악재로 흔들리더라도 다른 쪽의 지속적 경쟁우위를 가진 사업 부문이 회사와 주가를 되살리고, 버핏과 같은 선택적 역발상 투자자들에게 큰 이익을 안겨주는 완벽한 예다.

당신이 패스트푸드 업계의 거인인 염 브랜즈를 상대로 소송을 내 2001년에 4억 5,600만 달러의 배상 판결을 받아냈다고 하자. 이는 그 해 염의 1년 예상 순익과 맞먹는 규모다. 배상 판결이라는 악재를 들은 주식시장은 염의 주가를 초토화한다. 그러나 사실 이런 손실은 2002년 이익 규모에 거의 영향을 미치지 못한다. 염이 가지고 있는 지속적 경쟁우위는 여전히 건재하다. 사실 4억 5,600만 달러라는 배상 규모는 2001년에 그만큼의 배당을 지급한 것이라고 생각할 수 있다. 주주에게 배당을 한 대신 당신에게 그만큼의 현금을 지급했을 뿐이다. 다음 해인 2002년에 염은 4억 5,600만 달러 이상의 이익을 낼 것이다. 2005년에 가면 아무도 2001년의 사건을 기억하지 못할 것이다. 따라서 주가는 배상 판결이 났을 때의 가격 수준까지 회복된다. 사람은 망각의 동물이다.

구조적 변화

기업의 구조적 변화는 종종 수익을 훼손시켜 주가에 부정적인 영향을 준다. 즉 합병, 구조조정 등에서 발생하는 비용은 수익에 부정적 영향을 미치고 이것은 곧 매수 기회를 의미하는 주가 하락으로 연결될 수 있다. 버핏은 합병과 구조조정 비용으로 인한 수익 저하로 고전하던 코스트코에 투자했다.

주식회사에서 합자회사로의 변화, 기업 분할 등의 구조적 변화 또한 주가에 긍정적인 영향을 미칠 수 있다. 버핏의 테나코 오프쇼어와 서비스마스터에 대한 투자 아이디어는 주식회사에서 합자회사로의 구조적 변화에 있었다. 그리고 시어즈에 대한 투자 아이디어는 보험 사업 부문인 올스테이트의 분사 발표에 있었다.

전쟁

동서고금을 막론하고 전쟁 발발 가능성은 주가를 하락시킨다. 대규모 무력 충돌로 인한 재앙이 발생할지도 모른다는 불확실성은 시장 전체를 지옥으로 몰고 간다. 두려움에서 촉발된 매도 공세는 결국 사람들에게 주식을 팔고 현금을 마련하도록 유도하고, 이는 다시 경제를 혼란에 빠뜨린다. 이런 유형의 매도 행렬은 1990년 이라크전과 2001년 아프가니스탄전에서 그 예를 찾을 수 있다. 두 전쟁 모두 주가를 폭락시켰고 버핏에게 환상적인 매수 기회를 제공했다. 가장 완벽한 예는 아마 9.11 사태 직후 일어난 대규모 매도 공세일 것이다. 여행업계가 혼란에 휩싸이자 항공사, 렌터카 회사, 호텔, 여행사의 주가가 동반 하락했다. 테러에 대한 위협으로 사람들이 여행 다니는 것을 멈추자 하루 아침에 여행

업계들이 손해를 보기 시작했다. 하지만 언젠가는 사람들이 다시 여행을 다닐 것이다. 여행을 재개하기 시작하면 주가는 곧 회복된다. 물론 끝까지 지속되는 재앙도 있을 수 있지만 버핏의 투자 방법을 채용한 선택적 역발상 투자자는 주가가 회복될 수 있는 주식과 그렇지 못한 주식을 가려낼 수 있을 것이다.

종합하면 주식시장의 조정과 매도 열풍, 업종 불황, 개별기업의 악재, 구조적 변화, 전쟁, 이 다섯 가지 악재의 유형은 사업 전망에 근거한 투자를 할 수 있는 상황을 만들어준다. 모든 악재들은 주가에 악영향을 미칠 수 있고 다섯 가지 악재 중 몇몇이 결합하면 주가는 완전히 박살난다. 하지만 이는 완벽한 매수 기회를 창출한다.

핵심 요약

○ 악재 상황은 주식시장의 조정과 매도 열풍, 업종 불황, 개별기업의 악재, 구조적 변화, 전쟁 등의 다섯 가지 형태로 나타난다.
○ 완벽한 매수 기회는 이러한 악재 상황이 서로 결합될 때 만들어진다.

CHAPTER 11

숨어 있는 자산을 가진
기업을 발굴하라

지속적 경쟁우위는 기업이 순수하게 경쟁을 통해 발전해갈 수 있는 일종의 숨어 있는 자산이다. 특허나 판권을 통해 부여되는 권리도 지속적 경쟁우위에 포함될 수 있다. 가격경쟁형 기업이라 하더라도 지속적 경쟁우위를 만들 수 있다. 이런 변형된 경쟁우위는 가장 낮은 원가의 공급자가 되거나 유일한 공급자가 됨으로써 지역독점 단계로 진입할 때 나타난다. 한 지역에 동시에 존재하는 두 개의 신문사는 가격경쟁이 존재하기 때문에 잘 경영되기 힘들다. 그러나 부실 경영으로 한 신문사가 경쟁력을 잃거나 퇴출 또는 인수 되면 남아 있는 신문사는 지역독점력을 갖게 된다. 이런 상황은 살아남은 신문사에 독점적 이익을 안겨준다. 잘 경영만 된다면 독점적 위치 때문에 그 신문사의 경쟁력은 꾸준히 향상된다. 그 결과 공장은 완전가동되고 대차대조표에서 부채가 사라진다. 이와 같은 이유로 지역독점형 신문사는 수성만 해도 감히 대적할 자가 없는 위치에 오른다. 모든 경쟁은 높은 초기 진입비용을 야기하고 이는 높은 고정비용과 낮은 마진으로 이어진다. 이렇게 한때 가격경쟁형 사업이 지속적 경쟁우위를 가진 사업으로 변모할 수도 있다.

자동차와 같은 가격경쟁형 산업에서도 제품을 특화함으로써 지속적 경쟁우위를 가진 제조업체를 찾아낼 수 있다. 이런 형태의 지속적 경쟁우위는 해당 산업의 경쟁자들과 비교해 우위에 서 있는 경쟁력을 의미한다. 독일 자동차 메이커인 포르셰가 이런 형태의 경쟁우위를 가지고 있다. 포르셰는 오히려 비싼 것을 선호하는 소비자의 심리를 노려 럭셔리한 제품을 만들었다. 포르셰는 더 비싼 모델이 상대적으로 싼 모델보다 오랫동안 팔린다는 사실을 발견했다. 이것은 더 높은 마진을 의미하기 때문에 포르셰 주주들을 행복하게 만들어준다.

일단 지속적 경쟁우위의 영역이 확보되면 주변 사업 환경에 대대적인 변화가 일어나지 않는 이상 경쟁우위를 잃어버릴 가능성이 거의 없다. 한때는 오직 ABC, NBC, CBS 등 세 개의 공중파 방송국만이 시청자의 눈을 사로잡기 위해 경쟁했다. 그러나 지금은 문자 그대로 수백 개의 채널이 존재하고 심지어는 인터넷과도 경쟁하고 있다. 그 결과 공중파 방송국의 경쟁우위는 타격을 입었다. 그럼에도 불구하고 하루 아침에 지속적 경쟁우위가 없어지는 것은 아니다. 지속적 경쟁우위를 가지고 있는 필립모리스가 50개 주가 제기한 소송과 연방정부의 규제 공격의 틈바구니 속에서도 어떻게 살아남고 있는지를 한번 보라. 필립모리스를 버틸 수 있게 해주는 구원자는 세계적으로 가장 인기 있는 담배인 말보로이다. 말보로는 지난 40년 동안 필립모리스를 오늘날의 강력한 회사로 만들어줬다.

지속적 경쟁우위를 가진 기업이 나타날 확률이 높은 사업 영역은 다음과 같다.

1. 빨리 소비되고 닳아 없어질 뿐 아니라 소비자가 선호하는 브랜드이면서 소매업체들이 사업을 영위하기 위해 반드시 구비해야 하는 제품을 가지고 반복적인 소비자의 욕구를 충족시켜주는 사업이다. 이런 기업은 과자 회사부터 팬티스타킹 회사까지 다양하다.

2. 제조업체가 자사의 제품을 구매하도록 대중을 설득하기 위해 사용할 수밖에 없는 서비스를 제공하는 광고 관련 사업이다. 이 사업은 가장 필요하면서도 수익성이 높다는 특징이 있다. 브랜드 제품을 팔고 싶든 기초적인 서비스를 제공하고 싶든 반드시 광고를 해야 한다. 이것이 비즈니스 세계의 현실이다.

3. 개인이나 기업체가 지속적으로 필요로 하는 반복 구매 성격의 서비스를 제공하는 사업이다. 이런 류의 사업으로는 세금 계산 회사, 청소 용역업체, 보안업체, 방역업체 등이 있다.

4. 대부분의 사람들이 살아가면서 반드시 사야만 하는 생필품을 가장 낮은 가격에 만들거나 유통하는 사업이다. 보석상, 가구회사, 카페트 회사, 보험회사 등이 여기에 포함된다.

이제 각 영역 별로 자세히 살펴보도록 하자.

#01

**소비자가 선호하는 브랜드를 가진 소비재를 가지고 반복적인
소비자의 욕구를 충족시키는 사업**

브랜드를 가진 패스트푸드점

버핏은 패스트푸드점에서 식사하길 즐길 뿐 아니라 거기에 투자하는
것도 좋아한다. 이들 기업은 햄버거처럼 일반적인 음식에 브랜드를 붙
여 판매한다. 버핏은 맥도날드, 버거킹(이후 필즈버리의 소유가 되었다),
그리고 염 브랜즈(타코벨, KFC, 피자헛 등의 브랜드를 보유) 등의 지분을
가지고 있다. 그는 이름 그대로 패스트푸드보다 더 빨리 소비되는 제품
은 없다는 사실을 경험을 통해 알고 있다. 배고픈 소비자는 특정한 음식
을 통해 얻는 맛의 즐거움을 이들 기업이 가진 브랜드와 연관지어 생각
하고, 이것은 다시 소비자의 왕성한 방문으로 이어진다. 패스트푸드점
의 지속적 경쟁우위는 브랜드에서 나오며 방대한 점포 체인과 촘촘한
유통 경로로 유지된다. 앞서 열거한 기업들은 지난 30년 동안 똑같은
제품을 제공했으며 높은 ROE와 탄탄한 이익 성장 기록을 가지고 있다.
또한 경기에 비탄력적인 속성이 있어, 약세장이나 강세장에서 종종 나
타나는 주식 조정기와 매도 열풍 때 최고의 매수 기회가 나타난다. 가끔
은 단 한 개의 잘못된 햄버거나 피자가 주가를 떨어뜨릴 수 있다.

특허로 보호되는 처방약을 가진 제약업체

약국에서 약을 사게 되면 그 약을 만든 제약회사가 어디인지 생각해보
라. 인구가 과밀한 지구는 매일 수많은 교통편으로 연결되어 있기 때문

에 새로운 질병이 한 곳에서 다른 곳으로 옮겨가는 것은 시간 문제일 뿐이다. 이렇게 이동하는 바이러스가 하룻밤 사이에도 새로운 질병으로 발전되기 때문에 약에 대한 수요는 꾸준하다. 게다가 이런 제품은 대부분 특허로 보호되어 있다. 이 말은 병이 낫길 원한다면 통행세를 지불할 수밖에 없다는 뜻이다. 문지기에 해당하는 의사가 그 제품을 처방해주지 않으면 당신은 계속 아픈 상태로 지낼 수밖에 없다. 브리스톨 마이어스 스퀴브, 머크, 매리언 머렐 다우, 밀란 랩스, 엘리 릴리와 같은 처방약 제조의 선두업체들은 높은 ROE를 올릴 뿐 아니라 놀라운 이익 성장을 기록하고 있다. 그들은 당신이 아플 때마다 손을 내미는 수익성 높은 사업을 영위하고 있다. 이런 기업에 투자할 절호의 기회는 1993년에 찾아왔었는데, 힐러리 클린턴이 제약업 전반과 높은 제약 수가에 모종의 조치를 하려고 시도했던 때였다. 근시안적인 주식시장은 이것을 정부 규제의 위협으로 받아들였고 제약업체의 주가가 하락했다. 버핏은 이 기회를 살려 브리스톨 마이어스 주식 95만 7,200주를 사들였는데 주당 순이익이 1.10달러에 주가가 13달러였으니 기대수익률이 8.5% 수준이었다. 2001년 들어 투자자들은 브리스톨 마이어스 한 주에 70달러를 지불하고 있다. 버핏은 23%의 연평균 수익률을 올렸다.

제약업에 대한 힐러리의 의견이 없었다면 당신의 유일한 매수 기회는 약세장이나 강세장 동안의 주가 조정기와 매도 열풍 때다. 특허로 보호되는 처방약을 가진 제약업체들은 기본적으로 경기방어적이다. 하지만 때로 정부 간섭과 같은 위험 요인이 발생해 주가가 폭락하기도 한다.

브랜드를 가진 식료품업체

이런 유형은 켈로그(시리얼), 캠벨(수프), 허쉬(초콜릿), 리글리(껌), 펩시콜라(도리토스 스낵), 사라 리(치즈케이크와 핫도그), 크라프트 제너럴푸즈(상상할 수 있는 모든 제품), 콘아그라(세계에서 두 번째로 큰 농작물업체)와 같은 기업들로 구성되어 있다. 버핏은 그랜드 메트에 인수된 필즈버리와 필립모리스에 인수된 제너럴푸즈에 투자해 큰 수익을 냈다. 이런 기업들은 여러 브랜드의 제품을 만들 뿐 아니라 대부분 50년 이상 같은 제품을 생산해왔다. 브랜드를 가진 식료품업체의 지속적 경쟁우위는 소비자의 마음 한 구석을 차지하고 있는 제품에 있다. 우리는 당연히 초콜릿 하면 허쉬, 껌 하면 리글리, 수프 하면 캠벨을 떠올린다. 이런 기업들은 아주 오랜 기간 동안 돈을 벌어왔다. 매수 기회를 잡기 위해서는 약세장과 강세장 동안의 수가 조정기와 매도 열풍 때를 눈여겨봐야 한다. 또한 이들은 주식시장이 양극화될 때 머릿속에 떠오르는 종목들이다. 장기간의 성장을 이룰 뿐 빨리 성장하는 종목은 아니기 때문이다. 만약 유행에 맞지 않아 주가가 싸게 거래되면 이때가 훌륭한 매수 기회가 될 수 있다.

브랜드를 가진 음료업체

코카콜라, 펩시코, 안호이저 부쉬 등은 버핏이 현재 소유하고 있거나 한때 소유했거나 소유하기 위해 항상 관심을 갖는 회사들이다. 이들 종목은 높은 ROE와 강력한 수익 창출 능력의 근원이 되는 지속적 경쟁우위가 있다는 사실이 이미 검증되었다. 세 기업 모두 70년 이상 똑같은 제품을 소비자에게 제공해왔다. 엄청난 지속성이라고 하지 않을 수 없다.

코카콜라 하나만 해도 미국인들이 소비하는 음료의 30%를 담당한다. 결코 적은 수치가 아니다. 안호이저 부쉬는 세계에서 가장 큰 맥주회사나. 버핏은 강세장의 매도 열풍기를 이용해 코카콜라에 처음 투자했다. 약세장과 강세장 동안의 주가 조정기와 매도 열풍은 이들 기업을 살 수 있는 최적의 기회를 제공한다.

브랜드를 가진 생활용품업체

브랜드 제품 중에서 생활용품만큼 많이 소비하는 제품도 없다. 1억 명이 넘는 미국인들은 매일 아침 어김없이 치약, 비누, 샴푸, 세제, 생리대, 면도기 등을 사용한다. 그리고 콜게이트 팜올리브, P&G, 질레트는 우리들에게 제품을 팔면서 행복해한다. 버핏도 P&G와 질레트 지분을 가지고 있다. 이 세 회사는 강력한 수익 창출 능력이 있으며 높은 ROE와 낮은 부채비율을 가지고 있다. 그들이 만드는 제품은 무시무시할 정도의 지속성을 가지고 있다. 그들은 치약에 민트향을 첨가한다든지 더 나은 면도기 디자인을 한다든지 하는 다소의 변화를 가하긴 하지만 사실상 25년 전과 별 차이가 없는 제품을 계속 생산하고 있다. 아마 50년 후에도 똑같은 제품을 만들고 있을 것이다. 버핏은 이런 류의 사업을 너무 좋아해서 주가가 낮을 때마다 주식을 더 사들인다. 그럼 언제 주가가 싸다는 말인가? 바로 극도의 약세장과 강세장 동안의 주가 조정기와 매도 열풍 때다. 이런 사업은 경기 변동과 무관하다.

물론 경기 침체는 매출액에 영향을 미친다. 전세계를 상대로 장사를 하기 때문에 유럽의 경기가 회복되더라도 미국 경기가 좋지 않을 수 있다. 최근 질레트는 서유럽의 불황으로 전체 매출의 약 30%가 감소하는 경험을 했다.

브랜드를 가진 의류업체

브랜드를 가진 의류업체는 가장 오래되고 수익성 좋은 사업 중 하나에
속한다. 리바이스 청바지를 생각해보자. 캘리포니아 골드 러시 동안 리
바이 스트라우스는 천막으로 쓰던 데님 천으로 광부들이 입어도 쉽게
닳지 않는 바지를 만들었다. 이 바지는 후에 청바지로 불리게 되었는데
그냥 리바이스라고 부른다. 리바이 스트라우스는 청바지를 팔아 돈을
벌었고 그의 아들, 손자, 증손자 역시 그랬다. 극심한 경쟁과 비용 문제
로 리바이스가 문제에 봉착한 최근까지 청바지 사업은 리바이스 가족
에게 훌륭한 사업이었다.

리바이스가 가진 지속적 경쟁우위는 소비자가 기꺼이 더 낮은 돈을
지불하고자 하는 품질과 지속성에 있다. 또 리바이스는 유행의 중심에
서 있다. 유행은 곧 돈이 몰린다는 것을 의미한다. 사람들은 불과 몇 달
러로 제작되는 의류 아이템에 대해 많은 돈을 지불할 용의가 있다.

의류 사업의 핵심은 실제 생산은 가장 비용이 저렴한 제조업체들에
넘겨진다는 점이다. 당신이 신고 있는 나이키 신발은 올해는 한국에서,
다음 해에는 인도네시아에서 생산될 수 있고, 그 다음 해에는 노동력이
더 싼 곳에서 생산될 수 있다. 실제로 제조업체는 가격경쟁의 성격을 가
지지만 최종 제품은 브랜드가 가격을 지배하는 브랜드형 제품이다. 따
라서 지속적 경쟁우위는 브랜드를 가진 쪽, 즉 생산업체와 계약을 하는
주체에 속한다.

이런 기업들이 돈을 얼마나 많이 벌까? 2000년에 나이키는 5억

7,900만 달러의 이익을 올렸고 리즈 클레이본은 1억 8,300만 달러의 이익을 올렸다. 버크셔 해서웨이는 두 기업 모두의 지분을 가지고 있다.

#02
제조업체가 자사의 제품을 구매하도록 대중을 설득하기 위해 사용할 수밖에 없는 서비스를 제공하는 광고 관련 사업

광고업

가장 오래되고 효과적인 광고는 입소문이다. 그러나 입소문이 제대로 나지 않을 때 우리는 소비자에게 메시지를 전달하기 위해 광고대행사를 이용한다. 덕분에 우리는 라디오, 텔레비전, 신문, 옥외광고, 우편, 인터넷 배너, 잡지 등 수많은 광고들을 접하게 된다. 버핏이 광고업에 관심을 갖는 이유는 그 바닥이 제조업체들이 서로 경쟁하는 전쟁터이기 때문이다. 많은 소비재 회사들은 잠재 고객들에게 자사 제품을 사도록 하기 위해 매년 수백만 달러의 비용을 지출한다. 이 비용이 줄어드는 경우는 없다. 제조업체들은 광고를 해야만 한다. 그렇지 않으면 경쟁자들이 치고 들어와 시장을 잠식해가는 모습을 바라만 봐야 하는 위험이 따른다.

버핏은 광고가 잠재적 소비자와 제조업체 사이에 관념적인 톨브릿지를 만든다는 사실을 발견했다. 제조업체가 특정한 제품에 대해 수요를 창출하려면 반드시 광고를 해야 한다. 이것을 광고 톨브릿지라고 부르자. 광고대행사, 라디오 방송국, 텔레비전 방송국, 신문사, 옥외광고 업체, DM 발송 회사, 이메일 발송 회사, 특화된 잡지사 등이 광고 톨브릿지에 속한다. 한 기업이 일단 광고를 시작하면 멈추는 것은 거의 불가능하다. 경쟁이 반복적 수요를 창출하는 것이다. 만약 기업이 광고를 멈추면 경쟁자들이 성큼성큼 걸어들어와 빈 자리를 채운다.

광고대행사

거대 다국적기업이 자사 제품을 전세계적으로 팔고 싶을 때에는 다국적 광고회사에 의존할 수밖에 없다. 이들 광고대행사들은 인쇄매체, 옥외광고, 라디오, 텔레비전 등에 노출되는 광고를 만들어낸다는 점에서 비즈니스의 세계에서 특별한 위치를 가진다. 그들은 기업이 대중에게 제품을 팔기 위해 구사하는 광고의 전 과정을 진행한다. GM과 필립모리스의 공통점은 제품을 팔도록 도와주는 광고대행사를 가지고 있다는 점이다. 다국적기업이 새로운 광고를 진행하려 한다면, 52개국에 진출해 있는 지사를 통해 3,000개 이상의 고객들에게 서비스를 제공하는 세계 제2위의 광고대행사인 인터퍼블릭 같은 광고대행사와 계약을 해야 한다. 인터퍼블릭은 다국적 기업이라면 반드시 건너가야 할 광고 톨브릿지의 일부다. 버핏은 1973~74년 침체기 때를 이용해 인터퍼블릭의 지분 17%를 취득했다. 당시 주가는 3달러였고 주당순이익은 0.81달러로 PER가 3.7배였다. 그와 동시에 오길비 그룹의 지분 31%도 사들였다. 오길비 그룹은 미국에서 다섯번째로 큰 광고대행사로 당시 주당순이익이 0.76달러인데 주가는 4달러에 불과했다. 오늘날에는 전세계 광고취급액 1위 광고대행사인 옴니콤 그룹이 투자 대상이 될 수 있다. 물론 버핏의 투자 관점에서 주가가 하락할 때가 기회다.

텔레비전 방송국

일단 광고가 만들어지면 잠재 고객에게 전달되어야 한다. 텔레비전, 신문, 잡지, DM 발송 기업들은 모두 수백만의 잠재 고객에게 접근할 수 있는 힘을 가지고 있다. 이들 기업은 소비자로 이어지는 광고 톨브릿지의 나머지 축이다. 그들은 많은 사람에게 접근할 수 있다는 이유만으로 큰돈을 번다.

그중 텔레비전은 광범위한 영향력을 가지기 때문에 이 게임을 지배하는 왕 중 왕이다. 기업들은 텔레비전의 이런 우월성에 많은 돈을 지불한다. 슈퍼볼 기간에 광고를 하려면 수백만 달러가 든다. 텔레비전 사업의 경쟁력은 믿을 수 없을 정도로 막강하다. 당신이 수신기를 사서 안테나를 설치하고 선을 잇기만 하면 이 사업에 동참하게 된다. 텔레비전 방송국은 광고로 얼마나 많은 돈을 벌 수 있나를 따져 프로그램을 구매한다. 초기에는 ABC, NBC, CBS 그리고 독립적으로 존재하는 지역방송국들만이 돈을 찍어낼 독점권을 가지고 있었다. 1973~74년 주식시장 붕괴 이후 1978년에 버핏은 ABC방송국에 대한 대규모 투자를 집행했다. 당시 주가는 24달러였고 주당순이익은 4.89달러로 PER는 4.9배였다(이것은 매우 낮은 PER 수준이다. 1972년 강세장의 거품기 때 PER는 20 정도였다. 1999년 다시 강세장의 거품이 왔을 때 ABC를 인수한 디즈니의 PER는 42배였다). 버핏은 또한 PER 8배에 캐피털시티즈에도 투자했다.

신문사

한 지역에 유일한 신문사는 소비자에 접근할 독점력을 갖는다. 이렇게 생각해보자. 만약 당신이 차를 팔길 원한다면 반드시 신문에 광고를 내야 한다. 좀 큰 규모의 지역에 존재하는 단 하나의 지역 신문사는 환상적인 수익을 올릴 수 있다. 물론 경쟁자가 늘어나면 그렇지 못하게 된다. 이것은 버핏이 버팔로 이브닝 뉴스를 통해 체득한 사실이다. 버팔로 이브닝 뉴스가 경쟁자와 함께 그 지역에 존재했을 때에는 평범한 사업에 지나지 않았다. 그러나 경쟁자가 손을 떼자 버팔로 이브닝 뉴스는 놀라운 결과를 만들어냈다. 버핏은 한 지역에 단 하나의 신문사가 톨브릿지 형태로 존재하면 고객을 잃지 않고도 광고료를 한없이 올릴 수 있다는 사실을 발견했다. 제조업체와 유통업체들이 과연 어디 다른 곳을 통해 강을 건너 소비자에게 도달할 수 있겠는가? 버핏은 이 아이디어를 1977년 나이트 리더 신문사에 투자할 때 이용했다. 당시 나이트 리더는 주가 8.25달러, 주당순이익 0.94달러로 PER 9배에 거래되고 있었다. 이 회사는 1972년 강세장 거품기 때에는 24배의 PER에 거래됐었고, 1999년 거품기 때에도 20배의 PER 수준을 보였다. 버핏은 1973~74년 주식시장 붕괴 때 주당순이익 0.76달러, PER 7.5배인 5.69달러의 가격으로 워싱턴포스트의 지분을 사들였다. 1972년 거품기 때 워싱턴포스트의 PER는 24배였다. 1980년 「로스앤젤레스타임즈」를 소유한 타임즈 미러에 투자할 때 타임즈 미러의 주가는 14달러, 주당순이익은 2.04달러로 PER가 6.9배였다. 1999년 거품기에는 PER가 21배까지 올라갔다. 1994년 투자한 가네트는 134개의 신문을 발행하는 신문사로 광고 침체기에도 PER가 15배였다. 1999년 거품기 때는 24배에 거래되었다. 낮은 가격만 지불할 수 있다면 신문사는 아직도 훌륭한 투자처가 될 수 있다. 불황과 약세장은 최고의 매수 기회를 잡을 수 있는 때다.

잡지사

잡지사는 특정한 영역에서 독점력을 갖는데 그로 인해 엄청난 규모의 돈을 벌 수 있다. 버핏이 연방준비은행의 이자율 인상으로 불황을 겪었던 1980년대 초에 「타임」 「피플」 「스포츠 일러스트레이티드」를 발간하는 타임 사에 투자했던 것도 그런 이유 때문이다(이자율이 상승하면 주가가 하락한다는 사실을 다시 한번 상기하자). 타임은 워너브러더스와 합병해 타임워너가 되었고 이후 AOL과 합병하면서 AOL 타임워너가 되었다. 아마도 버핏은 AOL 타임워너의 장기 부채가 줄어들면 다시 투자할 것이다(AOL을 잡지와 케이블TV를 잇는 다리로 보고 실제 지분을 소유했던 적도 있다). 그는 또한 리더스 다이제스트의 광적인 팬이다. 리더스 다이제스트는 1922년부터 사업을 해왔는데 부채가 하나도 없고 ROE가 20% 이상이다.

DM 발송 및 옥외광고 업체

가장 효과적인 광고 방법 중 하나가 바로 DM 발송인데 이 분야의 왕은 애드보이다. 수익성 또한 매우 높다. 옥외광고 업체도 마찬가지다(테드 터너는 옥외광고 사업으로 초기 사업자금을 모았다). 아웃도어 시스템즈는 전국에 11만 2,000개의 옥외광고판과 뉴욕시에 12만 5,000개의 지하철 광고판을 가지고 있고 최근에는 방송업에까지 진출했다. 적당한 가격이라면 좋은 매수 대상이 될 것이다.

03

개인이나 기업체가 지속적으로 필요로 하는 반복 구매 성격의 서비스를 제공하는 사업

이들 기업은 필요할 때마다 고용되면서 제한된 기술을 가진 비정규직 노동자가 만들어내는 서비스를 제공한다. 이런 특이한 성격의 사업 세계에는 해충 방제, 청소, 잡일 서비스 등을 제공하는 서비스마스터와 세계 1위의 해충방제업체인 오르킨을 소유하고 있고 개인과 기업체에 주택 보안 서비스를 제공하는 롤린스가 있다. 여기서 잠깐 경비 보안 서비스에 대해 생각해보자. 당신이 보안 시스템을 구축하기만 하면 고객들은 매달 당신에게 현금을 보낸다. 그들의 남은 여생 동안에도 계속 서비스를 받고 현금을 보낼지도 모른다. H&R블록은 세금 정산을 도와주고 수고를 덜어준다. 이런 기업들은 높은 ROE를 가지고 있다.

버핏이 얘기하는 톨브릿지 사업에는 그가 한때 투자했던 아멕스 같은 신용카드 회사도 포함된다. 신용카드는 매우 흥미 있는 사업이다. 당신이 신용카드를 사용할 때마다 아멕스는 가맹점에 수수료를 부과한다. 또한 카드 소지자들에게도 수수료를 받는다. 그리고 당신이 연체한 금액에 대해 높은 이자를 물리기도 한다. 수백만 건의 거래가 일어날 때마다 통행료가 발생하는 셈이다. 신용카드 회사가 적용하는 이자율을 본다면 당신은 버핏이 신용카드 사업을 왜 그렇게 매력적으로 생각했는지 깨닫게 될 것이다. 신용카드라는 톨브릿지 사업은 자본 지출이 필요한 공장이나 연구개발비가 필요 없다. 퍼스트데이터 같은 회사는 신용카드 회사가 이렇게 수익성 좋은 사업을 영위할 수 있도록 도와준다.

퍼스트데이터는 아멕스 같은 신용카드 회사들을 위해 수백만 건에 달하는 신용카드 거래를 처리해준다(버핏은 일시적인 주가 하락으로 인한 매도 열풍이 붙었던 1997년에 퍼스트데이터 지분을 사들였다).

신타스는 유니폼, 청소기, 현관에 까는 매트, 걸레 등을 사업체들에 빌려주고 큰돈을 번다. 임대사업은 본질적으로 반복해서 같은 물건을 팔기 때문에 수익성이 매우 좋다. 회사들은 끊임없이 유니폼을 필요로 하고 그 수요는 결코 없어지지 않는다. 같은 내용이 버핏이 투자한 던 앤드 브래드스트리트에도 적용된다. 이 회사는 다른 사업체들에 대한 정보를 제공한다. 똑같은 정보를 계속 반복해서 파는 셈이다. 인포USA도 다른 사업체들에 대한 정보를 제공해서 큰돈을 버는 회사 중 하나다.

이들 기업의 특징은 반드시 필요한 서비스를 제공하지만 자본 지출이나 고도로 훈련된 고액 연봉의 인력이 필요치 않다는 점이다. 하나 더 추가하자면 제품의 진부화 같은 현상이 일어나지 않는다. 일단 경영진이나 인프라만 구축되어 있으면 수요에 맞춰 인력을 고용하거나 해고할 수 있다. 당신은 시간당 10달러에 정보를 처리할 인력을 고용해서 몇 시간만 교육을 하여서 투입하면 된다. 일감이 없으면 해고하면 그만이다.

또한 제품이나 공장 시설을 업그레이드 하기 위해 수십억 달러를 쓰지 않아도 된다. 이런 기업들이 번 돈은 고스란히 주머니로 들어가 영업력을 확충하거나 배당을 지급하거나 자사주를 사들이는 데 사용될 수 있다.

사람들이 살아가면서 반드시 사야 하는 생필품을 가장 낮은 가격에 만들거나 유통하는 사업

가격경쟁형 제품을 만들거나 판매하는 사업을 저비용 구조로 유지할 수 있다면 틈새시장을 만들어 수년 뒤에는 게임을 지배할 정도의 자본과 인프라를 얻을 수 있게 된다. 버핏이 처음으로 저비용 생산자의 수익 창출 능력을 발견했던 것은 가이코에 투자했을 때였다. 가이코는 자동차 소유자라면 반드시 구매해야 하는 핵심 상품인 자동차보험 분야의 저비용 구조 판매자다. 당신이 가격에 기초해 자동차보험에 가입하고자 한다면 그 지역에서 가장 싼 판매자로부터 자동차보험을 구매하는 것이 합리적이다. 이것이 바로 경쟁우위다.

월마트와 같은 대형 소매업체는 싸게 팔고 많은 재고를 회전시킴으로써 규모의 이익을 누린다. 한 상점의 이름이 품질, 좋은 서비스, 싼 가격을 의미하게 되어도 큰 경쟁력을 확보하게 된다. 버핏은 이런 논리가 시장을 장악하고 있는 대형 가구점에도 적용된다는 사실을 발견했는데 그 대표적인 예가 현재 버크셔 해서웨이의 소유인 네브래스카 퍼니처 마트이다. 대형 가구점은 제조업체로부터 매우 할인된 가격에 제품을 구매하고, 경쟁자보다 낮은 가격에 판매한다. 제조업체도 적은 수량을 파는 것보다는 가격을 깎아도 많은 양을 주문하는 대형 상점을 선호하게 된다. 이를 일컬어 독점적 구매력이라고 부른다. 네브래스카 퍼니처 마트는 제조업체로부터 깎은 금액을 소비자에게 이전하여 경쟁자들이 가격을 깎을 수밖에 없도록 만든다.

일반적으로 이런 유통업체들은 점포와 점포 대지를 직접 소유하고 있다. 대형 소매 공간을 확보하기 위한 비용이 이미 수년에 걸쳐 지불되어왔던 셈이다. 싼 소매 공간은 낮은 가격과 고객 만족으로 이어져 고객이 다시 찾도록 만들고, 이는 더 많은 제품을 팔고 더 많은 돈을 번다는 것을 의미한다. 재고회전율이 높다면(더 많은 물건을 팔게 된다면) 마진이 낮더라도 전혀 문제될 게 없는 전형적인 형태이다.

이런 기업들은 낮은 운용비와 대량의 재고 그리고 할인 판매를 통해 거대한 진입장벽을 만든다. 그들이 점유하고 있는 시장으로 들어가려는 기업들은 영업을 시작하는 데만도 엄청난 비용을 들여야 한다. 큰 소매 공간을 확보하고 대규모 재고를 떠안고 미친 듯이 광고를 해야 한다. 독점적 위치의 소매상들이 마진을 조금만 더 높인다면 경쟁자들이 비집고 들어올 수 있겠지만 그들의 마진은 매우 낮으며, 자연스럽게 경제적 진입장벽을 만들어 경쟁자가 들어오지 못하게 한다.

버핏이 투자한 회사 중 이런 형태의 회사로는 미국 주거용 가구 제조 1위 업체인 퍼니처 브랜드 인터내셔널(FBI)이 있다. 버핏은 지난 2000년 FBI를 주당 14달러, 주당순이익 1.92달러에 인수했다. 모든 사람은 때때로 가구를 사야 하고 그때마다 FBI는 그들에게 가구를 판다. 그 사업은 1921년부터 존재했으며 강력한 수익 창출 능력과 높은 ROE를 가지고 있다. 게다가 FBI의 가구시장 점유율은 매년 높아지고 있다. 2001년 2월 FBI의 주가는 25달러, 버핏의 수익률은 78%에 달한다.

버핏은 수도관, 가스관 및 유관 제품을 제일 낮은 가격에 만들어 내는 뮬러 인더스트리즈도 샀다. 주당 2.16달러의 순이익을 내는 뮬러도 2000년에는 34달러에서 21달러까지 가격이 하락했다. 이 회사는 1917

년부터 사업을 계속해왔으며 경쟁자들이 따라올 수 없을 만큼의 저비용 구조를 가지고 있다.

이런 논리가 대형 보석 체인 사업에도 적용될 수 있다. 그들은 많은 양의 보석을 낮은 가격에 구매해서, 영세한 지역 보석상보다 낮은 가격에 판다. 또한 경쟁자가 대항하기 힘든 독점 상황을 만들어낼 수도 있다. 버핏의 고향인 오마하에 있는 보샤임즈라는 상점은 시내 번화가에서 저렴한 보석을 파는 방식에서 벗어나 외곽에서 고가의 보석을 티파니 같은 고급 보석상보다 싸게 파는 전략을 취했다. 그 결과 지역 보석상들은 고가 보석 시장을 넘볼 수조차 없었고 보샤임즈가 시장을 독차지했다. 보샤임즈의 주인인 이케 프리드먼이 정직하고 항상 좋은 거래를 한다는 소문이 나면서 오마하 밖에서도 사람들이 찾아왔다. 보샤임즈는 현재 고가 보석을 취급하는 곳 중 세계에서 가장 큰 단일 매장이다. 낮은 마진과 많은 물량으로 훌륭하게 사업을 해낸 좋은 예이다. 버핏은 이 사업을 너무 사랑해서 1986년에 이케로부터 보샤임즈를 통째로 사들였다. 그리고 지금까지 금, 은, 다이아몬드, 루비 등의 판매를 통해 이익을 취하고 있다.

사람들이 침대에서 자고 싶어하고, 소파에 앉고 싶어하고, 자동차를 위해 보험을 들고 싶어하고, 세금 납부를 위한 도움이 필요한 이상 이들 기업들은 돈을 벌 수밖에 없다. 그것도 매우 오랜 기간 동안 아주 많은 돈을 말이다.

핵심 요약

○ 버핏은 지속적 경쟁우위를 가진 사업의 네 가지 유형을 발견했다.

1. 빨리 소비되고 닳아 없어질 뿐 아니라 소비자가 선호하는 브랜드이면서, 소매업체들이 사업을 영위하기 위해 반드시 구비해야 하는 제품을 가지고 반복적인 소비자의 욕구를 충족시켜주는 사업. 이런 사업은 과자 회사부터 팬티스타킹 회사까지 다양하다.

2. 제조업체가 자사의 제품을 구매하도록 대중을 설득하기 위해 사용할 수밖에 없는 광고 관련 사업. 이 사업은 가장 필요하면서도 수익성이 높은 특징이 있다. 브랜드 제품을 팔고 싶거나 기초적인 서비스를 제공하고 싶거나 간에 반드시 광고를 해야 한다. 이것이 비즈니스 세계의 현실이다.

3. 개인이나 기업체가 지속적으로 필요로 하는 반복 구매 성격의 서비스를 제공하는 사업. 이런 류의 사업으로는 세금 정산 회사, 청소 용역업체, 방역업체 등이 있다.

4. 대부분의 사람들이 살아가면서 반드시 사야만 하는 생필품을 가장 낮은 가격에 만들거나 유통하는 사업. 보석상, 가구회사, 카펫 회사, 보험회사 등이 여기에 포함된다.

CHAPTER 12

인터넷으로 재무정보를
습득해 월가를 이기라

버핏은 숫자에 집착한다. 아니 숫자를 사랑한다. 그는 어린 시절 지나가는 자동차의 번호판과 야구카드에 있는 통계들을 달달 외웠다. 아홉 살 때는 숫자를 차례대로 적어 노트를 가득 메우기도 했고, 때로는 신문에 특정 알파벳이 몇 번이나 나오는지를 세기 위해 밤을 새기도 했다. 미국에 있는 대도시의 인구를 암기하거나 교회 성자들의 수명을 계산하느라 시간을 보내기도 했다. 또한 병뚜껑 개수나 집 앞을 지나가는 자동차의 숫자를 세기도 했다.

　이런 숫자에 대한 집착은 훗날 재무수치에 관한 집착으로 바뀌었다. 버핏은 매년 수백 건의 연차보고서를 읽는다. 가족 여행이나 행사장에도 재무제표를 가지고 다니며 지루하면 그것을 읽는 것으로 악명 높다. 자신의 세금은 직접 계산하길 좋아하고 처음으로 받은 세금 환급 영수

증 사본을 아직까지 가지고 있다. 버핏이 가장 좋아하는 일은 그가 '신전'이라고 부르는 사무실에 앉아서 재무보고서를 보는 일이다.

버핏은 「월스트리트저널」「뉴욕타임즈」「워싱턴포스트」뿐만 아니라, 「로스앤젤레스타임즈」「시카고트리뷴」 같은 몇몇 지역 신문의 비즈니스 섹션을 매일 읽는다. 「포천」「포브스」「비즈니스위크」 같은 잡지 또한 그가 정기적으로 읽는 간행물이다. 또한 「아메리칸뱅커」 같은 산업 동향보고서도 참고한다. 집에서 업무를 볼 때는 이층 침실 옆 방을 썼는데, 여기를 「밸류라인 투자정보」「무디스 주식 가이드」로 가득 채웠었고, 지하실에는 그가 관심을 가졌던 기업들의 연차보고서로 가득 찬 대형 녹색 캐비닛이 있었다(이 자료들은 현재 버크셔 해서웨이 사무실로 옮겨졌다). 버핏은 인터넷을 좋아하긴 하지만 신문이 책상 위에 놓여 있지 않으면 짜증을 낸다.

버핏은 인터넷이 제공하는 정보도 충분히 활용하고 있다. 그가 즐겨 이용하는 온라인 서비스로는 채권을 포함한 모든 정보를 제공하는 블룸버그 프로페셔널 서비스와 밸류라인 투자정보가 있다. 이중 밸류라인 투자정보는 1937년부터 주식 시세를 정리해서 출판하기 시작한 아널드 번하드가 만들어낸 것인데, 그는 버핏의 스승인 벤저민 그레이엄과 같은 시대의 사람으로 그레이엄의 내재가치 개념에는 동의했지만 모든 사업에 적용하기는 힘들다는 입장을 표했었다. 밸류라인은 3,500개의 기업들을 조사해서 지난 15년치 핵심적인 재무정보를 제공한다. 주당순이익, ROE 등 중요한 수치들로 가득 찬 이 정보들을 버핏은 매우 좋아한다. 무디스나 600개 주식에 대한 정보를 담고 있는 스탠더드 앤드 푸어스 주식보고서도 온라인을 통해 이용하고 있다.

버핏은 또 2,000개 이상 기업의 연차보고서와 과거 30년간의 뉴스 데이터베이스를 제공하는 세계 1위의 온라인 통신사 PR뉴스와이어의 열렬한 사용자이기도 하며, 증권거래위원회의 EDGAR 데이터베이스를 통해 연간 혹은 분기별 재무제표와 미국에 상장된 모든 기업들의 공시 정보를 검색하곤 한다.

MSN 같은 온라인 투자정보 서비스는 입수하기 쉽지 않은 수천 개 기업들의 10년 치 재무정보를 제공한다. 정보는 많은데 모두 공짜다. 우리는 공짜 정보를 좋아하지 않는가.

버핏은 한 기업을 분석하기로 결정하면 증권거래위원회 기준 보고서, 연차보고서, 그리고 블룸버그, 밸류라인, 무디스에서 제공하는 뉴스와 새무정보를 있는 대로 모은다. 그는 최신 뉴스와 10년 지 재부 수치를 모으는 것을 좋아한다. 이런 정보들로부터 그는 역사적 ROE, 수익, 부채 추이, 자사주 매입 여부, 경영진의 자본 배분 상태 등을 면밀히 검토한다.

당신이 컴퓨터를 이용할 수 없다면

만약 당신이 컴퓨터가 없거나 인터넷에 접속할 수 없더라도 위와 같은 정보를 수집할 수 있다. 지역도서관 안내소에 가서 밸류라인, 무디스, 스탠더드 앤드 푸어스 사본을 구할 수 있는지 물어보는 것부터 시작해 보라. 거기에는 당신이 궁금해하는 기업의 10~15년치 재무정보가 담겨있다. 또한 본사 전화번호를 찾아서 전화를 해보라. 전화를 받는 직원에게 주식 담당자를 바꿔달라고 하고, 연차보고서와 최신 재무제표를 요청하라. 주식담당자는 당신의 주소를 받아 적고 자료를 보내줄 것이다. 물론 무료다.

또한 지역도서관에서는 비즈니스 정기간행물 안내서라 불리는 책을 발견할 수 있다. 이 놀라운 책자에는 당신이 찾는 기업들에 관해 언급한 모든 잡지 기사가 담겨있다. 「포천」 「비즈니스위크」 「포브스」 「스마트 머니」처럼 유명 정기간행물의 최신 뉴스들부터 찾아 읽어보기 시작하라. 기업과 그 기업이 속한 산업에 대해 잘 설명해줄 것이다.

잠깐만 생각해봐도 이것은 참으로 대단한 일이다. 몇몇 능력 있는 기자들이 기업의 경쟁자와 고위직을 인터뷰하고, 이 기업을 분석하는 유명 애널리스트들의 의견을 모아놓는 등 당신을 위한 조사를 완료해줬기 때문이다. 당신은 이런 서비스에 대해 한푼도 지불하지 않아도 된다. 리스트를 얻었으면 도서관 안내소로 가서 사서에게 원본 자료를 어떻게 하면 이용할 수 있는지 문의하라. 아마도 도서관에는 잡지가 있거나 마이크로필름 형태의 사본이 있을 것이다. 모두 공짜다(대학에 만약 비즈니스 스쿨이 있다면 대학 도서관은 시립 도서관보다 더 나은 정보 창고이다).

자료를 읽을 때는 꼭 메모를 하라. 언급된 경쟁자나 기업 이름을 기록하라. 언젠가 이들을 접촉하고 몇 가지 질문을 던져야 할 일이 있을 것이다. 물론 당신이 이 대목에서 "어떻게 내가 이런 사람들한테 전화를 해서 질문을 할 수가 있겠어?"라고 생각하고 있다는 사실을 알고 있다. 방법이 있다. 그냥 전화기를 집어 들고 다이얼을 돌려라. 당신이 이 회사에 투자를 고려하고 있다고 얘기하면 열에 아홉은 기꺼이 질문에 대답해줄 것이다.

비즈니스 정기간행물 안내서에서 발견한 이야기를 읽고 최소 지난 10년간의 기업 재무 수치를 모은 후라면 당신은 사업의 성격과 핵심 그리고 지속적 경쟁우위가 있는지, 가격경쟁형 사업은 아닌지에 대한 질문의 답을 가지고 있는 셈이다. 또한 주주이익을 고려하는지, 주주의 돈을 수익성이 낮은 프로젝트에 바보처럼 쏟아붓고 있는지 등 경영 활동에 대한 몇 가지 질문에도 대답할 수 있게 된다.

이 단계를 지나면 지난 8~10년 간의 ROE와 이익 성장 추이를 구해보고 싶을 것이다. 또한 이 책의 수학적 도구 부분에서 논의될 공식을 사용해 기업의 가치를 계산해보고 싶을 것이다. 그러나 이 사실을 기억하라. 기업의 수익이 탄탄해야 하고 제품이 미래 이익을 예측할 수 있을 정도의 성격을 갖추어야 이런 일련의 작업이 의미가 있다.

능력의 영역

버핏은 종종 빌 게이츠와 마이크로소프트의 예를 들어 능력의 영역을 언급하곤 한다. 마이크로소프트는 분명 세계에서 가장 잘 운영되고 가장 수익성이 좋은 회사 중 하나이다. 그러나 버핏은 소프트웨어 산업에 대해 잘 모르기 때문에 마이크로소프트가 지속적 경쟁우위를 가지고 있는지는 판별할 수가 없다고 말한다. 그는 한 기업의 경쟁우위가 가진 지속성을 판별하기 위해서는 그 사업과 제품을 이해해야 한다고 생각한다. 제품이 오랜 기간 팔렸는지를 파악하는 것은 쉬운 일이지만, 향후 10년간도 팔릴 수 있는지를 파악하기 위해서는 제품과 그 니즈에 대한 깊은 이해가 필요하다. 버핏은 첨단기술과 같은 특정한 사업 영역은 너무 빨리 변하기 때문에 미래에도 제품이 지속성을 유지할 수 있는지를 판단하는 것은 불가능한 일로 여긴다. 그는 이해할 수 없다면 투자하지도 않는다.

모든 조건을 통과해서 그 기업이 바로 우리가 찾는 대상으로 보인다고 해보자. 여기까지 왔다면 다음 단계로 넘어가자.

소문

다음 단계는 필립 피셔가 그의 저서 『보통주와 특별한 이익(Common Stocks and Uncommon Profits)』에서 설명한 소문을 활용한 조사 과정을 적용해보는 일이다. 이것은 투자자가 경쟁사나 고객에게 전화를 해서 해당 기업에 대해 물어보는 조사기법이다. 종업원들에게 나눠주는 체크리스트와 크게 다르지 않다고 생각하면 된다.

버핏은 실제로 전화기를 집어들고 경쟁사에 전화를 해서 특정 기업에 대한 의견을 물어본다. 혹은 아는 사람들 중 특정한 사업 분야에 정통한 사람에게 질문을 던진다. 그는 CEO들에게 어떤 경쟁자가 가장 두려운지 물어보는 것으로도 유명하다. IBM 주가가 30달러에서 10달러로 폭락한 직후인 1993년에 빌 게이츠를 한 파티장에서 만났을 때도

IBM과 IBM이 가진 경쟁우위의 지속성에 대해 질문을 퍼부어댔다. 버핏을 단지 주식 투기꾼으로만 생각했었던 게이츠는 얘기를 하면 할수록 점점 그와 심각한 대화로 빠져들어갔다. 게이츠는 버핏의 질문 방식이 새로운 생각의 방법이라는 사실을 발견했다. 곧 두 억만장자는 친구가 되어 함께 가족 여행을 떠나거나 성공의 비결에 대해 강의하기 위해 대학 강단에 서는 등 긴밀한 관계를 가지게 되었다.

또다른 소문 활용법에 관한 버핏의 일화는 그에게 큰돈을 벌어줬던 가이코다. 콜럼비아 경영대학원 학생이었던 버핏은 그가 존경하는 스승인 벤저민 그레이엄이 공무원 보험사인 가이코(Government Employees Insurance Company. GEICO)의 회장 자리를 맡고 있다는 사실을 알았다. 그는 기차를 타고 가이코 본사가 있는 워싱턴 DC로 달려갔다. 오전 11시쯤 본사 입구에 들어섰을 때 문이 닫혀 있었다. 토요일에 회사 문이 닫혀 있을 거라는 생각을 미처 하지 못했던 버핏은 경비원이 나올 때까지 문을 두드렸다. 열정에 휩싸인 버핏은 눈이 동그래진 경비원에게 회사에 대해 얘기를 나눌 만한 사람이 건물 안에 있는지 물었다. 이를 불쌍히 여긴 경비원은 버핏에게 6층에 남아 있는 사람이 도움을 줄 수 있을 것이라 말해주었다. 거기에는 당시 투자 담당 이사였고 후에 가이코 CEO에 오른 로리마 데이비슨이 있었다. 데이비슨은 가이코에 대해 알려는 버핏의 열정에 깊은 감명을 받고 보험산업과 가이코의 현황에 대해 네 시간에 걸쳐 설명해줬다. 이때 버핏은 가이코의 사업에 대해 완벽하게 숙지했다. 그는 가이코를 능력의 영역에 추가했고 4,500만 달러를 투자해서 40년간 16억 달러를 벌었다. 만약 지금까지 소문에 대해 관심이 없었다면 이제부터라도 한번 시도해보길 바란다.

옛날에는 이런 조사 기술이 비용도 많이 들고 실행이 쉽지도 않았다. 필요한 데이터를 모으는 데만 해도 몇 주가 걸릴 수도 있었다. 투자가 본업이 아닌 평범한 사람들은 기회조차 잡기 힘들었다. 그러나 오늘날에는 상황이 다르다. 보통 사람도 인터넷을 통하면 한 시간 내에 회사에 대한 재무정보를 입수할 수 있다.

이제는 새로운 세상이다. 평범한 투자자에게도 기회의 문은 활짝 열려 있다.

핵심 요약

○ 인터넷은 모든 사람들이 버핏의 선택적 역발상 투자를 하기 위해 필요한 모든 정보에 접근할 수 있게 해준다.

○ 버핏이 사용하는 서비스 중 다음과 같은 웹사이트부터 시작해보자.

블룸버그 www.bloomberg.com

밸류라인 www.valueline.com

스탠더드 앤드 푸어스 www.standardpoor.com

무디스 www.moodys.com

PR뉴스와이어 www.prnewswire.com

증권거래위원회 에드가 서비스 www.sec.gov/edgar.html

CHAPTER 13

버핏이 제시하는 10가지
체크리스트를 숙지하라

땅에 묻힌 보물을 발견하고자 한다면 무조건 땅을 파고 보는 것보다는 대략 어디 숨겨져 있는지를 아는 것이 우선이다. 버핏은 어떤 기업이 지속적 경쟁우위를 가지고, 근시안적인 시장의 변동성을 극복하여 주가가 반등할 수 있는지의 여부를 가리는 데 도움이 되는 몇 가지 특징들을 찾아냈다.

당신이 정말 버핏처럼 투자하길 원한다면 시장에서 근시안적인 투자자들이 당신에게 기회를 주는 매수의 타이밍을 잡기에 앞서 지속적 경쟁우위를 가진 수백 개의 기업들을 머릿속에 입력해두고 있어야 한다. 또한 행동으로 옮길 때는 적절한 계획을 가지고 있어야 한다. 그래야만 다른 모든 사람들이 두려움에 사로잡혀 있을 때, 현명하게 그리고 확신을 가지고 움직일 수 있다. 미스터 마켓이 당신이 가진 기업들 중 하나에 비정상적으로 높은 값을 부르면 그 제안에 따라 주식을 넘겨줄 줄 아는 합리적인 사업 감각도 가져야 한다.

이제 버핏의 행동 속도를 따라갈 수 있도록 버핏의 기업을 고르는 기준에 대해 알아보도록 하자. 어떤 종류의 기업을 사야 하는지, 어떤 종류의 기업을 사지 말아야 하는지에 대한 것으로, 흔히 전자는 지속적 경쟁우위를 가진 기업이고 후자는 가격경쟁형 기업이다. 마지막으로 모든 기준을 모아 당신이 직접 살 만한 기업들을 추려내는 데 사용할 수 있는 틀을 마련함으로써 관련 내용을 마무리하고자 한다.

#01
적정한 ROE(Return on Equity / 자기자본이익률)

지속적 경쟁우위의 존재를 파악하는 데 기본적으로 쓰이는 몇 가지 기준들이 있다. 예를 들어 유명 브랜드 제품을 찾아볼 수도 있고 근시안적인 주식시장이 과도하게 반응하는 문제를 특정 기업이 안고 있다는 발표를 찾을 수도 있다. 초심자들이 쉽게 시작할 수 있는 가장 좋은 방법은 꾸준히 높은 ROE를 내는 기업들과 친숙해지는 것이다. 자기자본이익률(ROE)에서 자기자본은 흔히 장부가치(book value)로 불린다.

이런 자료들은 온라인을 이용하면 쉽게 구할 수 있다. 높은 ROE를 내는 기업들은 그리 많지 않으므로 쉽게 찾을 수 있고, 각각에 대해 조금씩이라도 연구해볼 수 있을 것이다. 이것은 버핏이 오래 전에 했던 방식으로 젊은 투자자들이 어디서부터 분석을 시작해야 하냐고 물어볼 때마다 버핏이 얘기해주는 방법이기도 하다.

자기자본은 기업의 총자산에서 총부채를 빼서 구한다. 쉬운 예로 당

신이 집을 사서 임대해주는 사업을 하고 있다고 가정해보자. 20만 달러
짜리 집을 사기 위해 직접 투자한 금액이 5만 달러이고 은행에서 빌린
돈이 15만 달러라고 하면 직접 투자한 5만 달러가 바로 당신의 자본이
된다. 임대사업의 대차대조표는 다음과 같다.

임대사업 대차대조표 : 2001년 6월

자산		부채	
임대자산	$ 200,000	은행대출	$ 150,000
총자산	$ 200,000	총부채	$ 150,000
		자기자본	$ 50,000
		자기자본과 총부채 합계	$ 200,000

　　대차대조표는 자산, 부채, (자기)자본으로 구성된다. 대차대조표는
일정 시점에서 자산 상태를 보여주는 일종의 스냅 사진 같은 것으로 기
업은 매년 결산기 혹은 분기마다 투자자들에게 이를 공개한다. 대차대
조표는 기업이 돈을 벌고 있는지에 대한 사항은 얘기해주지 않는다. 대
신 기업의 자산과 부채의 가치에 대해 얘기해주고 자산에서 부채를 차
감했을 때 얼마만큼의 가치가 있는지를 알려준다. 개인에게는 자산과
부채의 차이가 개인의 순재산이지만 사업의 세계에서는 자기자본 혹은
장부가치라고 부른다.

　　집을 임대해주고 당신이 받는 돈에서 비용, 이자, 세금을 뺀 금액이
당신의 순이익이 된다. 만약 연간 1만 5,000달러에 집을 임대해주고 1
만 달러의 비용이 지출되었다면 당신은 연간 5,000달러를 벌게 된다.

당신의 임대사업의 손익계산서는 다음과 같다.

임대사업 손익계산서 : 2001년

수익	$15,000
비용	$10,000
순이익	$5,000

　손익계산서는 모든 수익과 비용을 열거하고 사업이 일정 기간동안 얼마만큼의 돈을 벌었는지를 알려준다. 사업의 세계에서 손익계산서는 매 분기 혹은 매년 결산기에 발표된다. 1분기의 손익계산서는 1월, 2월, 3월 동안의 수익과 비용을 포함하고, 연간 손익계산서는 열두 달 내내 발생한 수익과 비용을 포함한다.

　ROE를 계산하려면 순이익인 5,000달러를 자기자본인 5만 달러로 나누면 된다. 이렇게 계산을 하면 ROE는 10%가 나온다. ($5,000 ÷ $50,000 = 10%)

　이와 비슷하게 1,000만 달러의 자산, 400만 달러의 부채를 가진 A라는 기업을 소유하고 있다고 가정하면 이 기업은 600만 달러의 자기자본을 가지는 셈이다. 이 기업이 세후 150만 달러를 번다면 ROE는 25%에 해당한다($1,500,000 ÷ $6,000,000 = 25%).

　지난 50년간 미국 기업들의 평균 ROE는 약 12%였다. 다시 말해 미국 기업들은 매년 자기자본에 대해 평균 12%의 수익률을 올려왔다는 의미다.

　12% 이상은 평균 이상이고 12% 이하는 평균 이하인데 평균 이하는

우리가 찾는 기업이 아니다. 통계에 따르면 무차별 제품을 만드는 가격 경쟁형 기업은 12% 이하의 ROE 수치를 보였다. 반면 지속적 경쟁우위에서 이익을 창출하는 기업들은 12% 이상의 ROE 수치를 보였다.

key point 지속적 경쟁우위에서 이익을 창출하는 기업은 12% 이상의 높은 ROE 수치를 보인다.

key point 무차별 제품을 만드는 가격 경쟁형 기업은 12% 이하의 낮은 ROE 수치를 보인다.

버핏이 찾아내고자 하는 것은 지속적으로 평균 이상의 ROE를 내는 기업이다. ROE는 높으면 높을수록 좋다.

과거 버핏의 흥미를 끈 몇몇 기업들을 찾아 ROE 수치를 살펴보자. H&R블록은 버핏이 처음 주식을 매수할 당시 평균 25%의 ROE 수치를 보였다. 나이키는 14% 정도였는데 역사적인 ROE 수준은 20%였다.

그외 버핏이 관심을 가졌던 기업들의 ROE : 존스 맨빌 20%~30%, 나이트-리더 신문사 14~20%, 오길비 그룹 15~22%, 제너럴푸드 16%, 코카콜라 33%, 인터퍼블릭 15~22%, ABC방송 13~21%, 가이코 20~30%, RJ 레이놀즈 14~18%, 필립모리스 20%, 타임즈 미러 16%, 허쉬푸즈 16%, 캐피털시티즈 18%, 디즈니 15~21%, 서비스마

스터 40%, UST 30%, 가네트 25%, 워싱턴포스트 19%, 맥도날드 18%

key point 　지속성은 모든 것에 우선한다. 버핏은 가끔 높은 ROE가 나오는 기업이 아니라 지속적으로 높은 수익을 내는 기업을 좋아한다. ROE의 지속성은 경쟁우위의 지속성과 동의어다. 경쟁우위의 지속성이 바로 게임의 핵심이다.

기업의 ROE 분석

당신이 분석하고 있는 기업의 ROE 추이는 다음 표에서 기업 I과 같은가 아니면 기업 II와 같은가?

	기업 I	기업 II
연도	ROE(%)	ROE(%)
92	28.4	0(이익을 내지 못한 해)
93	31.2	3.8
94	34.2	7.0
95	35.9	14.5
96	36.6	7.6
97	48.8	23.8
98	47.7	10.0
99	48.8	0
00	55.4	24.3
01	56.0	6.9

버핏은 기업 II가 아니라 기업 I에 관심을 가질 것이다. 기업 II의 ROE는 가끔은 높게 나오는 해가 있지만 평균적으로 봤을 때 절대치가 너무 낮고 들쭉날쭉하다. 반면 기업 I은 높은 ROE 수준을 보이는데, 이는 강력한 경쟁우위에서 이익을 내고 있다는 점을 시사할 뿐 아니라 버핏이 그토록 찾아 헤매던 지속성이 존재한다는 강력한 신호다. 기업 II의 낮고 들쭉날쭉한 ROE는 이 기업이 무차별 제품을 만드는 가격경쟁형 사업이라는 강력한 신호이며 버핏은 이런 기업을 거들떠보지도 않는다.

경쟁우위를 가진 기업이 업황 부진이나 일시적인 문제로 수익 급락이라는 고초를 겪으면 ROE도 따라서 내려간다. 이런 일이 발생하면 다음 표와 같은 ROE 모습을 보인다.

기업 I	
연도	ROE(%)
92	28.4
93	31.2
94	34.2
95	35.9
96	36.6
97	48.8
98	47.7
99	48.8
00	55.4
01	6.0 (문제가 발생한 해)

이런 상황이 닥치면 근시안적인 주식시장은 과민하게 반응한다. 만약 시장이 과민 반응을 한다고 생각되면 이때가 훌륭한 매수 기회이다.

여기서 말하고자 하는 핵심은 지속적으로 높은 ROE를 보이는 기업에는 근시안적인 주식시장이 과민 반응을 보이더라도 조만간 주가를 회복할 수 있는 지속적 경쟁우위가 있다는 것을 버핏이 발견했다는 점이다.

#02

안전망 : 적정한 ROTC
(Rate of Return on Total Capital, 총자본이익률)

ROE만 보면 생기는 문제점은 대규모 배당을 하거나 자사주를 매입해서 의도적으로 자본을 줄여도 높은 ROE가 나오는 것처럼 보일 수 있다는 점이다. 이런 정책을 펴는 기업들은 ROE를 높이기 위해 자본을 일부러 줄인다. 이런 경우 당신은 GM 같은 가격경쟁형 기업도 높은 ROE를 보이고 있다는 사실을 발견할지도 모른다. 이런 문제점을 보완하기 위해 버핏은 ROTC를 써서 가격경쟁형 기업을 걸러낸다.

ROTC는 순이익을 총자본으로 나눠서 계산한다. 앞서 살펴본 임대사업에서 총자본은 은행 대출 15만 달러와 자본 5만 달러를 더한 20만 달러다. 임대사업의 순이익 5,000달러를 총자본인 20만 달러로 나누면 ROTC는 2.5%가 나온다($5,000 \div $200,000 = 2.5\%$).

버핏은 지속적으로 높은 ROE와 ROTC를 함께 찾는다. 가격경쟁형 기업인 GM과 지속적 경쟁우위를 가진 기업인 H&R블록의 ROE와 ROTC를 비교해보자.

연도	GM		H&R 블록	
	ROE(%)	ROTC(%)	ROE(%)	ROTC(%)
92	0	0	27.8	27.8
93	44.1	9.7	26.7	26.7
94	44.1	14.0	27.8	27.8
95	29.7	13.0	12.0	12.0
96	19.9	9.9	30.1	30.1
97	34.1	13.0	13.0	11.2
98	24.4	7.8	22.4	18.8
99	30.0	10.0	23.0	15.0
00	24.5	9.0	24.0	17.0
01	22.0	9.0	29.7	16.0

GM의 10년간 ROE는 연평균 27%로 놀랄 만한 수준이지만 1992년의 0% 때문에 다소 의심이 간다. 10년간 ROTC를 살펴보면 전혀 다른 얘기가 나온다. 연평균 9.5%의 ROTC는 우리가 찾는 것이 아니다. 이 수치를 ROE가 연평균 21.5%에서 크게 벗어나지 않고 ROTC가 20.7%인 H&R블록과 비교해보자.

지속적 경쟁우위를 가진 기업들은 지속적으로 높은 ROE와 ROTC를 창출한다. 다시 말하지만 중요한 것은 지속성이다.

선택적 역발상 투자가 먹혀들지 않는 유형인 가격경쟁형 사업에 속한 기업들은 전형적으로 낮은 ROE와 ROTC를 보인다.

버핏이 투자했던 몇몇 기업들의 ROTC를 살펴보자. 앞서 언급했듯이 H&R블록은 연 평균 20.7%의 ROTC를 보였다. 나이키는 21%를 기록하다가 23% 근처까지 왔고 존스 맨빌은 18~19%, 염 브랜즈는 평균 30%, 나이트-리더 신문사는 13~15%, 오길비 그룹은 15~22%였다.

그외 버핏이 관심을 가졌던 기업들의 ROTC : 제너럴 푸즈 13~15%, 코카콜라 18%, 인터퍼블릭 15~22%, ABC방송국 13~17%, RJ 레이놀즈 12~15%, 필립모리스 20%, 타임즈 미러 13%, 허쉬 푸즈 13~20%, 캐피털시티즈 17%, 질레트 14~19%, 디즈니 13~19%, 서비스마스터 19%, UST 30%, 가네트 12~18%, 워싱턴포스트 17%, 맥도날드 13%.

버핏은 12% 이상의 지속적인 ROTC를 찾고 있다.

상업은행, 투자은행, 금융회사들

상업은행, 투자은행, 금융회사들에게는 고객에게 빌려줄 돈을 얼마나 많이, 싸게 구할 수 있느냐가 중요하다. 주택담보대출을 거래하는 프레디맥과 같은 회사는 1,750억 달러의 단기 부채와 1,850억 달러의 장기 부채를 가지고 있다. 6%의 이자로 돈을 빌려와서 7%에 대출을 해주는 이런 기업들은 ROTC가 12%에 이를 방법이 없다. 이런 경우 버핏은 은행과 금융회사가 관장하고 있는 총자산에 비해 얼마나 벌어들이는지를 보고자 한다. 규칙은 간단하다. 더 많이 벌면 벌수록 좋다. ROA(Return on Assets)가 1%면 훌륭하고 1.5%를 넘으면 환상적이다.

⌒ **key point**　　상업은행, 투자은행, 금융회사들을 볼 때는 1%가 넘는 지속적인 ROA와 12%를 초과하는 지속적인 ROE를 가진 기업을 찾아라.

기업의 전체 순이익이 사라지는 경우

때때로 어떤 기업은 순자본 전체를 주주들에게 돌려줘도 끄덕 없을 정도로 강력한 지속적 경쟁우위를 가진다. 이 경우 자기자본은 줄어들지만 반대로 50%의 ROE가 나올 수도 있다. 순자본이 모두 지급되어 빠져나간다는 것은 곧 순자본이 마이너스 상태가 되어 기업이 아무리 많은 돈을 벌어들인다 해도 ROE가 계산되어 나오지 않는다는 것을 의미한다.

　이것은 극히 드문 경우로, 오직 기업의 수익 창출 능력이 예외적으로 너무도 막강할 때만 일어날 수 있다. 버핏이 한때 소유했던 애드보가 바로 그런 기업이다. 애드보는 미국에서 가장 큰 DM 업체인데 광고회사로 이해하는 게 더 빠를 것이다. 어떤 기업이 우편을 통해 잠재 고객에게 접근하고자 하다면 반드시 애드보를 찾아가야 한다. 경쟁우위는 우편 발송 시장에서 가장 크고 비용을 가장 효율적으로 사용한다는 데 있다. 1929년에 처음 설립되었으니 지속성은 얘기할 필요조차 없다. 애드보는 1996년까지 주당순이익이 아주 오랜 기간에 걸쳐 꾸준히 상승했으며 18~20%의 지속적인 ROE를 창출하고 있었다. 1986년부터 1996년까지 장기 부채는 전무했다. 그런데 1996년에 1억 6,100만 달러의 부채로 주주들에게 주당 10달러의 배당을 지급했다. 이 조치는 당장 1억 3,000만 달러를 장부상의 자기자본에서 사라지게 만들었고 부채로 대체되었다. 사업의 수익 창출 능력이 너무나 강력하고 지속적이었기 때문에 이와 같은 일을 할 수 있었던 것이다. 사실 이런 일을 할 수 있는 기업은 특정한 유형의 지속적 경쟁우위에서 수익을 창출하는 회사를 제외하면 거의 없다고 해도 과언이 아니다.

같은 상황이 2000년 버핏의 염 브랜드 매수 때도 적용된다. 염은 타코벨, 피자헛, KFC를 소유하고 있다. 한때는 펩시의 사업 부문이었는데 1996년에 분사되었다. 레스토랑 세 개 체인의 수익 창출 능력을 익히 알고 있는 펩시는 분사 전에 45억 달러에 이르는 장기 부채를 염에 안겨줬다. 이 조치는 염의 모든 순자본을 일거에 날려버렸다. 대부분의 기업들에게 이런 조치는 악몽에 가깝지만 염에게는 그렇지 않았다. 수익력이 워낙 막강해서 분사 후 3년 만에 20억 달러의 부채를 모두 갚아버렸기 때문이다.

순자본이 하나도 남지 않은 상황에서는 ROTC를 볼 필요가 있다.

2000년에 애드보와 염은 각각 35%씩의 ROTC를 보였다. 역사적으로 볼 때 이런 상황에서 버핏은 20% 이상의 지속적인 ROTC를 보이는 기업에만 투자를 했었다.

지속적으로 높은 ROTC가 지속적 경쟁우위의 신호라는 사실을 잊지 말자. 은행이나 금융회사라면 그 기업이 지속적 경쟁우위에서 수익을 창출하고 있는지를 판별하기 위해 ROA를 본다.

#03

지속적인 과거 순익 추이

지속적 경쟁우위는 놀랄 만한 수익을 꾸준하게 창출하는 힘을 가지고 있다. 기업의 수익 창출 능력이 지속적이냐 아니냐를 판단하는 조건은 연속성에 있다. 수익의 지속성은 지속적 경쟁우위의 또다른 이름이다. 이에 덧붙여 기업은 지속적 경쟁우위를 가지고 있을 수 있지만, 경영진이 경영을 제대로 하지 못해 주당순이익의 부침이 크게 나타날 수도 있다. 버핏은 지난 기간 동안 강력하면서도 추세적으로 상승하는 주당순이익을 찾고자 한다. 주당순이익은 기업의 당기순이익을 발행주식수로 나눈 것이다.

관심을 가지고 있는 기업의 주당순이익 추이가 A기업과 같은지 아니면 B기업과 같은지 생각해보라.

	A기업	B기업
	지속적 경쟁우위를 가진 기업	가격경쟁형 기업
연도	주당순이익($)	주당순이익($)
92	1.07	(1.57)
93	1.16	0.06
94	1.28	0.28
95	1.42	0.42
96	1.64	(0.23)
97	1.90	0.60
98	1.90	(1.90)
99	2.39	2.39
00	2.43	(1.25)
01	2.60	0.99

* (괄호)안의 수치는 손실을 뜻함

A기업의 과거 주당순이익은 강력하면서도 추세적으로 상승하는 모습이다. 이것은 A기업이 지속적 경쟁우위를 가지고 있다는 신호이다.

B기업 주당순이익은 예측이 불가할 정도로 변동성이 너무 심하다. 이런 종류의 순이익 추이는 이 회사가 가격경쟁형 사업을 영위하고 있다는 것을 알려준다.

key point 강력하면서도 추세적으로 상승하는 과거 주당순이익은 지속적 경쟁우위의 존재를 말해준다.

과거 주당순이익의 변동성이 너무 심하면 이는 그 사업이 가격경쟁형 사업임을 말해준다.

지속적 경쟁우위를 가진 기업을 살 수 있는 대형 매수 기회는 전체 주식시장이 폭락을 겪거나 순이익 감소로 개별 기업이 위기에 빠졌을 때 나타난다는 사실을 명심하라. 버핏의 투자 중 전자에 속하는 것은 H&R블록, 저스틴 인더스트리즈, 염 브랜즈, 존스 맨빌, 쇼 인더스트리즈, 리즈 클레이본, 던 앤드 브래드스트리트, USG, 퍼스트데이터, 워싱턴포스트, 코카콜라 등이다. 후자에 속하는 것은 나이키와 가이코 그리고 아멕스를 최초로 샀을 때 등이다.

주식시장의 침체와 매도 열풍은 쉽게 포착할 수 있고 이해하기도 용이하다. 그러나 회사 순이익 감소를 야기하는 개별 기업의 재앙은 그 원인을 찾기 힘든 것이 사실이다. 문제의 원인이 경기순환적 사업에서의 업종 불황이 될 수도 있고, 일부 사업부서에서 비롯될 수도 있기 때문이다. 버핏은 '완벽한 매수 기회는 기업이 해결할 수 있는 일시적 문제에 주식시장이 과민하게 반응할 때 나타난다'고 믿고 있다.

지속적 경쟁우위를 가진 사업이 퇴조를 경험할 때 주당순이익은 C기업이나 D기업처럼 나타날 수 있다.

	C기업	D기업
연도	주당순이익($)	주당순이익($)
92	1.07	1.07
93	1.16	1.16
94	1.28	1.28
95	1.42	1.42
96	1.64	1.64
97	1.60	1.70
98	1.90	1.90
99	2.39	2.39
00	1.75	2.43
01	0.52 (급락)	(1.22)갑작스런 손실

　C기업은 장기간 순이익이 증가해온 환상적인 역사를 가지고 있지만 2000년부터 급격한 순이익의 감소를 보이고 있다. 이런 경우에는 즉시 의구심을 가지고 순이익 감소의 성격을 조사해볼 필요가 있다. 예외적이고 일시적인 것인가 아니면 장기적으로 이어질 수 있는 것인가? 치유가 가능한 부분인가?

　반면 D기업은 강력한 수익 추이를 가지고 있지만 2001년에 갑작스럽게 적자로 전환했다. 이 역시 의심해볼 만한 상황인데 철저한 분석만이 문제가 일시적인 것인지, 해결 가능한 것인지, 장기적인 잠재 수익력이 아직 있는지를 밝혀줄 수 있다. 다만 자동차와 같은 산업에서는 7,8년간 계속 이익을 내다가도 2~4년 동안 대규모 손실을 기록한다는 사실을 명심하라. 버핏은 의심 가는 사항을 관심 있게 보다 보면 투자의 매력이 당신의 머릿속을 스치고 지나갈 것이라고 말한다. 주식시장은 금덩이가 떠다니는 강물과도 같아서 눈 깜짝할 사이에 기회를 놓쳐버릴지도 모른다.

이 사실만은 기억하라. 지속적 경쟁우위를 가진 기업을 찾을 때는 강력하면서 동시에 추세적으로 상승하는 주당순이익을 가진 기업을 찾아라. 가격경쟁형 사업은 전형적으로 주당순이익의 변동폭이 크다. 갑자기 적자를 보이는 기업이 있으면, 잘 살펴보고 철저하게 분석한 후에만 투자를 하라. 만약 의심이 간다면 영화나 보러 다니면서 주식시장이 다른 공을 던질 때까지 기다리면 된다.

#04
부채는 버핏을 불안하게 한다

어떤 기업이 지속적 경쟁우위를 가지고 있다는 좋은 신호 중 하나는 장기 부채가 거의 없는 경우이다. 지속적 경쟁우위를 가진 기업은 현금을 많이 창출하기 때문에 부채를 쓸 필요가 없다. 그러나 가격경쟁형 기업은 공장이나 기계를 업그레이드하거나 경쟁에서 앞서나가기 위해 신제품을 개발할 필요가 있는데 이 경우 대규모 장기 부채를 필요로 한다.

대규모 장기 부채는 불황이나 재앙에서 살아남을 수 있는 기업의 능력을 훼손하기 때문에 버핏을 불안하게 만든다. 또한 장기 부채를 필요로 하는 일들은 기업의 수익률을 감소시키고 현금유동성 위기를 야기할 수 있기 때문에, 만약 기업이 이자비용을 지급해야 하는 대규모 부채를 안고 간다면 생존이 위태해질 수도 있다. 이렇게 생각해보자. 만약 당신이 직장을 잃었다면 봉급의 몇 배에 해당하는 대출을 무슨 수로 갚을 수 있겠는가? 버핏은 회사를 위기로 몰고 가는 악재 상황에서도 확실히 살아남을 수 있는 기업에 투자한다. 기업이 많은 장기 부채를 가지고 있다면 그 기업은 살아남지 못할지도 모른다. 버핏의 역발상 투자 철학에 따르면 잠재적 투자 대상 후보들이 어떠한 환경 변화에도 살아남을 수 있을 정도로 재무적인 강점을 만들어주는 지속적 경쟁우위를 가져야 한다.

버핏은 전통적 부채비율만으로는 기업의 재무적 강점을 확인하기 어렵다는 사실을 발견했다. 기업이 파산하지 않는 이상 기업의 자산이 장기 부채를 갚는 재원은 결코 아니기 때문이다. 은행은 부채에 대한 이자를 상환할 능력이 있는지를 토대로 기업에 자금을 빌려준다. 기업의 자본은 단순히 대출을 정당화하는 안전망에 불과하다. 같은 내용이 주택담보대출에도 적용된다. 은행은 당신에게 대출을 해줄 때 대출 상환 능력을 확인한다. 당신이 소유한 주택의 가치는 단지 파산했을 때를 대비한 담보에 불과하다. 오직 당신의 수입만이 이자를 지불할 수 있는 능력이 있는지를 말해준다. 그리고 주택의 가치는 대출을 갚지 못할 때 은행이 돈 대신 회수해갈 수 있을 정도의 가치에 국한된다. 마찬가지로 현금흐름을 사용해서 대출을 갚는 능력은 대출의 담보가 되는 자산 규모보다도 훨씬 중요하다.

기업의 가치는 자산을 얼마에 팔 수 있느냐보다 이익을 내는 능력에 있다는 사실을 명심하자. 장부상에 잡혀 있는 엄청난 규모의 자산은 대부분의 경우 별 의미가 없다.

기업의 재무 능력을 측정하는 가장 좋은 방법은 수익으로 부채를 갚는 능력이다. 지속적 경쟁우위를 가진 기업들은 몇 년 안에 장기 부채를 쉽게 갚을 수 있을 만큼의 강력한 수익 창출 능력을 가진다. H&R블록은 8억 7,200만 달러의 장기 부채를 가지고 있는 반면 연간 2억 5,100만 달러의 순이익을 낸다. 이것은 3.5년 이내에 장기 부채를 다 갚을 수 있다는 뜻이다. 리글리는 연간 순이익보다도 적은 장기 부채를 보유하고 있다. 1년의 순이익이면 리글리의 대차대조표를 깨끗하게 만들 수 있다. 2000년 가네트는 8억 달러의 장기 부채를 가지고 있는 반면 연간 10억 달러의 순이익을 냈다. 같은 해에 질레트는 24억 달러의 부채와 12억 달러의 순이익을 보였다. 2년이면 부채를 모두 갚을 수 있다. 심지어 22억 달러나 되는 장기 부채를 가지고 있는 염도 연간 순이익이 5억 2,000만 달러이기 때문에 부채를 모두 갚는 데 4년이면 충분하다.

　반면 가격경쟁형 사업인 GM은 2000년에 1,360억 달러의 장기 부채를 가지고 있었는데, 이는 1991년부터 2000년까지 10년 간의 순이익을 모두 합한 금액인 340억 달러보다도 훨씬 많은 수치다. 지난 10년간 GM이 번 돈을 모두 다 쓴다 해도 여전히 장기 부채를 갚을 수가 없다. 포드 자동차도 사정은 마찬가지다. 포드는 2000년에 장기 부채가 1,610억 달러였는데 지난 10년간 누적 순이익은 375억 달러에 불과했다. 만약 포드가 지금까지 해온 만큼만 이익을 낸다고 가정하면 부채를 갚는 데 무려 38년이나 걸린다. 좋은 사업이라는 생각이 드는가? 당신이 이와 같은 기업을 사서 불황을 맞았다고 생각해보라. 어떤 기업이 피를 흘리며 전사하겠는가.

　지속적 경쟁우위를 가진 기업들은 일반적으로 순이익의 다섯 배에 못 미치는 정도의 장기 부채를 가지고 있다.

기업이 지속적 경쟁우위를 가지고 있다면 항상 은행에 많은 돈을 넣어두고 있고, 부채도 조금 있거나 아예 없다. 이것은 기업이 직면하는 거의 모든 문제들을 해결할 만한 재무적 능력을 지니고 있다는 것을 의미한다. 수익에 비해 많은 부채를 가지고 있는 기업은 문제를 극복할 만한 재무적 역량이 없다. 이런 점은 확실히 주가나 당신의 주머니 사정에 부정적이다.

예외 : 상업은행, 투자은행, 금융회사

앞에서 언급했듯이 상업은행, 투자은행, 금융회사는 대규모 장기 부채를 차입해 운영한다. '순이익의 5배 규칙'은 이들에게 적용되지 않는다. 이런 유형의 대규모 차입은 부채가 대규모 대출 포트폴리오로 대체되기 때문에 금융기관에 문제를 일으키지 않는다. 기업체, 정부, 개인이 대출금을 상환하지 못하는 경우에만 금융기관은 문제에 봉착한다. 만약 많은 양의 대출이 회수 불가능해지면 금융기관은 지급 불능이라는 유령을 만나게 된다. 이런 부정적 뉴스는 당연히 근시안적인 주식시장이 금융기관의 주식을 과매도 상태로 만들어버리고 잠재적 매수 기회를 제공한다. 버핏은 부동산 경기 침체로 어려움을 겪던 웰스파고에 투자할 때 이같은 지혜를 활용했다. 다시 얘기하자면 지속적으로 높은 ROA는 금융기관이 부채를 효율적으로 사용하고 있다는 신호다. 돈의 현명한 사용은 사업의 안정성을 이야기하는 가장 좋은 신호다. 버핏은 웰스파고 뿐 아니라 가이코, 아멕스, 패니메이 등을 싸게 매입할 때도 파산 위기를 이용했다. 또한 버핏은 이런 투자 아이디어를 바탕으로 롱 텀캐피털 등의 인수에 관심을 가졌는데, 인수하지 않은 이유는 가격이 맞지 않았기 때문이다.

다른 사업을 인수하는 데 사용되는 장기 부채

때때로 지속적 경쟁우위를 가진 훌륭한 회사가 다른 기업을 인수하기 위해 대규모 부채를 끌어들이기도 한다. 다른 회사를 인수하기 위해 대규모 부채를 추가하는 것은 좋은 아이디어일 수도 있고 나쁜 아이디어일 수도 있다. 성공 여부는 두 가지 변수에 달려있다. 첫번째는 인수되는 기업이 지속석 경쟁우위를 가지고 있느냐 하는 점이다. 종종 지속적 경쟁우위를 가진 기업이 가격경쟁형 사업에 무모하게 진출하는 실수를 범하기도 한다. 이런 경우는 항상 지속적 경쟁우위를 가진 부분의 수익 창출 능력을 희석시키는 결과를 가져온다. 당신은 지속적 경쟁우위를 가진 기업이 똑같이 지속적 경쟁우위를 가진 기업들을 인수하길 원할 것이다.

같은 내용이 가격경쟁형 기업에도 적용될 수 있다. 당신은 가격경쟁형 기업이 또다른 가격경쟁형 사업이 아니라 지속적 경쟁우위를 가진 사업을 인수하길 원할 것이다.

관심을 가지고 지켜보던 기업이 장기 부채를 끌어들여 다른 기업을 인수하려 할 때는 다음과 같이 행동해야 한다.

- 지속적 경쟁우위를 가진 두 기업이 합쳐지면 더할 나위 없는 환상적인 결혼이 된다. 합쳐진 두 개의 지속적 경쟁우위를 가진 사업은 막대한 양의 현금을 창출해내고, 부채를 갚는 데도 시간이 그리 걸리지 않는다. 악재가 나타날 경우 이와 같은 상황에서는 매수가 가능한데 심지어 합쳐진 기업이 많은 부채를 지고 있다 하더라도 두 개의 지속적 경쟁우위에서 창출되는 재무적 역량으로 인해 상황이 반전되는 것을 기대할 수 있다.

- 지속적 경쟁우위형 사업이 가격경쟁형 사업을 만나면 그 결과는 항상 평범하다. 이것은 무차별 제품을 만드는 사업이 현상 유지를 위해 지속적 경쟁우위에서 비롯되는 이익을 갉아먹기 때문이다. 이런 경우 악재가 생기면 매수에 위험이 따르므로 세심한 분석이 있어야만 매수가 가능하다. 버핏은 의심이 들면 가만 앉아서 다른 공을 기다린다. 당신도 마찬가지로 그렇게 해야 한다.

지나친 인수 비용을 지불하는 어리석음

인수가 좋은 아이디어인지를 가리는 가장 중요한 변수는 다른 기업을 인수할 때 지불하는 비용의 규모다. 만약 인수에 너무 많은 비용을 지불하면 심지어 지속적 경쟁우위를 가진 기업을 인수하더라도 나쁜 아이디어가 될 수 있다. 이런 일은 자주 일어나고 많은 재앙의 씨앗이 된다. 특히 지속적 경쟁우위를 가진 기업이 가격경쟁형 사업에 지나치게 많은 돈을 지불하게 될 경우에는 심각해진다. 만약 현금 대신 주식으로 인수 비용을 지급하면 지분 희석 효과가 일어나 재앙도 복리로 불어난다. 부채로 지급을 했을 때에도 심각한 재무 위험을 가져오게 된다.

이런 어리석은 거래의 최근 예로는 1999년 지속적 경쟁우위를 가지고 있던 거대 장난감 기업 마텔이 러닝컴퍼니를 인수한 것을 들 수 있다. 마텔은 주식 교환 방식을 택했는데 이로 인해 마텔의 지분이 거의 3분의 1 수준으로 희석되었다. 러닝컴퍼니가 자신의 분야에서 지속적 경쟁우위가 없었음이 밝혀지자 마텔에서는 즉시 현금이 줄줄 새어나가기 시작했다.

악재 상황을 매수 기회로 이용할 때는 그 기업이 지속적 경쟁우위를 가지고 있고 보수적으로 재무관리를 하는지 파악하기 위해 노력하자. 버핏은 근시안적인 주식시장을 이용할 때 이런 유형의 사업이 가장 안전한 베팅이 된다는 사실을 발견했다.

경쟁력 있는 제품이나 서비스

일단 지속적으로 높은 ROE와 ROTC를 보이고 주당순이익이 추세적으로 상승하고 보수적으로 재무관리를 하는 기업을 발견했다면, 다음은 지속적 경쟁우위를 가진 제품이나 서비스를 판매하는지 알아볼 필요가 있다. 제품은 서비스보다 파악하기가 훨씬 쉽다.

스스로에게 다음과 같은 질문을 던져보자. 소매업체가 장사를 하기 위해서 반드시 구비해야 하는 제품인가? 이 소매업체들이 특정한 브랜드 제품을 취급하지 않는다면 매출이 떨어지겠는가?

만약 기업이 지속적 경쟁우위를 가진 사업의 속성을 가지고 있지만 그 내용을 이해하지 못한다면 인터넷에 접속해서 그 기업과 산업에 대한 정보를 알아볼 수 있다. 종종 잡지 기사나 그 기업에 관한 책에서도 정보를 얻을 수 있다. 버핏도 이렇게 한다(그는 차분히 앉아서 투자를 고려하고 있는 기업에 관한 책을 처음부터 끝까지 읽곤 한다. 콘아그라라는 거대 식품 기업에 대한 투자를 고려할 때에는 잘 알려지지는 않았지만 그 기업의 역사를 다루고 있는 기업 자체 발행 출판물을 읽어봤을 정도다).

인터넷을 활용하여 지속적으로 높은 ROE와 ROTC를 가지고 있고 상승하는 추세에 있는 기업을 추려서 정리해본다. 그 다음 그들이 파는 제품을 나열하고 그 제품이 팔리는 소매점을 방문한다. 거기서 그 제품을 매일 판매하는 직원에게 말을 걸어 누가 그 분야의 1, 2등인지 알아본다. 3, 4위 이하의 회사에 돈을 투자할 필요는 없다. 당신이 찾고 있는 것은 수년간 아무 변화 없이 시장에 존재했던 유명 브랜드의 제품이다. 당신의 부모님이 사용하고, 먹고, 마시고, 소비하는 것을 기억하고 있는 제품이라면 여기에 해당한다고 볼 수 있다. 유명 브랜드 제품의 수명은 지속성과 직결되며, 지속성은 바로 게임의 핵심이다. 제품을 이해하지 못하겠다면 잘 알고 있는 사람에게 문의해보자. 약이면 약사에게, 자동차라면 자동차 정비공에게, 컴퓨터라면 컴퓨터 판매사원에게, 식품이라면 소매점 판매직원에게 가서 물어본다. 이들은 당신에게 그 제품의 역사와 함께 과거에도 잘 팔렸고 오늘날도 계속 잘 팔리고 있는지에 대해 얘기해줄 수 있는 사람들이다.

소비자들이 평생에 한 번 사보는 제품이 아니라 지속적으로 필요로 하는 제품을 찾아라. 파악하기 가장 쉬운 것들은 패스트푸드처럼 우리가 사서 바로 써버리는 제품들이다. 패스트푸드에는 햄버거(맥도날드, 웬디스, 버거킹), 피자(피자헛), 프라이드치킨(KFC), 타코(타코벨) 등이 있다. 우리가 사서 짧은 기간 동안 소모해버리는 제품들도 있다. 잡지(타임즈 미러), 커피와 담배(필립모리스), 사탕(허쉬), 껌(리글리), 탄산음료(코크와 펩시), 스타킹(사라리의 레그스), 생리대(플레이텍스), 치약(P&G), 생활용품(콜게이트 팜올리브), 약(머크) 등이 여기에 속한다. 오랜 기간에 걸쳐 소비하지만 1,2년 만에 닳아버리는 제품들도 있다. 청바지(리바이스, 리), 운동화(나이키), 속옷(사라리), 옷(리즈 클레이본), 자동차보험(가이코, 올스테이트) 등이 이에 해당한다.

여기서 핵심은 소비자가 1년에 수 차례에 걸쳐 같은 제품을 사서 소모한다는 점이다. 반복 구매는 경쟁우위를 수익성으로 연결한다. 지속성의 강력한 신호는 기업이 변형 없이 같은 기계를 가지고 매년 같은 제품을 계속 생산하고 판매할 수 있느냐 하는 것이다.

사람들이 매일 사용하고 빨리 닳아 없어지는 제품을 만드는 기업에 투자하라!

1895년 킹 캠프 질레트가 크라운 코르크 공장에서 일할 때, 한 동료가 코르크 마개처럼 빨리 닳아 없어져서 소비자들이 계속 살 수밖에 없는 제품을 만들어야 한다는 말을 했다. 면도를 하던 어느 날, 질레트는 남자들이 일회용 면도기를 원할지도 모른다는 생각을 했다. 이후 8년의 개발 기간을 거쳐 세계 최초의 일회용 면도날을 개발했다. 제1차 세계대전 동안 질레트는 미군에 350만 개의 면도기와 3,600만 개의 일회용 면도날을 납품했다. 군인들은 전쟁이 끝나고 미국으로 돌아와서도 깨끗한 면도를 위해 그들이 쓰던 질레트 면도기를 필요로 했다. 제1차 세계대전은 질레트에게 350만 명의 강력한 남성 소비자층을 확보해줬고, 이들은 그가 면도기 왕국을 설립하는 밑바탕이 되었다.

또다른 좋은 방법은 편의점, 슈퍼마켓, 약국, 바, 주유소, 서점 밖에 서서 이들이 사업을 하기 위해서 반드시 필요로 하는 브랜드 제품이 무엇인지 자문해보는 것이다. 매니지기 제 정신이라면 반드시 구비해야 하는 제품들이 무엇인가? 여기에 대한 답변을 리스트로 만들어보라.

지금 당장 TV 앞으로 가서 광고에 나오는 제품들을 찾아 점검해보라. 우리가 즉시 인식할 수 있는 브랜드 제품은 항상 어떤 지속적 경쟁 우위를 가지고 있다.

지속적 경쟁우위를 가진 서비스를 제공하는 기업들은 파악하기가 훨씬 힘들다. 다시 한번 지속적 경쟁우위를 가진 사업인지 아니면 가격경쟁형 사업인지를 결정하기 위해 사업의 경쟁력을 들여다보자. 그 기업의 서비스가 사업체들이 사업을 영위하기 위해 반드시 필요로 하는 제품인지 질문을 던져보자. 만약 그 서비스가 개인 소비자를 대상으로 한 것이라면 소비자들이 지속적으로 필요로 하는 것인지를 질문해본다. 과거 버핏의 눈을 사로잡은 핵심 영역으로는 광고 분야가 있었다. 텔레비전 방송국(캐피털시티즈), 광고대행사(오길비), 신문사(워싱턴포스트, 가네트, 나이트-리더) 등 매일 소비되면서 소비자들에게 접근할 수 있는 통로를 제공하는 사업들이 여기에 속한다. 주요 금융서비스 제공자로는 사업체와 개인들에게 매일 서비스를 제공하는 은행(웰스파고)이 있다. 사업체들을 위한 청소 서비스 회사(서비스마스터)도 있다(지속적 경쟁우위를 가진 기업들을 어디서 찾는지에 대해서는 다음 장에서 자세히 다루도록 하겠다).

기업이 해당 시장에서 경쟁우위를 제공하는 브랜드 제품이나 서비스를 가지고 있다는 이유만으로 그것이 훌륭한 사업이라는 뜻은 아니다.

경영진이 지속적 경쟁우위를 유지하지 못하고 계속 실패할 수도 있다. 당신은 그 기업이 정말로 지속적 경쟁우위를 가지고 있는지를 확인하고 걸러내기 위해 양적·질적인 선별 작업을 해야 한다.

#06
노조가 당신의 투자에 피해를 줄 수도 있다

가격경쟁형 산업의 고질적인 재무적 취약성은 노조가 더 많은 이익 배분을 주장하도록 만들어준다. 특히 높은 고정비를 수반하는 경우에는 그 피해가 심각하다. 항공기 조종사 노조가 파업을 하게 되면 항공 사업은 순식간에 무기력해지고 엄청난 손실을 입게 된다. 비행기가 뜨지 않더라도 유지 보수하는 데만 해도 엄청난 비용이 들어간다. 경영진은 조종사의 요구에 승복할 수밖에 없고 승복하지 않는다면 치유하기 힘든 엄청난 피해를 입게 된다. 자동차 제조업체들이 대규모 이익을 내면 노조는 더 많은 급여를 요구하기 시작한다. 만약 경영진이 노조의 요구를 거절하면 노조원들은 파업으로 대응해 회사를 무력화하고, 그 결과 대규모 이익이 하룻밤 사이에 대규모 손실로 전환된다. 이런 이유 때문에 버핏은 노조가 있는 기업에 투자하는 것을 꺼린다.

노조의 힘이 센 지속적 경쟁우위형 기업은 좀처럼 찾기 힘들다. 이런 회사들은 높은 수익성을 바탕으로 직원들에게 충분한 급여를 주고 있으며, 파업이 일어난다 해도 이를 견뎌낼 수 있는 경쟁력이 있다. 당신이 생각하기에 지속적 경쟁우위를 가진 회사를 찾았다 하더라도 계속해서 더 많은 것을 요구하는 노조가 있다면 다시 한번 생각해야 할 것이다. 이런 기업은 주가를 박살내는 악재를 돌파할 힘이 있을지 모르지만 당신의 포트폴리오에 20년 이상 보유할 만한 회사는 아닐 수 있다.

#07
제품이나 서비스 가격이 인플레이션에 비례해 올라갈 수 있는가?

인플레이션은 인건비, 원자재 가격을 올려 비용의 증가를 야기한다. 하지만 가격경쟁형 사업의 경우에는 이와 상관없이 업체간의 경쟁으로 인해 생산 과잉이 일어나고, 결국에는 수요를 자극하기 위해 제품의 가격을 낮출 것을 강요 받게 된다.

이 경우 제품 원가는 시장에서 매겨지는 제품가를 초과하게 된다. 이런 상황에서는 도저히 사업을 이어나갈 수 없다. 회사는 초과공급이 사라질 때까지 제품 출고를 줄여 대응하려 하지만 이건 시간이 걸리는 문제다. 결국에는 수요공급의 법칙이 작용하겠지만 하루 아침에 그렇게 되는 건 아니다. 이러한 손실이 누적되면 사업의 생존력은 급격히 축소된다(목장주들은 끊임없이 이런 딜레마에 직면한다. 소 값은 떨어지지만 사료, 연료, 노동력, 보험료, 수의사, 목초지 등의 비용은 꾸준히 오르므로, 다음해 가을의 소 값을 잘못 예측하면 목장주들은 모두 파산을 맞을지도 모른다).

이런 상황은 항공업에서 자주 일어난다. 항공업은 모든 면에서 엄청난 고정비를 요구한다. 비행기, 연료, 조종사 노조와의 계약, 지상요원, 정비공, 승무원 등은 모두 많은 비용을 초래하고 인플레이션과 함께 증가하는 속성이 있다. 게다가 가격 전쟁이 벌어지거나 사람들이 비행기를 타지 않으려고 하는 상황이 벌어지면, 항공사들은 좌석을 채우기 위해 티켓 값을 인하해야만 한다. 뉴욕에서 LA로 가길 원하는가? 여섯 개 이상의 항공사들이 당신을 놓고 경쟁할 것이다. 만약 이들 중 하나라도 가격을 크게 인하하면 그들은 모두 손실을 보는 결과에 직면한다. 1960년대에 오마하에서 파리로 가는 왕복 티켓 가격은 1,000달러 이상이었다. 그러나 최근에는 미국 어디서든 파리로 가는 데 439달러면 된다. 비행기, 연료, 조종사, 지상요원, 정비공 그리고 끔찍한 기내식 등의 비용이 지난 30년간 네 배 이상 올랐지만 가격 경쟁 덕분에 티켓 값은 더 싸졌다. 이토록 할인된 가격에 티켓을 파는 항공사는 더 이상 부자가 될 수 없다. 항공사들이 때때로 경쟁에서 탈락해 파산 법정에 서는 이유가 바로 이것이다.

가격경쟁형 사업에서 제품 원가는 인플레이션을 따라 오르지만 정작 제품 가격은 하락할지도 모른다. 정말 비참한 상황이 아닐 수 없다.

지속적 경쟁우위와 인플레이션

버핏에게 지속적 경쟁우위를 가진 사업은 수요의 감소 없이 인플레이션에 비례해 제품 가격을 마음대로 올릴 수 있다는 것을 의미한다. 이렇게 되면 인플레이션이 얼마나 일어나건 간에 수익성은 여전히 높은 상태로 남아 있게 된다. H&R블록, 나이키, 코카콜라, 허쉬, 마텔, 올스테이트는 모두 수요 감소 없이 인플레이션에 비례해 제품 가격을 올린 기업들이다. 그러나 지속적 경쟁우위와 인플레이션의 가장 흥미로운 점은 제품 가격의 인상이 수익 증가로 연결되어 기업가치의 상승으로 이어진다는 점이다. 이제부터 설명을 해보겠다.

허쉬가 매년 1,000만 개의 초콜릿 바를 판매한다고 하자. 1980년에 허쉬 초콜릿 바의 개당 원가는 20센트인데 40센트에 팔린다. 개당 20센트의 마진이 남는 셈이다. 허쉬가 1980년에 초콜릿 바 판매로 얻는 이익을 계산하려면 20센트의 마진에 1,000만 개를 곱하면 된다. 이렇게 나온 이익은 200만 달러다(1,000만 개 × $0.20 = 200만 달러).

그래서 1980년에 허쉬는 초콜릿 바 판매로 200만 달러의 이익을 얻었다. 만약 허쉬의 발행주식수가 400만 주라면 0.50달러의 주당순이익을 얻는다는 계산이 나온다(200만 달러 ÷ 400만 주 = $0.50). 주가가 주당순이익의 15배에 거래된다면 주가는 7.50달러다(15 × $0.50 = $7.50).

인플레이션으로 인해 물가가 2배로 뛴 2000년으로 넘어가보자. 이것은 허쉬 초콜릿 바의 제조원가가 40센트가 되었음을 의미한다. 허쉬는 제품가를 1980년의 2배인 80센트로 책정했다. 이렇게 되면 초콜릿 바 하나의 마진이 40센트가 된다. 허쉬가 1980년과 동일한 1,000만 개의 초콜릿 바를 판다면 순이익은 400만 달러가 되는데, 이는 1980년 순이익의 2배가 되는 셈이다.

만약 허쉬의 발행주식수가 2000년에도 그대로 400만 주라면, 같은 수량을 팔더라도 주당순이익이 1달러가 된다(400만 달러 ÷ 400만 주 = $1). 1980년과 같은 양의 초콜릿 바를 팔았는데도 주당순이익은 0.5달러가 늘어난 것이다. 주당순이익 1달러에 1980년에 적용했던 PER 15배를 곱하면, 주가는 1980년의 7.50달러보다 높은 15달러가 된다.

허쉬는 더 많은 초콜릿 바를 만들 필요도 없었다. 즉 더 많은 직원을 고용할 필요도 없고 제조공장을 더 확장할 필요도 없다. 허쉬가 했던 일은 단지 인플레이션으로 인한 비용 증가에 따라 제품 가격을 올린 것뿐이었다. 제품 가격이 올라갈수록 순이익은 늘고 결과적으로 주가 상승을 야기한다.

하지만 인플레이션이 부를 증가시키는 가장 큰 수단이라고 생각하지는 말라. 사실은 그렇지 않다. 만약 물가가 2배가 되면 당신은 같은 구매력을 유지하기 위해 2배의 돈을 벌어야 한다. 지속적 경쟁우위를 가진 기업은 인플레이션에 따라 가치가 증가하는 투자 수단이다.

가격경쟁형 사업에서 원가의 증가와 제품 가격의 하락은 주가에 재앙이 될 수 있다. 그러나 지속적 경쟁우위형 사업은 원가의 증가와 함께 제품 가격을 올릴 수 있다. 이것은 기업가치와 주가가 최소한 인플레이션만큼 보조를 맞출 수 있음을 의미한다. 지속적 경쟁우위형 사업이야말로 기본적으로 인플레이션에 방어적이라는 사실을 명심하자.

#08

적절한 유지 비용이 소요되는가

지속적 경쟁우위를 가진 기업들은 경쟁력을 유지하기 위해 추가적인 자본 투자를 할 필요가 없다. 여기서 핵심은 '유지'다. 이론적으로 봤을 때 지속적 경쟁우위가 크면 클수록 사업의 유지를 위해 돈을 쓸 필요가 없다. 버핏에게 완벽한 사업이란 경쟁우위를 유지하는 데 한푼도 들지 않는 사업이다. 이렇게 되면 벌어들인 모든 이익을 배당을 하거나 사업에 재투자하는 데 쓸 수 있어 주주들을 더욱 부유하게 만들어준다.

경쟁우위를 유지하기 위해 요구되는 자본의 양과 주주 이익을 증진시키기 위해 유보 이익을 사용하는 경영진의 능력은 간단한 수학공식을 통해 측정할 수 있다. 기본적으로 이 계산은 일정 기간 동안 한 기업이 유보한 이익을 가지고 기업의 수이 창출 능력에 미치는 영향을 측정하는 방식이다. 기업은 지속적 경쟁우위를 바탕으로 유보 이익을 이용해 사업을 확장하거나 새로운 사업에 투자하거나 자사주를 매입할 수 있다. 이 세 가지는 주당순이익에 긍정적인 영향을 미친다. 반면 가격 경쟁형 사업은, 치열한 경쟁에 직면한 사업의 경쟁력을 유지하기 위해 유보 이익을 사용해야 한다. 그래서 결과적으로 새로운 사업에 투자하거나 자사주를 매입할 자금은 거의 남지 않는다. 몇 가지를 예를 살펴보자.

H&R블록

1989년 H&R블록의 주당순이익은 1.16달러였다. 1989년 말부터 1999년 사이에 H&R블록의 주당순이익 총합은 17.14달러였다. 17.14달러 중 9.34달러는 배당으로 지급되었으며, 그 차액인 주당 7.80달러를 유보했다. 이 기간 중 주당순이익은 1.16달러에서 2.56달러로 증가했다.

1989년의 1.16달러라는 주당순이익은 H&R블록이 그 전에 쌓아두었거나 투자했던 자본을 바탕으로 번 것이라고 생각할 수 있다. 마찬가지로 2000년 2.56달러로의 주당순이익 증가는 1989년부터 1999년까지 회사가 유보한 7.80달러의 주당순이익을 잘 활용한 경영진의 훌륭한 수행 능력과 지속적 경쟁우위 때문이었다고 얘기할 수 있다.

1999년의 주당순이익인 2.56달러에서 1989년의 주당순이익인 1.16달러를 차감하면 그 값은 주당 1.40달러이다. 여기서 우리는 1989년과

1999년 사이에 유보된 7.80달러로 1.40달러의 추가적인 주당 추가 수입을 올렸다고 말할 수 있다. 수익률로 계산해보면 17.9%에 이른다 ($1.40 ÷ $7.80 = 17.9%).

리글리

1990년 리글리의 주당순이익은 1달러였다. 이것은 1990년까지 리글리가 축적한 모든 자본으로 주주들을 위해 주당 1달러의 이익을 만들어냈다는 것을 의미한다. 1990년 말부터 2000년 말까지 리글리의 총 주당순이익은 20.12달러였다. 20.12달러 중 10.57달러는 배당으로 지급되었으며, 주당 9.55달러를 유보했다. 2000년 리글리의 주당순이익은 1달러에서 2.90달러로 증가했다.

1990년의 1달러의 주당순이익은 1990년 초까지 회사가 쌓아두었거나 투자했던 자본 때문이라고 생각할 수 있다. 마찬가지로 2000년 2.90달러로 주당순이익이 증가한 것은 회사가 유보한 9.55달러의 주당순이익을 잘 활용한 경영진의 훌륭한 수행 능력과 지속적 경쟁우위 때문이었다고 얘기할 수 있다.

2000년의 주당순이익인 2.90달러에서 1990년의 주당순이익인 1달러를 차감하면 그 값은 주당 1.90달러이다. 이것은 유보된 9.55달러로 2000년에 1.90달러를 벌어들였고 수익률이 19.9%라는 것을 의미한다 ($1.90 ÷ $9.55 = 18.9%).

GM

이제 가격경쟁형 사업인 GM의 수익률을 앞서 언급한 기업들과 비교해보자. GM이 1990년 말부터 2000년 말까지 벌어들인 총 주당순이익은 42.96달러인데 10.30달러가 배당으로 지급되었으므로 32.66달러가 유보되었다. 주당순이익은 1990년 6.33달러에서 2000년 8.50달러로 증가했다. GM의 경영진은 주당 32.66달러의 주주 이익을 가지고 자본 배분을 해서 2.17달러의 주당순이익 상승을 만들어냈다. 이것을 유보된 자본에 대비한 수익률로 나타내면 6.6%에 불과하다($2.17 ÷ $32.66 = 6.6%). 이 정도는 당신이 은행에 넣어놨더라도 받을 수 있을 정도의 금액이다.

베들레헴 스틸

또다른 가격경쟁형 사업인 베들레헴 스틸의 1990년 주당순이익은 0.82달러였다. 이것은 그 사업이 1990년 말까지 축적한 모든 자본을 가지고 그해에 주주들을 위해 0.82달러의 이익을 만들어냈다는 의미다. 1990년 말에서 2000년 말 사이에 베들레헴 스틸의 총 주당순이익은 4.93달러였다. 4.93달러 중에서 0.80달러를 배당으로 지급했다. 따라서 같은 기간 중 베들레헴 스틸의 주당 유보 이익은 4.13달러였다.

1990년 말에서 2000년 사이에 베들레헴 스틸은 주당 7.48달러의 손실을 냈다. 이것은 베들레헴 경영진이 차입을 했거나 앞서 유보된 이익을 가지고 7.48달러를 낭비했다는 것을 의미한다. 배당으로 지급한 것도 아니고 7.48달러의 주주 자본을 몽땅 써버리는 바람에 주주들은 유보 이익인 4.13달러를 더해 총 11.61달러가 주주로부터 나온 셈이다.

주당순이익은 0.82달러에서 0.25달러로 줄어들었다. 순이익의 감소는 베들레헴 스틸이 자본을 잠식하기만 할 뿐 주주 이익을 증진시키지 못하는 가격경쟁형 사업이라는 것을 말해준다.

2000년 주당순이익인 0.25달러에서 1990년 주당순이익인 0.82달러를 차감하면 그 값은 -0.57달러다. 1990년부터 2000년까지 유보된 4.13달러와 이 기간 중 투입된 7.48달러가 추가 수입을 하나도 올리지 못했다는 말이다. 철강은 경쟁우위가 나오기에는 너무나 어려운 사업이다.

유보 이익을 잘 활용할 수 없는 기업들은 형편 없는 투자 결과를 낳는다.

앞서 언급한 네 기업들이 어떤 사업을 하는지 모를지라도 H&R블록과 리글리가 GM이나 베들레헴 스틸보다도 유보 이익을 더 잘 활용하고 있다고 말할 수 있다. 사실 1990년에 GM에 10만 달러를 투자해서 2000년 최고점에 팔았다면 14만 1,025달러의 이익을 얻을 수가 있었는데 이는 9.1%의 연평균 복리수익률에 해당한다. 베들레헴 스틸에 똑같이 투자했다면 약 4만 달러의 손실을 입었을 것이다.

만약 1990년에 리글리에 10만 달러를 투자해 2000년 최고점에 팔았다면 56만 6,666달러의 이익으로 약 20%의 연평균 복리수익률을 올릴 수 있었을 것이다. H&R블록에 투자했다면 29만 9,960달러의 이익으로 14.8%의 연평균 복리수익률을 올렸을 것이다.

그렇다면 1990년부터 2000년까지 어떤 주식을 소유하고 있어야 했겠는가? 가격경쟁형 사업인 GM와 베들레헴 스틸인가, 아니면 지속적 경쟁우위형 사업인 리글리와 H&R블록인가? 그리 어려운 선택이 아닐 것이다.

물론 이같은 테스트만으로는 완벽하지 않다. 여기서 사용한 주당순이익이란 수치는 결론이 아니라 기업의 수익 창출 능력을 가늠하는 잣대라는 점에 유의해야 한다. 이 테스트의 장점은 경영진이 주주의 이익을 증진하기 위해 유보 이익을 사용하는 지속적 경쟁우위를 가진 사업인지, 아니면 현재 사업을 유지하기 위해 유보 이익을 사용할 수밖에 없는 가격경쟁형 사업인지를 투자자가 빠르게 판단할 수 있도록 해주는 도구라는 데 있다. 이것은 단지 당신에게 주어진 아홉 가지 기준 중 하나에 불과하다는 점을 기억하자. 아직도 판단이 애매하다면 명확한 판단을 위해 다른 기준을 사용해야 한다.

종합하자면 지속적 경쟁우위형 기업들은 자원 배분 문제에 닥쳤을 때 즉시 원투 펀치를 날린다. 그들은 가격경쟁형 사업들보다도 유보 이익을 더 잘 활용할 수 있는 위치에 있어서 장기적으로 주주들을 더욱 부자로 만들어준다. 가격경쟁형 사업은 이익을 유보할 수는 있지만 현재의 경쟁력을 유지하는 데 높은 비용이 들어가므로 미래 이익을 획기적으로 증진시킬 만큼 유보 이익을 잘 활용할 수 없다. 이것은 곧 주가가 조금 오르거나 거의 오르지 못한다는 것을 의미한다.

#09
주주이익을 위해 자사주를 매입하는가

당신이 분석하고 있는 기업이 지속적 경쟁우위를 가진 기업인지를 확인하는 또다른 방법은 오랜 기간 동안 자사주를 매입했는지를 확인하는 것이다. 수년간의 자사주 매입에는 막대한 양의 여유 현금이 들어간다. 지속적 경쟁우위를 가진 기업들은 장기간의 자사주 매입 프로그램을 실행할 충분한 여력이 있다. 예를 들어 H&R블록은 1990년에서 2000년 사이에 거의 900만 달러의 자사주를 매입했다.

가격경쟁형 사업은 자사주를 매입할 만한 여유 자본이 거의 없다. 대신 반대의 경우가 일어난다. 그들은 현금에 굶주린 사업을 유지하기 위해서 주식을 추가 발행해 자금을 확보하려 한다. 베들레헴 스틸은 발행주식수를 1990년 7,500만 주에서 2000년에 1억 3,200만 주로 늘렸으며, GM은 같은 기간 동안 300만 주의 주식을 추가 발행했다.

자사주 매입의 역동성

자사주 매입은 주식을 팔지 않은 주주들의 미래 주당순이익을 증가시키는 효과가 있다. 예를 들어 세 명이 합자회사를 만들었다면 당신은 실질적으로 합자회사의 3분의 1을 소유하고 있는 셈이다. 돈을 벌면 세명의 파트너가 3분의 1씩 각자 집으로 가져간다. 그런데 합작회사가 자사주 펀드를 활용해 파트너 중 한 명의 지분을 사준다면, 남아 있는 두명의 파트너가 각각 회사 지분의 50%씩을 가지게 되고 미래 수익도 50:50으로 나눠 가지게 된다. 예를 들면 파이의 크기는 그대로인데 세조각으로 나누는 대신 두 개의 더 큰 조각으로 나누는 것이다.

상장기업의 경우 자사주 매입은 주당순이익의 상승을 가져와 결국주주의 부를 증진시키는 주가 상승의 결과로 이어진다. 이 과정에 대해알아보자.

H&R블록은 1990년에 발행주식수가 거의 1억 600만 주였는데 2000년

에는 9,700만 주가 되었다. 발행주식수의 감소는 적극적인 자사주 매입 프로그램 덕택이었다. 2000년에 H&R블록은 3억 7,000만 달러의 순이익을 보고했는데 발행주식수인 9,700만 주로 나누면 주당순이익이 3.81달러가 나온다($3억 7,000만 ÷ 9700만 주 = $3.81). 주당순이익 3.81달러에 PER 15배를 적용하면 주가는 57.15달러가 된다.

만약 H&R블록이 자사주 매입 프로그램을 실행하지 않았다면 2000년에도 1990년과 같은 1억 600만 주였을 것이다. 이때 주당순이익은 3.49달러다($3억 7,000만 ÷ 1억 600만 주 = $3.49). PER 15배를 적용하면 주가는 52.35달러가 나온다.

자사주 매입 프로그램을 통해 주당순이익을 0.31달러 증가시킨 것이다($3.81 - $3.49 = $0.32). 동시에 주가를 52.35달러에서 57.15달러로 증가시켰다. 이 기간 중 주식을 팔지 않은 H&R블록의 주주들은 발행주식수의 감소로 인한 이익을 얻었다. 즉 H&R블록의 이익이라는 파이 조각이 더 커진 것이다.

물론 H&R블록이 막대한 이익을 창출하는 지속적 경쟁우위를 가지지 못했더라면 이 모든 일이 불가능하다.

버핏은 부를 증진하기 위해 어떻게 자사주 매입을 이용하는가

버핏은 일단 지속적 경쟁우위를 가진 기업에 투자를 하면 이사회에 자사주를 매입하도록 권고한다. 지분을 가진 기업이 자사주를 매입하면 발행주식수가 줄어들고 결과적으로 주식을 더 사지 않아도 자신의 지분율이 올라가기 때문이다.

논리는 다음과 같다. 어떤 기업이 1억 주의 발행주식이 있다고 하자.

버핏이 1,000만 주를 가지고 있으면 지분율이 10%다. 다음해에 그 기업이 주식시장에서 4,000만 주를 다시 사들이면 발행주식은 6,000만 주만 남는다. 이때 버핏의 지분율은 추가 투자 없이도 10%에서 16.7%로 증가한다. 기업의 자본이 그의 지분율을 높인 것이다.

이렇게 생각해보자. 만약 기업이 자사주 매입에 사용할 돈을 배당으로 준다면 버핏은 배당금에 대해 30% 남짓 되는 소득세를 내야만 한다. 그러나 자사주 매입을 하면 버핏은 세금을 피하면서도 사업에 대한 지분율을 높일 수 있다. 실제 예를 한번 보자.

버크셔 해서웨이는 1,020만 달러를 들여 워싱턴포스트 지분의 10%를 취득했다. 현재 버크셔는 워싱턴포스트 지분의 17.2%를 소유하고 있다. 버크셔의 지분율이 10%에서 17.2%로 올라간 것은 버핏이 워싱턴포스트 이사회에 참여하여 자사주 매입을 권한 덕분이었다. 오늘날 워싱턴포스트는 50.2억 달러의 시가총액을 자랑한다. 만약 워싱턴포스트가 자사주 매입을 하지 않았다면 버크셔의 지분율은 여전히 10%였을 것이며 지분가치는 5억 200만 달러였을 것이다. 그러나 워싱턴포스트의 자사주 매입에 힘입어 버크셔는 지분의 17.2%를 가지게 되었고 오늘날의 가치는 8억 6,340만 달러에 이른다($50.2억 × 0.172 = $8억 6,340만). 이렇게 워싱턴포스트의 자사주 매입 프로그램 덕분에 버크셔는 3억 6,140만 달러의 지분 가치 증가를 맛볼 수 있었다.

1980년 발행주식 4,570만 주 중 33%를 취득한 가이코에 대한 투자도 마찬가지였다. 가이코는 1995년까지 꾸준히 자사주를 매입하였는데, 그 결과 버크셔의 지분은 거의 50%까지 증가했다. 1995년의 가이코 시가총액은 47억 달러였다. 만약 버크셔가 1995년에도 여전히 33%

의 지분을 가지고 있었다면 33%의 지분 가치는 15.5억 달러다. 그러나 가이코의 자사주 매입 덕택에 50%까지 늘어난 버크셔의 지분 가치는 23.5억 달러에 이른다. 자사주 매입으로 인해 버크셔의 지분 가치가 거의 8억 달러나 늘어난 것이다(1996년에 버크셔는 가이코의 나머지 50% 지분까지 취득해 100% 자회사로 만들어버렸다).

버핏은 자사주 매입을 통해 추가적인 자본 투입 없이 지속적 경쟁우위를 가진 기업의 지분을 더 많이 확보할 수 있었다. 이것은 그의 간단한 기법이자 항상 애용하는 방법이기도 하다.

다시 한번 살펴보자. 지속적 경쟁우위에서 이익을 얻는 기업들은 자사주 매입 프로그램을 실행할 만한 충분한 여유 현금을 가지고 있다. 반면 가격경쟁형 사업은 현금이 부족해서 자사주를 매입할 만한 여력이 없다. 자사주 매입의 마술은 투자자가 자신의 돈이 아니라 투자하고 있는 기업의 돈으로 주주의 지분율을 올려준다는 데에 있다.

#10
유보 이익이 시가총액을 증가시키는가

버핏은 적절한 가격에 매입한 지속적 경쟁우위형 기업이라면 유보된 이익이 사업 가치를 증가시켜 결국 주가에 반영되리라 믿는다. 핵심은 자본을 적절히 배치하고 기업의 가치를 꾸준히 늘리는 능력에 있다. 그 완벽한 예가 버핏 자신이 소유하고 있는 버크셔 해서웨이다. 버크셔는 1983년에 주당 장부가치가 975달러였고 1,000달러에 거래되었다. 18년 후인 2001년에 버크셔의 주당 장부가치는 거의 4만 달러에 이르고 주가는 6만 8,000달러나 한다. 각각 4,002%, 6,874%가 증가했다는 이야기다. 버핏은 유보 이익을 가지고 지속적 경쟁우위를 가진 다른 사업체들을 통째로 혹은 일부분 사들임으로써 버크셔의 장부가치를 늘렸다. 기업 가치가 늘어날수록 기업에 매겨지는 가치도 증가한다. 이렇게 주가의 상승이 일어난다.

이것은 가격경쟁형 사업에는 해당되지 않는 얘기다. 가격경쟁형 사업은 수년간 이익을 유보할 수 있지만 결코 큰 폭의 주가 상승을 보여줄수 없다. 1983년에 GM은 주당 32.44달러의 장부가치를 가지고 있었고 주가는 약 34달러였다. 2001년에 GM의 장부가치는 주당 36달러였고 주가는 55달러 언저리였다. 18년 동안 GM가 보여준 것은 10%의 장부가치 증가와 52%의 주가 상승에 불과하다.

버크셔 해서웨이에 투자하는 것이 더 낫지 않겠는가?

이 기준을 사용하는 것은 쉽다. 당신이 할 일은 한 기업의 역사적 주가와 주당 장부가치의 흐름을 파악하는 것이다. 적어도 10년 정도는 봐야 한다. 지속적 경쟁우위를 가진 기업은 주가 상승과 장부가치의 상승이 동시에 나타날 것이다.

궁극적인 목적은 악재로 인해 근시안적인 주식시장에서 주가가 폭락할 때 지속적 경쟁우위를 가진 사업을 사들이는 것이다. 10년에 걸쳐 주가가 비실대는 기업이 아니라 최근에 주가가 빠진 기업을 말이다.

우리가 논의했던 10가지 기준들을 통해 당신은 어떤 기업이 지속적 경쟁우위를 가지고 있는지를 판별할 수 있을 것이다. 버핏은 이러한 종류의 사업을 소유하고 싶어한다. 장기적인 기업 가치의 상승을 경험할 뿐 아니라 악재로 인해 주가가 박살나더라도 틀림없이 곧 회복할 것이기 때문이다. 좋은 기업을 찾는 질문들을 아래와 같이 요약 정리했다.

1. 지속적으로 높은 ROE(12% 이상)를 보여주는가?

이것은 근시안적인 주식시장이 민감하게 반응하는 악재로부터 주가를 회복시켜주는 강력한 지속적 경쟁우위가 그 기업에 있음을 알려주는 신호다. 지속적인 고수익은 가장 중요한 부분이다.

2. 지속적으로 높은 ROTC(12% 이상)를 보여주는가?

은행이나 금융회사의 경우는 지속적 경쟁우위를 가지고 수익을 내는지 보기 위해 ROA를 본다(ROA가 1%를 넘으면서 ROE가 12% 이상).

3. 수익 등이 강한 상승 추세를 보이는가?

지속적 경쟁우위를 가진 기업은 강력하면서도 꾸준히 상승하는 주당순이익을 자랑한다.

4. 보수적으로 재무관리를 하는가?

지속적 경쟁우위를 가진 기업은 일반적으로 이익의 5배 이하의 장기 부채를 갖는다.

5. 해당 시장에서 경쟁우위를 제공하는 브랜드 제품이나 서비스를 가지고 있는 가?

이것은 지속적 경쟁우위와는 다르지만 좋은 출발점이 될 수 있다. 기업이 정말로 지속적 경쟁우위를 가지고 있는지를 판별하기 위한 양적·질적 선별 도구를 가지는 것이 중요하다.

6. 노조에 의해 좌지우지 되는가?

강력한 노조를 가진 기업들이 지속적 경쟁우위를 가진 경우는 거의 없다.

7. 인플레이션에 비례해 제품 가격을 올릴 수 있는가?

지속적 경쟁우위를 가진 기업은 제품 원가 상승에 따라서 제품 가격을 바로 인상할 수 있다. 이것은 기업 가치와 주가가 최소한 인플레이션 상승률에 맞춰 상승한다는 것을 의미한다.

8. 유보 이익을 어떻게 활용하는가?

지속적 경쟁우위를 가진 기업은 이익을 유보해 이익의 상승을 가져오는 방법으로 이를 활용할 수 있다. 그러면 주가가 오르고 주주들은 더욱 부자가 된다.

9. 자사주를 매입하는가?

지속적 경쟁우위형 기업들은 자사주를 매입할 수 있는 여유 현금을 가지고 있다. 자사주 매입의 마술은 투자자의 돈이 아니라 투자하고 있는 기업의 돈으로 주주의 지분율을 올려준다는 데 있다.

10. 주가와 주당 장부가치가 상승하는가?

지속적 경쟁우위형 기업의 주가와 장부가치는 10년에 걸쳐 꾸준히 상승한다. 가격경쟁형 사업의 주가는 10년 동안 지지부진하고 장부가치는 경쟁력을 유지하기 위한 노력의 대가로 희생되기도 한다.

버핏은 어떤 기업이 지속적 경쟁우위를 가지고 있다는 사실을 파악해두었다가 가격이 맞을 때에 한해 이런 기업에 투자를 한다(가격 부분은 나중에 논의하겠다). 그는 근시안적인 주식시장이 악재에 민감하게 반응할 때 최고의 매수 기회가 나타난다는 사실을 알고 있다. 주식을 사고 나면 유보 이익이 사업의 가치를 늘리도록 놓아두면서 주식을 계속 보유한다. 주식시장은 사업 가치의 증가를 목격하면 이에 비례해 주가를 끌어올린다. 이것이 바로 버핏이 엄청난 부를 창출해내는 데 사용했던 방법이다. 핵심은 지속적 경쟁우위를 발견해서 주식시장이 낮은 값을 매길 때 사들이는 것이다.

CHAPTER 14

개인 소유 기업을 주목하라

몇몇 개인 소유 기업들이 지역 독점, 브랜드 제품 등을 통해 지속적 경쟁우위를 가지고 소유주들을 부자로 만들고 있다는 사실을 아는가?

더욱 놀라운 사실은 비슷한 사업을 하는 상장기업들의 몇 분의 일 가격이면 이들 기업을 살 수 있다는 것이다. 이것은 세전 순이익의 4~6배 가격으로 기업을 사서 바로 투자금액 대비 세전 16~25%의 수익률을 올릴 수 있다는 것을 의미한다(물론 우리가 기업 전체를 사기 위해 주식시장에 있는 것은 아니다. 하지만 버핏은 기업의 일부를 살 때도 기업 전체를 살 때와 똑같이 생각한다는 것을 기억하자).

이런 사업들은 모두 매우 견고하고 강력하며 성공적인 업력을 가지고 있다. 물론 브랜드 제품을 만드는 기업들은 훌륭한 성장 잠재력을 가지고 있지만, 지역독점을 가지고 있는 기업들은 성장에 한계가 따른다. 사업을 확장할 수 없다는 것은 이들 지역독점 기업들이 주식회사 미국의 주류로 가는 데는 한계가 있다는 것을 의미한다. 그러나 그들은 버크셔가 다른 곳에 투자할 수 있는 현금을 제공해준다. 그들을 인플레이션에 따라 증가하는 세전 수익률 16~25%의 AAA 등급 채권이라고 생각해보라. 어떤 채권시장도 그와 같은 채권을 제공해주지 못한다.

버크셔가 매입하는 많은 개인 소유 기업들은 독특한 기업 문화를 가지고 있으며, 직원들과 강한 유대감을 가지고 있고, 가족들에 의해서 완전히 소유되거나 경영된다. 이런 기업의 소유주들은 이 사업에 계속 종사하길 원하고, 그들이 만들어놓은 기업 문화를 유지하고 싶어한다. 버크셔는 소유주들에게 목돈을 마련할 수 있는 기회를 제공하면서도 그들이 평생 구축해놓은 기업 문화를 보존해주기 때문에 그 소유주들이 가장 선호하는 매수자가 되었다. 이러한 버크셔의 전략이 훌륭한 매수 기회를 많이 만들어줬다는 면에서 이 점은 버크셔만의 경쟁우위라고도 할 수 있다. 이런 전략이 어떻게 작동하는지 더 알아보기 위해 버크셔가 인수한 몇 개 기업을 살펴보자.

네브래스카 퍼니처 마트(Nebraska Furniture Mart)

1983년 어느 날 버핏은 40년간 지역 독점을 유지하고 있는 오마하의 가구 매장 네브래스카 퍼니처 마트(이하 NFM)로 들어갔다. 그는 러시아 이민자이자 가족의 수장이며 정직과 싼 가격으로 사업을 일으킨 소유주를 찾았다. 로즈 블럼킨이라는 이 여자는 'B여사'라는 애칭으로 더 잘 알려져 있었다. 버핏이 블럼킨 여사를 발견하자 대뜸 그녀의 생일을 맞아 매장을 사고 싶다고 말을 건넸다. 그녀는 특유의 액센트로 6,000만 달러에 팔 것이고, 한푼도 깎아줄 수 없다고 되받아쳤다. 버핏은 그

자리에서 "거래가 완료되었습니다"라고 말하고는 밖으로 나가 한 시간 뒤에 수표를 들고 돌아왔다. 그녀는 수표를 받기 전에 버핏에게 장부를 보겠냐고 물었지만, 그는 "아니요. 나는 당신을 더 믿습니다"라고 대답했다.

결국 버크셔는 NFM의 지분 80%를 샀으며, B여사와 가족들이 나머지 지분을 가지고 계속 일하기로 했다.

당시 매장의 세전 순이익은 1,450만 달러로 매입 가격인 6,000만 달러로 따지면 24%의 수익률을 보였다($1,450만 ÷ $6,000만 = 0.24). 1993년에 NFM은 세전 2,100만 달러의 이익을 냈는데 이것은 6,000만 달러에 대해 35%의 세전수익률을 의미한다. NFM의 세전 이익은 연평균 복리 3.7%로 성장했다. 이 수치는 같은 기간 동안의 인플레이션 상승률과 오마하의 인구증가율과 거의 비슷하다. 버핏이 NFM을 산 것은 연간 3.7%씩 증가하며 세전 24%의 수익률을 주는 채권을 사들인 것과 같다.

NFM의 지속적 경쟁우위는 카펫, 가구, 가전제품, 부속품 등을 오마하 지역에서 가장 싸게 공급한다는 점이다. 45만 평방 피트의 매장 공간과 100만 평방 피트의 창고를 바탕으로 상품 구비력과 가격 면에서 경쟁자들을 압도한다. NFM의 힘은 넓은 도소매 공간과 제조업체로부터 큰 폭의 할인을 받을 수 있는 대량 구매에서 비롯된다. 이것은 곧 고객들에게 낮은 가격을 제시할 수 있는 낮은 운영비용과 낮은 유통비용을 의미한다. 고객들은 NFM에서 가장 낮은 가격으로 다양한 선택을 할 수 있으므로 굳이 다른 곳에서 쇼핑을 할 필요가 없다는 사실을 알고 있다. 마진은 박하지만 무시무시한 재고회전율로 이를 만회한다. NFM의 경쟁 논리는 많은 제품을 파는 것이다.

NFM과 경쟁하고자 하는 기업은 거대한 소매 공간과 물건을 쌓아둘 창고 공간을 세우거나 임대하는 엄청난 비용에 직면하게 된다. 이런 비용은 이미 낮아질 대로 낮아진 경쟁자의 마진을 거의 남지 않을 정도까지 하락시킨다. 버핏은 대부분의 대도시에 NFM과 같은 지역독점력을 가진 가구점들이 있다는 사실을 발견했다. 그는 가능한 한 이런 류의 사업들을 많이 인수하고 있다. 버핏은 NFM 외에도 R. C. 윌리, 솔트레이크시티 가구, 휴스턴 스타 가구, 그리고 뉴햄프셔와 매사추세츠 지역을 지배하고 있는 조던 가구 등을 인수했다.

시즈 캔디(See's Candy)

1972년 버크셔는 캘리포니아에 거점을 둔 캔디 제조 및 소매업체인 시즈 캔디를 매입했다. 이 회사의 지속적 경쟁우위는 1920년대부터 장사를 시작해 시즈 캔디만의 독특한 초콜릿을 좋아하는 충성도 높은 고객을 확보하고 있다는 점이었다. 버크셔가 2,500만 달러에 시즈 캔디를 인수했을 때 세전 순이익은 420만 달러였다. 이것은 버크셔의 세전 수익률이 16.8%라는 것을 의미한다($420만 ÷ $2500만 = 0.168). 1999년에 시즈 캔디의 세전 순이익은 7,400만 달러에 이르렀는데 이는 1972년의 매입가인 2,500만 달러에 대해 296%의 세전 수익률을 의미했다. 시즈 캔디는 인플레이션의 영향과 매장 증가로 인해 연간 11.2%의 성장을 해왔던 셈이다. 시즈 캔디는 버핏에게 매우 달콤한 투자였다.

페크하이머(Fechheimer Bro.)

버크셔는 1986년에 유니폼 제조업체인 페크하이머의 전체 가치를 5,500만 달러로 평가하고 86%의 지분을 사들였다. 당시 페크하이머의 세전 이익은 1,330만 달러로 투자금 대비 세전 수익률은 24%에 해당한다($1,330만 ÷ $5,500만 = 0.24). 1996년 세전 순이익은 1,700만 달러로 5,500만 달러 대비 31%의 세전 수익률을 보였다($1,700만 ÷ $5,500만 = 0.31). 페크하이머의 세전 순이익은 연 평균 2.4%가 늘어난 것이었다.

스콧 페처(Scott Fetzer)

1985년 버크셔는 커비 진공청소기와 월드북 등을 포함해 16개 기업으로 구성된 스콧 페처를 3억 2,000만 달러에 매입했다. 세전 순이익은 6,740만 달러로 매입가 대비 21%의 세전 수익률을 보였다($6,740만 ÷ $3억 2,000만 = 0.21) 1995년의 세전 순이익은 9,200만 달러로 3억 2,000만 달러 대비 29%의 세전 수익률을 의미한다($9,200만 ÷ $3억 2,000만 = 0.29) 스콧 페처는 인플레이션과 비슷한 연평균 3.2%의 세전 순이익 증가를 보여왔다.

버크셔가 통째로 사들인 상장기업들

버크셔가 사들인 기업 중에는 상장기업도 상당수 있다. 이런 사업체들은 지속적 경쟁우위를 가진 사업임을 알려주는 오랜 역사와 브랜드, 유통망, 제품이나 서비스를 낮은 가격으로 제공하는 능력, 독점력 등을 소유하고 있다. 버크셔가 인수한 몇 개 기업을 살펴보자.

존스 맨빌(Johns Manville)

2000년에 버크셔는 미국에서 가장 큰 단열재, 지붕, 필터, 매트 제조업체인 존스 맨빌을 사들였다. 3억 4,375만 달러의 세전 이익을 가진 기업을 통째로 사들이는 조건으로 18억 달러를 지불했다. 버크셔의 투자 금액 대비 19%의 세전 수익률이다. 1990년에서 2000년까지 존스 맨빌은 연 평균 9.5%씩 주당순이익을 늘려왔다. 연간 9.5%로 성장하는 19%의 세전 수익률을 사들인 것이다.

벤저민 무어(Benjamin Moore)

마찬가지로 2000년에 버크셔는 1883년에 설립된 고급 페인트 제조 및 유통 업체인 벤저민 무어의 지분 100%를 인수했다. 버크셔는 1억 3,770만 달러의 세전 이익을 가진 회사 전체에 대해 10억 달러를 지불했는데 이는 13.8%의 초기 세전 수익률에 해당한다($1억 3,770만 ÷ $10억 = 0.138). 1990년부터 2000년까지 벤저민 무어의 주당순이익은 연간 9.7%씩 성장했으며 이는 인플레이션율을 상회하는 수준이었다. 연간 9.7%로 성장하는 13.8%의 세전 수익률을 사들인 것이다.

세금 측면

이런 인수들에는 절세라는 측면이 고려되어 있다. 기업을 통째로 사들임으로써 버크셔는 사업의 경제적 성장에 걸맞은 수준의 세금을 피할 수 있다. 설명을 위해 시즈 캔디의 예를 보자.

시즈 캔디가 상장기업이고 버크셔는 통째로 사들이는 대신 발행주식의 10%를 사들였다고 가정해보자. 매년 시즈 캔디는 1달러를 버는데 이중 34%가 법인세이므로 당기순이익은 0.66달러가 된다. 세후 수익인 0.66달러는 이익잉여금이 되어 자기자본에 더해지거나 배당으로 지급된다. 만약 시즈 캔디가 배당으로 0.66달러를 버크셔에 지급하면 버크셔는 배당 소득에 대해 14%의 세금을 또 지불해야 한다. 반면 0.66달러를 유보하는 선택을 하면 자본에 더해져 기업의 가치를 올리고 결국 주가의 상승으로 나타난다. 언젠가 버크셔가 시즈 캔디의 유보 이익으로 인한 가치 증가분을 실현하고 싶다면, 시즈 캔디의 지분을 팔아야 한다. 이 경우 매입가와 매도가의 차이에 대해 자본이득세로 35%를 내야 한다. 따라서 만약 버크셔가 시즈 캔디 주식을 주당 10달러에 샀는데 주당 25달러에 판다면, 차익인 주당 15달러에 대해 세금 5.25달러를 내야 한다.

그러나 버크셔가 지분 10%를 사는 대신에 통째로 시즈 캔디를 사들였다면 배당세 14%는 무의미해진다. 게다가 버크셔가 시즈 캔디를 팔기로 했다면, 세법상 버크셔가 보유하는 동안 시즈 캔디가 쌓아둔 총이익이 버크셔의 매입 가격에 더해진다. 버크셔가 시즈 캔디에 대해 주당 10달러를 지불하고 회사를 소유한 상태에서 주당 8달러가 유보되었다면, 자본이득세의 기초가 되는 금액은 주당 18달러로 증가한다. 이때 버크셔가 시즈 캔디 지분을 주당 25달러에 매각하면 자본이득세는 초기 투자한 10달러에 대한 차익 15달러가 아니라, 7달러에 기초해 주당 2.45달러의 세금을 내게 된다. 주당으로 따지면 큰 차이가 안 나 보이지만 정말로 버크셔가 시즈 캔디를 판다고 하면 거의 2,500만 달러가 절약될 수 있다. 이것은 버크셔가 시즈 캔디를 처음 사들일 때 지불했던 가격과 똑같다. 때로는 한 입 베어 무는 것보다 케이크 전체를 먹는 게 더 나을 때가 있다.

핵심 요약

○ 지속적 경쟁우위를 가진 개인 소유 기업을 사들임으로써 버크셔는 인플레이션 상승률과 비슷하거나 그 이상인 13.7%~25%의 세전 수익률을 얻을 수 있다.

○ 이런 개인 소유 기업들은 상장기업 지분을 일부 사들일 때보다 확실한 절세 효과를 제공한다. 이들 사업체들은 버크셔가 장기적인 가치에 비해 할인된 가격에 사들이고 있는 캐시카우들이다.

CHAPTER 19

시장의 정점에서 빠져나오는
비결을 습득하라

주식을 언제 팔 것인가? 이 문제는 그 기업이 지속적 경쟁우위형 사업인지 가격경쟁형 사업인지에 달려있다. 또한 사업에 내부적인 변화가 일어나고 있는지 아니면 주식시장이 지나치게 높은 가격을 부르는지에 따라 좌우된다.

버핏은 평생 수백 개의 주식을 사고 팔았다. 그러나 그가 올린 큰 이익은 지속적 경쟁우위를 가진 기업을 심지어 30년 이상 장기 보유한 데서 발생했다. 하지만 주가가 지나치게 높거나 더 나은 기회가 나타나거나 주변 환경이 사업의 경쟁력을 변화시키면 이런 기업들까지도 모두 매각했다. 매각 당시의 환경을 살펴보고 환경이 어떻게 버핏의 부에 일조했는지를 알아보자.

시장의 정점에서 파는 버핏의 공식

버핏은 운 좋게 지속적 경쟁우위를 가진 기업을 합리적인 가격에 매입했다면 장기적으로 보유해야 한다고 생각한다. 그러나 이런 경우라도 주식 시장이 지나치게 오를 때처럼 특정한 상황에서는 주식을 파는 것이 합리적일 때가 있다. 버핏은 다음의 두 가지 경우에 지속적 경쟁우위형 사업들로 이루어진 포트폴리오의 상당 부분을 매각했다.

첫번째 경우는 1960년대 내내 지속된 강세장 직후인 1969년이었다. 이 강세장은 1971년과 1972년에 거품을 만들어냈다가 1973년과 1974년에 붕괴되는 결과로 이어졌다. 그가 주식을 팔 때만 해도 50 이상의 PER를 기록하던 주식들이 1973년과 1974년 사이에는 한 자리 숫자로 폭락했다. 버핏은 시장을 빠져나오면서 파트너십의 투자자들에게 가치투자자로서 더 이상 살 만한 종목을 찾을 수 없어 게임에서 손을 떼겠다고 말했다(가치투자자들이 게임을 떠날 때는 시장이 거품으로 달려가고 있을지도 모른다는 사실을 기억하자). 두번째 경우는 버크셔 포트폴리오에 들어 있는 많은 주식들이 역사적 최고치인 50 이상의 PER를 기록하던 1998년이었다. 그는 포트폴리오 편입 종목의 대부분을 팔아 현금이 풍부한 거대 보험사 제너럴리의 지분을 100% 인수했다.

버핏은 역사적으로 10~25 사이의 PER를 기록하다가 40 이상이 되면 주식시장이 대중적 투기의 시기를 이어갈 하등의 이유가 없다고 판단하고 빠져나갈 때라고 생각한다. 그는 자신이 투자하고 있는 기업들의 가치가 PER 40을 합리화하지는 못한다는 사실을 알고 있다. 다음의 예를 보자.

코카콜라는 1998년에 주당 1.42달러의 주당순이익을 기록했으며 지난 10년간 연평균 12%로 성장했다. 매우 좋은 수치다. 만약 코카콜라한 주를 사서 2008년까지 보유하면 10년째가 되는 해 말에 모두 24.88달러의 누적 순이익을 기대할 수 있다. 코카콜라 주식에 대해 얼마를 지불하건 간에 24.88달러는 주식을 소유함으로써 벌 수 있는 금액이다(예시를 단순화하기 위해 세금 효과는 제외했다). 그렇다면 당신은 1998년으로 돌아가서 코카콜라 한 주에 얼마를 지불하고자 하는가? 만약 1998년에 88달러를 지불하면 주당순이익 1.42달러에 대해 PER는 62다. 좋은 매수 가격이라 생각하는가? 다른 구매와 한번 비교해보자. 88달러를 6%짜리 회사채에 투자하면 매년 5.28달러를 이자 수입으로 받게 된다($88 × 0.06 = $5.28). 10년 동안 회사채를 가지고 있으면 총 이자수입은 52.80달러다. 88달러를 투자해서 24.88달러를 벌고 싶은가 아니면 52.80달러를 벌고 싶은가? 당연히 52.80달러를 벌고 싶을 것이다. 당신의 돈은 코카콜라를 PER 62배에 사는 것이 아니라 6%짜리 회사채를 사는 데 쓰여야 한다.

그러나 PER 20배 수준인 28.40달러에 코카콜라 주식을 사면 어떻게 될까? 이건 좀더 나은 거래다. 28.40달러로 6%짜리 회사채를 사면 10년 동안 17달러만을 벌 수 있을 뿐이다($28.40 × 0.06 = $1.70). 코카콜라 주식을 28.40달러에 사서 얻는 24.88달러만큼 좋은 결과는 아니다. 코카콜라 주가가 낮으면 낮을수록 매수는 매력적이 된다. 그러나 코카콜라의 PER 62배가 정당화되려면 주당순이익이 매년 30~40% 씩 늘어나고 채권 이자율은 2~3%까지 낮아져야 한다. 버핏이 관심을 갖는 지속적 경쟁우위에서 이익을 얻는 기업들은 지금껏 이 정도의 성장세를 보인 적이 거의 없다(마이크로소프트가 그러하지만 버핏 스타일의 기업은 아니다).

종합하면 1998년의 코카콜라 주가는 비이성적으로 비싸서 PER 62배를 주고서는 주식을 사지 말아야 한다. 다음 질문은 1998년에 코카콜라 주식을 이미 가지고 있다면 팔았어야 했는가 하는 것이다. 당신이 다음 10년간 코카콜라 주식을 소유하고 있으면 주당 총 24.88달러의 순이익을 기대할 수 있다는 사실을 알고 있다. 그러나 88달러에 매도하고, 다음 10년간 회사채를 사놓고 있으면 총 52.80달러의 이익을 기대할 수 있다. 이 점을 주목해야 한다. 버핏은 연평균 23%의 수익률을 올린 것으로 유명하다. 만약 그가 주당 88달러에 코카콜라 주식을 팔아서 그 돈으로 연평균 23%로 재투자를 하면 그가 얻은 88달러는 매년 20.24달러의 수입을 안겨준다($88 × 0.23 = $20.24). 10년 뒤 총 수익은 주당 202.40달러에 이른다. 202.40달러를 그가 주식 보유를 통해서 얻을 수 있는 24.88달러와 비교하면 1998년의 코카콜라 매도가 매우 합리적인 행동이었다는 사실을 알 수 있다.

실제로 버핏은 1998년 주식시장에서 코카콜라 지분의 일부를 팔았는데 시장 가격인 PER 62배에 판 것이 아니라 그 3배인 167배에 팔았다. 누가 그런 가격을 지불했는가? 바로 제너럴리의 주주들이다. 버핏이 어떻게 마술을 부렸는지 알기 위해 그 이면에 숨은 거래 내용을 살펴보자(참고로 이 거래는 버핏 제국에서만 할 수 있는 독특한 것으로 보통 투자자들이 할 만한 것은 아니다. 그냥 학습의 관점에서 소개하고자 한다).

1990년대 말 주식시장이 계속 오르면서 제너럴리 인수에 유리한 두 가지 일이 버크셔에 일어났다. 첫번째는 버크셔가 포트폴리오에 편입해둔 종목들의 가치가 환상적으로 올랐다는 점이다. 몇 종목은 역사상 최고치였다. PER 기준으로 코카콜라는 62배, 워싱턴포스트는 24배, 아멕스는 20배, 질레트는 40배, 프레디맥은 21배였다. 두번째는 버크셔의 주식 가격 자체가 믿을 수 없을 정도로 올랐다는 점이다. 1998년에 버크셔 주가는 8만 900달러였는데 이는 주당 장부가치 2만 9,743달러의 2배가 넘는 액수였다. 이것은 주식시장이 버크셔의 주식 포트폴리오의 가치를 시장 가치의 2.7배로 평가했다는 뜻이다. 만약 1998년에 버크셔 주식을 8만 900달러에 샀다면 이는 각각 PER 대비 코카콜라는 167배, 워싱턴포스트는 65배, 아멕스는 54배, 질레트는 108배, 프레디맥은 57배를 지불한 셈이 된다. 버핏은 이 가격에 지체없이 팔아야 했다.그러나 코카콜라를 PER 167배에 팔기 위해서는 그가 소유한 버크셔 주식을 팔아야만 했는데, 주가를 패대기치지 않고 수십억 달러에 이르는 버크셔 주식을 매각할 방법이 없었다는 점이 문제였다.

　해결책은 채권을 많이 보유하고 있고 주식 맞교환으로 인수할 만한 보험사를 찾는 것이었다. 그런데 왜 채권인가? 채권은 더도 덜도 말고 제 가치로 쉽게 현금화가 가능하기 때문이다. 통장에 들어있는 현금이라 생각해도 무방하다. 당시 제너럴리는 190억 달러의 채권을 보유하고 있었다. 그래서 버핏은 제너럴리 CEO에게 전화를 해 제너럴리의 100% 지분을 220억 달러 가치의 버크셔 주식과 교환할 의향이 있는지 물었다(버핏은 버크셔의 주식 포트폴리오 가치가 전체적으로 부풀어 있고 주식시장이 버크셔의 가치를 고평가하고 있다는 얘기를 솔직히 해주지 않았다). 제너럴리의 경영진은 오직 거래의 표면적 조건만을 볼 수 있었는데, 다시 얘기하면 주당 220달러에 거래되는 제너럴리 주식을 283달러로 쳐서 버크셔 주식으로 바꿀 수 있다고 생각했다는 의미다. 이것은 매우 좋은 조건으로 보였다. 버핏은 고평가된 버크셔 주식의 일부 소유권을 제너럴리의 유동성 높은 채권 포트폴리오와 맞바꿀 수 있다고 봤다. 결국 버핏은 제너럴리의 주주들에게 아멕스 900만주, 코카콜라 3,500만주, 프레디맥 1,000만주, 질레트 1,700만주, 워싱턴포스트 30만 9,000주, 웰스파고 1,100만주 그리고 버크셔의 나머지 주식의 17.9%를 팔았던 셈이다. 제너럴리 주주들에게 지급된 버크셔 주식 220억 달러 중에서 178억 달러는 역사적으로 최고치의 시가총액인 66억으로 잡혀 있는 버크셔의 장부가에 들어 있는 고평가된 주식들이었고, 실제 비용은 13억 달러에 불과했다. 주식 교환으로 버크셔 주주들은 190억 달러의 채권 포트폴리오와 50억 달러의 주식 포트폴리오를 가진 제너럴리 사업의 82.1%를 취득했다. 여지껏 한 번 있을까 말까 한 달콤한 거래였다.

이 거래의 또다른 매력은 버크셔가 제너럴리를 인수하면서 세금을 한푼도 내지 않게 고안되었다는 점이다. 이것은 버핏이 13억 달러의 비용으로 가지고 있던 178억 달러의 주식을 팔았는데 자본이득세로 한푼도 낼 필요가 없었다는 것을 의미한다. 이보다 더 좋을 수는 없다.

제너럴리 인수가 완료되고 나서 버핏은 버크셔가 새로 인수한 채권 포트폴리오에서 수십억 달러를 유동화해 H&R블록, 저스틴 인더스트리즈, 염 브랜즈, 뮬러 인더스트리즈, 퍼니처 브랜즈 인터내셔널, 존스 맨빌, 쇼 인더스트리즈, 리즈 클레이본, 나이키, 던 앤드 브래드스트리트, USG, 퍼스트데이터 등의 지분을 일부 혹은 완전히 사들이는 재원으로 사용했다.

가장 좋은 방법은 앞으로 10년간 그 기업의 주당 기대수익을 모두 더한 것과 채권을 사서 벌 수 있는 총액을 비교해보는 것이다. 만약 채권 보유가 더 많은 돈을 벌어준다면 주식을 파는 게 낫다. 주식 보유가 더 많은 돈을 벌어주면 주식을 보유해야 한다. 반대의 경우도 마찬가지다. 어떤 기업의 주식을 사고자 한다면 먼저 채권 매입으로 더 많은 돈을 벌 수 있는지를 고민해보자. 만약 그렇다면 주식을 사서는 안 된다.

버핏은 주가는 결국 기업의 가치를 반영한다고 얘기한다. 때때로 근시안적인 시장은 기업의 미래 수익을 채권 수익률보다 상대적으로 높게 평가하기도 한다. 이때가 주식을 매도할 때다. 반대로 근시안적인 주식시장이 미래 수익의 상대적인 가치에 비해 주가를 과소평가하기도 한다. 이때가 주식을 매수할 때다. 매우 간단하지만 실제적이다. 버핏은 이 방법을 '사업 전망에 근거한 투자'라고 부른다.

더 좋은 기회가 실체를 드러낼 때

투자한 기업이 경영을 잘하지 못할 때는 새로운 기회를 이용하기 위해 빠져나오는 것이 나을 수도 있다. 물론 잡초를 심기 위해 꽃을 뽑아내는 실수를 범하면 안 된다. 만약 강력한 지속적 경쟁우위와 이익을 극대화하는 방법을 아는 경영진을 가진 기업에 운 좋게 투자했다면 비정상적으로 높은 가격을 제시 받을 때까지 그대로 보유한다. 단기적인 가격 변동에 대해서는 걱정하지 말자. 위대한 기업에는 중요한 문제가 아니다. 버핏과 빌 게이츠는 모두 20년 이상 같은 주식을 보유함으로써 큰 부를 축적했다는 사실을 잊으면 안 된다

사업의 성격과 환경이 바뀔 때

버핏은 당신이 지속적 경쟁우위를 가진 기업을 보유하고 있더라도 사업에 변화가 일어나고 있는지, 환경이 지속적 경쟁우위형 사업을 가격 경쟁형 사업으로 만들고 있는 것은 아닌지, 더 심한 상태로 아주 몰락할 정도가 되었는지를 파악하기 위해 늘 기업 상태에 관심을 가져야 한다고 얘기한다. 제품을 제조하거나 소매 사업에 속한 기업들은 더 쉽게 이런 변화에 노출된다. 변화가 발생하면 매출에 영향을 미치고 결국 분기 손익계산서에 나타난다. 그런데 금융회사들은 어떤 문제가 재앙이 되기 전에 문제를 감추는 능력을 가지고 있어서 금융회사에서 일어나는 재앙을 손익계산서에서 발견하는 것은 불가능하다. 그런 까닭에 금융회사에 투자할 때는 가장 안전한 쪽에 하는 것이 바람직하다. 버핏은 바로 이런 이유로 프레디맥을 팔아버렸다. 버핏이 처음 프레디맥에 투자했을 때만 해도 일반 가계주택담보를 증권화해서 연기금 같은 기관투자가에게 파는, 상대적으로 안전한 사업을 하고 있었다. 그러나 더 큰 이익을 누리기 위해 상업용 담보대출 시장으로 뛰어들었다. 이것은 버핏이 싫어하는 위험 요인을 가지고 있었다.

목표가에 도달했을 때

때때로 목표가를 가진 투자가 존재한다. 모든 차익거래가 이에 속한다. 버핏은 주식회사에서 합자회사로 바뀌는 기업들에도 투자했다. 이런 일이 발생할 때 주식회사로서의 가치와 모든 이익을 돌려주는 합자회사로서의 가치 사이에 가격 차이가 생겨난다. 버핏은 회사 형태가 변하기 전에 샀다가 거의 임박했을 때쯤 시장이 제 가치를 매기면 그때서야 판다. 테네코 오프쇼어 투자는 이런 투자 형태 중 하나다. 이 투자 과정을 살펴보자.

1981년에 테네코 오프쇼어는 특정 세금을 회피하기 위해 주식회사 형태에서 합자회사 형태로 변경할 계획이었다. 테네코는 벌어들이는 1.21달러에 대해 0.41달러를 세금으로 내야만 했다. 남은 0.80달러는 배당으로 지급될 수 있었는데 배당을 받은 주주들은 배당소득세로 세금을 또 내야 했다. 만약 테네코가 합자회사 형태로 바뀌면 법인세를 물지 않고 모든 이익을 배당으로 돌릴 수 있었다. 조금만 더 생각해보면 간단하다. 즉 합자회사는 파트너(주주)들이 받든지 안 받든지 간에 소득세를 내야 하므로 반드시 이익을 배분해야만 한다. 테네코는 대규모 천연 가스전을 소유하고 있었고 가스 판매에서 나오는 이익금의 100%를 주주들에게 지급했다. 테네코는 매년 주당 0.80달러의 배당금을 지급했는데 당시 국채 금리가 역사상 가장 높은 수준인 14%였으므로 시장은 이 회사에 대해 주당 5.71달러의 가격을 매겨줬다($0.80 ÷ 14% = $5.71 — 18장에서 국채와 비교한 주식 평가에 대해 논의하게 될 것이다). 합자회사로 바뀌게 되면 법인세를 내지 않고 주당 1.21달러를 배당할 수 있는데 이는 주식시장이 합자회사를 주당 8.64달러로 평가해줘야 한다는 얘기다($1.21 ÷ 14% = $8.64). 근시안적인 주식시장은 테네코가 합자회사로 간다는 발표를 무시하고 그대로 주당 5.71달러에 거래되고 있었다. 이런 모순을 목격한 버핏은 테네코 지분을 사들이기 시작했다. 테네코가 회사 형태 변경을 끝냈을 때 주식시장은 주당 8달러로 재평가했다. 그러자 버핏은 지분을 팔았다.

핵심 요약

- 버핏은 지속적 경쟁우위형 기업을 장기간 보유함으로써 큰돈을 벌었다.
- 강세장의 천정에서 지속적 경쟁우위형 사업들은 팔아야 할 정도의 가격까지 도달할 수 있다.
- 사업 환경의 변화는 매도로 이어질 수 있다.
- 기업이 가진 수익 모델의 변화는 매도로 이어질 수 있다.
- 목표가 도달은 매도로 이어질 수 있다.

CHAPTER 16

버핏이 현재 투자하고 있는
종목에 주목하라

이 장에서 당신은 두 가지 리스트를 보게 될 것이다. 첫번째는 버핏이 1998년부터 2001년 사이에 개인적으로 혹은 그의 재단이나 버크셔 해서웨이를 통해서 투자한 기업들이다. 두번째는 그가 지난 30년 동안 투자했던 기업들인데 이들은 교육적으로 큰 도움이 되리라 믿는다.

단순히 버핏이 이들 기업에 투자했거나 그의 선택 기준에 맞는다고 해서 그가 지금도 사고 있으리라 생각하는 것은 금물이다. 그는 가격이 맞을 때에만 샀다. 지속적 경쟁우위를 가진 기업을 파악해놓고 주가가 맞아야만 방아쇠를 당겨야 한다는 사실을 기억하라. 좋은 가격은 내일 당장 찾아올 수도 있고 5년이 지나서 찾아올 수도 있다.

또한 미스터 마켓이 이 기업들 중 몇몇에 지나치게 열광한 나머지 너무 높은 가격을 부를 때도 있고, 다른 날에는 이들 기업의 전망에 매우 부정적이어서 너무 낮은 가격을 부를 때도 있다는 사실을 명심해야 한다. 당신은 미스터 마켓이 부정적일 때 매수에 관심을 가져야 한다.

기업명뿐 아니라 웹사이트 주소와 전화번호도 제공했다. 거의 모든 기업들이 이해를 도와줄 만한 특징들을 가지고 있디. 전화를 해시 연차보고서를 요청할 수도 있고, 인터넷을 통해 다양한 정보들을 구해 볼 수도 있다.

마지막으로 해줄 조언은 참을성을 가지라는 것이다. 훌륭한 선택적 역발상의 매수 기회는 매일 찾아오는 것이 아니다. 그러나 만일 찾아온 다면 그것은 분명 큰 수익을 낼 수 있는 초대장과 같다.

맛있는 식사가 되기를!

최근 투자 종목

- 기업명 : 이지스 리얼티 (Aegis Realty)
- 코드명 : AER
- 업종 : 부동산
- 전화번호 : 212-593-5797

이지스 리얼티는 300만 평방 피트의 쇼핑센터를 소유, 운영하는 부동산 투자신탁 회사이다. 버핏은 2000년 주당 8~9달러에 사들인 것으로 추정된다. 주당 0.96달러의 배당을 하고 주당 장부가치는 14.81달러다. 이것은 10% 수익률을 제공할 뿐 아니라 장부가치 이하에서 거래되는 벤저민 그레이엄 스타일의 투자 대상이다.

- 기업명 : 던 앤드 브래드스트리트 (Dun & Bradstreet Corp.)
- 코드명 : DNB
- 업종 : 정보제공
- 전화번호 : 908-665-5803
- 웹사이트 : www.dnbcorp.com

던 앤드 브래드스트리트는 다른 사업체에 대한 사업 정보를 판매한다. 버핏은 1998년 이 회사의 가치도 가치지만 수익성이 좋은 무디스 투자서비스를 분사한다는 계획을 보고 투자했다. 주식시장은 대체로 분사를 통해 각 사업체로 쪼개지는 전체의 가치를 평가하지 못하곤 한다. 분사 전인 1999년 주당 약 15달러에 버크셔가 사들인 것으로 추정된다. 2001년 5월에는 주당 27달러에 거래되고 있다. 버핏은 투자 금액인 주당 15달러에 대해 던 앤드 브래드스트리트 부문에서 12달러, 무디스 부문에서 32달러, 도합 44달러를 벌었다. 이것은 15달러에 대해 293%에 이르는 수익률이다. 이 시기의 월가 사람들은 기술주를 추종하고 있었다.

- 기업명 : 퍼스트데이터 (First Data Corp.)
- 코드명 : FDC
- 업종 : 신용카드 거래 처리
- 전화번호 : 201-342-0402
- 웹사이트 : www.firstdatacorp.com

누군가는 수백만 건의 신용카드 거래를 처리해야 하는데 바로 그런 기업이 퍼스트데이터다. 이것은 버핏을 오랫동안 매료시킨 환상적인 사업이다. 1998년 주가가 20달러까지 폭락하자 버크셔를 통헤 시들이기 시작했다. 당시 주당순이익은 1.56달러로 초기 수익률이 7.8%인데, 이후 연간 15%로 성장했었다. 2001년 5월에 주당 66달러에 거래되었다. 연평균 복리수익률 48%에 해당한다.

- 기업명 : 퍼니처 브랜즈 인터내셔널 (Furniture Brands International)
- 코드명 : FBN
- 업종 : 가구
- 전화번호 : 314-863-5306
- 웹사이트 : www.furniturebrands.com

미국 내 지역 가구점 중 1위 기업. 2000년 버크셔를 통해 주당 14달러에 투자한 것으로 추정된다. 당시 주당순이익은 1.92달러로 초기 수익률이 13.7%이다. 주당순이익은 매년 28%씩 성장했다. 모든 사람은 언제인지는 모르겠지만 어쨌든 가구를 사야 하고 퍼니처 브랜즈 인터내셔널은 바로 그들에게 가구를 팔기 위해 존재한다. 1921년부터 영업을 해왔으며 강력한 수익 창출 능력과 훌륭한 ROE, ROTC를 자랑한다. 수년간 퍼니처 브랜즈 인터내셔널은 시장을 지배해왔다. 버핏은 1999년 거품 붕괴 이후에 주식을 샀으며 하락세는 그리 길지 않았다. 2001년 2월 현재 주당 25달러에 거래되고 있다. 버핏은 단기간에 79% 수익률을 올렸다.

- 기업명 : GPU (GPU Inc.)
- 코드명 : GPU
- 업종 : 유틸리티
- 전화번호 : 973-455-8377
- 웹사이트 : www.gpu.com

GPU는 뉴저지와 펜실베이니아의 200만 주민들에게 전기를 공급하는 회사다. 또한 오스트레일리아의 140만 고객들에게도 전기를 공급한다. 버크셔를 통해 2000년 2월부터 대략 주당 25달러에 사들인 것으로 추정된다. 당시 주당 장부가치는 28.46달러, 주당 배당금은 2.18달러, 1999년 주당순이익은 3.25달러였다. 매수 기회는 전기 공급 비용이 GPU가 고객에게 부과하는 요금보다 더 많아질 정도로 증가해 2000년 2분기에 주당 1.74달러의 손실을 냈을 때 찾아왔다. 요금을 인상하기 위해서는 펜실베이니아 규제위원회에 신청을 해야 했고, 만약 규제위원회가 요금 인상을 허용하지 않으면 GPU는 사업을 더 이상 영위할 수 없고 펜실이베니아의 선량한 주민들은 전기 없이 살아야 할 상황이었다. 2001년 5월 퍼스트 에너지가 GPU에게 주당 36달러로 인수 제안을 했으며, 현명한 펜실베이니아 규제위원회는 GPU에 큰 폭의 요금 인상을 허용해줄 것을 검토하고 있다.

- 기업명 : H&R블록 (H&R Block)
- 코드명 : HRB
- 업종 : 금융 서비스

- 전화번호 : 816-753-6900
- 웹사이트 : www.hrblock.com

H&R블록은 세금 정산 서비스를 제공한다. 현재는 금융 서비스 그룹으로 사업을 확장 중이다. 앞에서 이미 이 회사의 사례를 다뤘기 때문에 상세히 설명하지 않겠다.

- 기업명 : HRPT 부동산 신탁 (HRPT Properties Trust)
- 코드명 : HRP
- 업종 : 리츠(REIT)
- 전화번호 : 617-332-3990
- 웹사이트 : www.hrpreit.com

상업용 부동산에 주력하는 부동산 투자신탁이다. 수익이 견고하고 매년 0.88~1.51달러의 배당을 지급한다. 현재 자사주를 사들이고 있다. 버핏은 이 주식을 2000년에 거래된 가격 범위인 주당 7~8달러에 사들인 것으로 추정된다. 이 가격에서 버핏은 12.5~20%의 초기 수익률을 올리고 있다. 이 가격은 주당 장부가치인 11.60달러에도 못 미치는 벤저민 그레이엄식 투자 대상이다.

- 기업명 : JDN 리얼티 (JDN Realty)
- 코드명 : JDN
- 업종 : 리츠(REIT)

- 전화번호 : 404-262-3252
- 웹사이트 : www.jdnrealty.com

JDN 리얼티는 18개 주에 있는 쇼핑센터들을 개발, 인수, 리스, 운영하는 부동산 투자신탁이다. 주당 장부가치는 14.80달러이고 주당 1.20달러의 배당을 지급한다. 버핏은 대략 9달러 선에서 주식을 사들이기 시작한 것으로 추정된다. 장부가치는 감가상각이 되어온 부동산으로 구성되어 있는데 실제로는 장부가치 이상의 가치를 지니고 있다. 버핏은 초기 수익률 13%($1.20 ÷ $9 = 13%)에 주식을 샀는데 철저히 자산가치에 의존한 투자였다.

- 존스 맨빌(Johns Manville) - 2000년에 버크셔가 인수

존스 맨빌은 한때 우량한 재무구조를 가진 훌륭한 회사였다. 하지만 이 회사의 제품 중에 사람을 죽음에까지 이르게 하는 석면으로 만든 것이 있었고, 수만 명의 사람들이 소송을 제기해 그 결과 거의 파산 지경까지 간 적이 있다. 파산법원은 존스 맨빌 대주주 지분 78%를 법원 신탁에 넣으라고 명령했었다. 그후 이 회사는 석면이 들어가지 않은 제품들을 판매해 돈을 많이 벌었고 주식도 상장되어 있었지만 아무도 관심을 갖지 않았다. 고루하고 오래된 단열재 회사가 아니라 기술주가 부자로 가는 지름길로 여겨지던 시절이었기 때문이다.

2000년 버크셔는 미국에서 가장 큰 단열 제품, 산업용 지붕, 여과 시스템, 인조 매트 제조업체인 존스 맨빌을 사들였다. 세전 순이익이 3억

4,375만 달러인 회사 전체에 대해 18억 달러를 지불했다. 투자 금액 대비 초기 세전 수익률은 19%에 해당한다. 1990년부터 2000년까지 존스 맨빌의 주당순이익은 연평균 9.5%씩 성장했다. 비핏은 비크셔가 매년 9.5%씩 성장하는 세전 수익률 19%의 채권을 산 것으로 여긴다.

- 저스틴 인더스트리즈 (Justin Industries) – 2000년에 버크셔가 인수

저스틴 인더스트리즈는 애크미 브릭스와 토니 라마와 같은 웨스턴 부츠를 만든다. 버핏은 세전 순이익이 약 5,100만 달러인 이 회사를 5억 7,000만 달러에 사들였는데 세전 수익률은 약 8.9%에 해당한다. 수익은 지난 10년간 매년 16%씩 성장했다. 버핏은 매년 16%씩 증가하는 세전 수익률 8.9%짜리 채권을 산 것으로 여긴다.

- 기업명 : 레이지보이 (La-Z-Boy Inc.)
- 코드명 : LZB
- 업종 : 가구
- 전화번호 : 201-295-7550
- 웹사이트 : www.lazyboy.com

레이지보이는 미국 1위의 실내 가구 제조업체일 뿐만 아니라, 세계 최고의 안락의자 판매사이다. 주식시장 폭락기 직후인 2000년 2월 버크셔를 통해 주당순이익 1.46달러의 약 10배인 주당 14달러에 사들인 것으로 추정된다. 2001년 6월 현재 주당 19달러에 거래되고 있다. 주당

순이익은 매년 15.7%씩 성장했다. 버핏은 싸게 살 수만 있다면 더 사고자 하는 것 같다.

- 기업명 : 리즈 클레이본 (Liz Claiborne)
- 코드명 : LIZ
- 업종 : 의류
- 전화번호 : 201-295-7550
- 웹사이트 : www.lizclaiborne.com

리즈 클레이본은 직장 여성을 위한 의류 및 액세서리를 판매하는 미국 내 1위 업체이다. 이 회사의 옷은 백화점과 275개 직영매장에서 판매된다. 또 DKNY, 러키 브랜드 등의 브랜드도 가지고 있다. 20년 이상 사업을 해왔으며, 지속적 경쟁우위는 해외에서 싸게 만들어온 옷에 붙이는 브랜드에 있다.

1998년 모멘텀 투자자들이 첨단기술 주식을 위해 전통산업을 떠났을 때, 리즈 클레이본의 주가는 53달러에서 27달러로 주저앉았다. 버핏은 이때 전체 지분의 약 9%를 사들였다. 1998년에 리즈 클레이본의 주당순이익은 2.57달러, 주가는 27달러로 초기 투자수익률은 9.5%였다. 2000년의 주당순이익은 3.43달러로 증가해서 투자수익률은 12.7%로 늘어났다. 오래 보유하면 할수록 더 좋다.

- 기업명 : 뮬러 인더스트리즈 (Mueller Industiries)
- 코드명 : MLI

- 업종 : 구리 배관
- 전화번호 : 901-753-3200
- 웹사이트 : www.muellerindustries.com

구리 배관, 튜브, 기타 관련 제품들을 가장 싸게 생산하는 기업이다. 32달러 하던 주가가 21달러로 폭락한 2000년 10월에 버크셔를 통해 사들이기 시작한 것으로 추정된다. 당시 주당순이익은 2.16달러였다. 이 회사는 1917년부터 사업을 영위해왔으며, 경쟁자를 압도할 만한 생산 설비를 보유하고 있다. 2001년 5월 뮬러 인더스트리즈는 주당 34달러에 거래되고 있고 버크셔에게 62%의 수익을 안겨줬다. 버핏은 이러한 폭락기를 좋아한다.

- 기업명 : 나이키 (Nike Inc.)
- 코드명 : NKE
- 업종 : 신발
- 전화번호 : 503-671-6453
- 웹사이트 : www.nike.com

나이키는 세계 제일의 신발 회사이며 미국 운동화 시장의 40% 이상을 점유하고 있다. 나이키는 버크셔의 포트폴리오에 보이긴 하지만 매수가에 대한 어떠한 구체적인 정보도 입수할 수가 없다. 대략 주가가 30달러 이하였던 1998년과 2000년 사이에 사들인 것으로 추정된다. 신발 사업의 불황, 전반적인 경기 침체, 주가 조정, 매도 열풍 등이 매수 기회를 제공했다.

- 기업명 : USG (USG Corp.)
- 코드명 : USG
- 업종 : 합판
- 전화번호 : 312-606-5725
- 웹사이트 : www.usg.com

USG는 가장 저렴한 비용으로 합판을 생산하는 업체이자 세계에서 가장 큰 석고보드 제조업체다. 이것은 전형적인 악재를 이용한 투자였다. 이 책을 저술하는 동안에도 합판 가격은 하락하고 있으며 회사는 석면 관련 소송에 직면해 있다. 그 결과 주가는 45달러에서 10달러로 추락했다. 버핏은 정말 미친 듯이 사들였다. 지금까지 전체 지분의 15%를 사모았다. 2001년 6월에 이 회사는 파산을 신청했다. 그러나 많은 애널리스트들은 파산 신청이 실제로는 현재 영업 상황을 안정시킬 것이라 생각한다. 판결은 아직까지 내려지지 않고 있다.

- 기업명 : 염 브랜즈 (Yum Brands)
- 코드명 : YUM
- 업종 : 패스트푸드
- 전화번호 : 502-874-8300
- 웹사이트 : www.yum.com

염 브랜즈는 KFC, 피자헛, 타코벨 등 세 개의 패스트푸드 브랜드를 소유하고 있다. 주식시장이 폭락한 직후인 2000년에 주당순이익 3.65달러의 6.5배 수준인 주당 약 24달러에 버크서를 통헤 사들인 것으로 추정된다. 초기 수익률은 15%에 해당한다. 2002년 3월에 염 브랜즈 주가는 55달러다.

과거 투자 종목

- 기업명 : 아메라다 헤스 (Amerada Hess)
- 코드명 : AHC
- 업종 : 석유
- 전화번호 : 212-536-8396
- 웹사이트 : www.hess.com

아메라다 헤스는 석유회사다. 버핏은 자산가치에 근거해 투자를 했다. 그는 석유 가격과 아메라다 헤스가 가진 석유 매장량을 곱해보고, 주식이 매우 할인된 가격에 거래되고 있다는 사실을 발견했다. 주당 26달러를 주고 샀으며 1년 뒤 약 50달러에 판 것으로 추정된다. 초라한 성적은 분명 아니다.

- ABC (American Broadcasting Companies, Inc)

ABC는 1970년대 초에 가장 막강한 지속적 경쟁우위를 가졌던 텔레비전 방송국이다. 버핏은 광고업계의 불황이었던 1978년부터 대략 24달러에 사서 1980년 40달러에 판 것으로 추정된다. 1986년 캐피털시티즈와 합병한 이후 다시 디즈니에 합병되었다.

- 기업명 : 아멕스 (American Express)
- 코드명 : AXP
- 업종 : 금융
- 전화번호 : 212-619-6974
- 웹사이트 : www.americanexpress.com

아멕스는 거의 모든 금융서비스를 제공하는 대형 금융회사다. 그러나 핵심 역량은 여행 관련 서비스에 있다. 이 분야에서는 말 그대로 왕이다. 신용카드 사업은 누군가가 아멕스 카드를 쓸 때마다 돈을 버는 일종의 톨브리지형 사업이다. 버핏은, 앞서 언급했다시피 대차대조표는 망가뜨렸지만 핵심 사업은 망가뜨리지 못했던 샐러드 오일 스캔들이 터진 1960년대에 아멕스에 처음 투자했다. 그는 아멕스가 회복된 이후에 주식을 팔았다.

1990년대 초 아멕스에 다시 문제가 생기기 시작했다. 1991년 9월부터 1994년 9월까지 아멕스는 거의 220만 명의 카드 회원을 잃었고, 신용카드 시장점유율은 1990년 22.5%에서 1995년 16.3%까지 하락했다. 문제는 모든 금융서비스를 제공하기 위한 원스톱 회사가 되려는 무리한 시도에서 비롯됐다. 즉 다양한 금융 분야로 다각화하려다보니 알

토란 같은 신용카드 사업 부문에 대한 집중력을 잃었다. 지속적 경쟁우위형 사업도 때로는 그 기업을 탄탄한 반석에 올려준 환상적인 사업 영역을 무시하는 경영진에 의해 경영될 수 있다는 사실을 명심하자. 아멕스의 경우에는 하비 골럽이 회사를 구하기 위해 새로운 CEO로 부임했다. 버핏은 골럽이 모는 차에 올라타고자 주식을 사들이기 시작했다. 기업뿐 아니라 기업을 경영하는 사람에게도 투자한다는 사실을 명심하라. 버핏은 투자은행 리먼 브러더스를 분할하기 직전인 1994년에 처음으로 주식을 매입했다. 아멕스는 아멕스 주주에게 리먼 브러더스 주식 0.2주를 배분했다. 리먼 브러더스 0.2주의 가치는 주당 약 4달러였다. 주당 26달러에 아멕스를 샀던 버핏은 덕분에 주당 4달러, 15%의 수익을 거둘 수 있었다. 오늘날 버핏이 소유한 아멕스 주식은 주당 약 166달러의 가치를 가지고 있다. 연평균 복리수익률로는 30%에 이른다. 버핏은 지금도 아멕스 카드를 생각하면, 사람들이 그것 없이 집을 떠날 수 없으리라는 생각에 행복해진다고 한다.

- 기업명 : 안호이저 부쉬 (Anheuser-Busch)
- 코드명 : BUD
- 업종 : 맥주
- 전화번호 : 314-577-2000
- 웹사이트 : www.anheuser-busch.com

안호이저 부쉬는 세계에서 가장 큰 맥주 회사다. 이 회사의 지속적 경쟁우위는 버드와이저, 버드 라이트, 부쉬, 미켈럽, 레드울프 라거, 오둘스 등의 브랜드에 있다. 환상적인 ROE와 ROTC를 보일 뿐 아니라 강력한 수익 성장력을 가지고 있다. 안호이저 부쉬는 버핏 재단을 통해 사들였다.

- 기업명 : 브리스톨 마이어스 스퀴브 (Bristol-Myers Squibb)
- 코드명 : BMY
- 업종 : 제약
- 전화번호 : 212-546-4000
- 웹사이트 : www.bms.com

브리스톨 마이어스 스퀴브는 특허 약, 처방전이 필요 없는 약, 건강과 뷰티 관련 제품 등을 2000년에만 220억 달러어치 팔았다. 1887년부터 사업을 영위해왔는데 사람들이 병에 걸리는 한 사업은 존속될 것이다. 버핏은 정부 규제 위험이 있었던 1993년에 주당 13달러에 사들인 것으로 추정된다. 당시 주당순이익은 1.10달러였고 역사적 ROE와 ROTC는 30% 이상이었다. 지금까지 버핏은 연평균 23%의 수익률을 올렸다.

- 기업명 : 캠벨 수프 (Campbell Soup)
- 코드명 : CPB
- 업종 : 음식료
- 전화번호 : 856-342-4800
- 웹사이트 : www.campellsoups.com

캠벨 수프는 농축 수프 시장의 70%를 점유하고 있다. 또한 프랑코 아메리칸, V8, 스완슨, 페퍼리지 팜, 블라식, 미시즈 폴스, 프레고(이탈리아어로 '천만에요'라는 뜻) 그리고 이외에도 당신이 식료품 가게에서 쉽게 발견할 수 있는 많은 브랜드들을 가지고 있다. 이 회사의 경쟁우위의 지속성은 정말 놀랍다. 겨울이 오면 사람들은 수프를 구매하기 시작한다. 불황, 일시적 매도 열풍, 수프 판매에 영향을 미칠 수 있는 따뜻한 겨울, 혹은 주가가 매력적이 될 수 있는 사업의 타격 등의 기회를 찾아라. 이 회사는 버핏 재단의 포트폴리오에서 발견된다. 수프는 좋은 음식이다. 적절한 가격의 주식도 그러하다.

● 캐피털시티즈 (Capital Cities Communications) - 디즈니가 인수

버핏은 텔레비전 방송국을 보유하길 좋아한다. 방송국은 돈을 많이 벌 뿐 아니라 당신이 수신기를 사서 안테나를 세우고 선만 연결하면 사업이 되므로 저렴하게 운영이 가능하기 때문이다. 네트워크 산하의 방송국들은 기업들이 잠재 고객에게 도달하기 위해서 반드시 광고해야하는 다리의 역할을 하기 때문에 많은 돈을 번다. 캐피털시티즈는 많은 텔레비전 방송국과 케이블TV를 가지고 있는데 믿을 수 없을 정도로 잘 운영되었다. 버핏은 1970년대 후반에 캐피털시티즈를 매수했고 1980년대 초에 매도했는데 그가 인정했듯이 그 매도는 실수였다. 1986년에 ABC방송을 인수할 때 캐피털시티즈는 우호 주주가 필요했고 CEO가 버핏에게 투자를 할 생각이 있는지 물었다. 버핏은 그때 주당 17.25달러, 5억 1,500만 달러어치를 사들였고, 1995년 디즈니가 캐피털시티즈

를 인수할 때 주당 127달러에 주식을 매각했(현금과 디즈니 주식을 섞어서 받았다). 1986년에 행한 투자수익률은 연평균 24%에 이른다. 장기 투자의 중요성을 알려주는 또다른 교훈이다.

- 기업명 : 클리블랜드 클리프 철광석 (Cleveland-Cliffs Iron Company)
- 코드명 : CLF
- 업종 : 광산
- 전화번호 : 216-694-4880
- 웹사이트 : www.cleveland-cliffs.com

클리블랜드 클리프는 북미 지역의 철강 회사들에 철광석을 공급하는 최대 업체다. 이 회사는 몇 개의 제련공장과 함께 다섯 개의 철광석 광산을 소유, 운영하고 있다. 1840년부터 사업을 영위해왔다. 흥미로운 점은 철강업계가 불황일 동안 수요가 회복될 때까지 광산을 폐쇄했다는 것이다. 버핏은 철강업계가 불황이던 1984년에 이 회사의 주식을 사서 산업 경기가 회복된 후에 팔았다. 이 회사에 대한 가장 최근의 매수 기회는 철광석의 공급 과잉이 철강업계의 불황과 결합된 2001년에 찾아왔다. 이때 철광석 가격은 바닥을 모르고 추락했고 주가는 최고가 50달러에서 최저가 14달러로 떨어졌다. 이 회사의 지속적 경쟁우위는 철강 회사들과 밀접하게 연관이 되어 있어서 경쟁우위를 훼손하지 않고도 생산을 중단하거나 비용을 줄일 수 있다는 데 있다. 철광업계의 불황 때 사서 불황이 끝나자마자 팔면 된다.

- 기업명 : 코카콜라 (Coca-Cola Co.)

- 코드명 : KO

- 업종 : 음료

- 전화번호 : 404-676-2121

- 웹사이트 : www.cocacola.com

코카콜라는 지속적 경쟁우위형 기업의 대표격이다. 코카콜라는 세계 최고의 소프트 드링크 회사다. 커피, 주스, 차를 포함해 230개 이상의 브랜드 음료를 판매한다. 세계 소프트 드링크 시장의 50%를 차지하고 있으며 세계 일일 음료 소비의 2%를 담당한다. 코카콜라는 버핏이 지금껏 가장 크게 투자했던 투자 대상 중 하나이며 그가 가장 좋은 성적을 올린 주식 중 하나이기도 하다. 불황이나 매도 열풍 때 코카콜라 주식을 사라. 환경 변화가 없다면 PER 30배 이상을 지불해야 한다. 버핏은 PER가 25배 이하로 떨어지면 언제든 더 사들일 것이다.

- 기업명 : 콕스 커뮤니케이션즈 (Cox Communications)

- 코드명 : COX

- 업종 : 케이블TV

- 전화번호 : 404-843-5975

- 웹사이트 : www.cox.com

콕스는 600만 소비자에게 케이블TV 서비스를 제공하고 34만 가입자들에게 디지털TV 서비스를 제공한다. 미디어 복합기업인 콕스 엔터

프라이즈가 콕스 커뮤니케이션즈 주식의 68%를 소유하고 있다. 또한 이 회사는 인터넷 접속과 장거리 전화 서비스도 제공하고 있다. 케이블 TV 시장에서는 독점적인 공급자의 지위를 차지하고 있다. 채널을 이리 저리 돌리는데 중독된 630만 명의 사람들이 매달 현금을 보낸다고 생각하면 된다. 콕스의 2000년도 순이익률은 23%였다. 포드의 순이익률인 1%와 비교해본다면 버핏이 왜 케이블TV 회사를 좋아하고 자동차 회사를 싫어하는지 금방 이해가 될 것이다. 버핏 재단이 사들였다.

- 기업명 : 월트 디즈니 (The Walt Disney Company)
- 코드명 : DIS
- 업종 : 오락
- 전화번호 : 818-560-1930
- 웹사이트 : www.disney.com

버핏은 1966년에 처음으로 월트 디즈니에 투자했다. 당시 주가는 53 달러였는데 주식시장이 디즈니 전체의 가치를 8,000만 달러로 매기고 있었다는 의미다. 이 수치는 백설공주와 기타 만화들의 가치에도 못 미치는 수준이었다. 이 경우 디즈니랜드는 공짜로 얻을 수 있다. 버핏은 500만 달러어치를 사서 1년 뒤 600만 달러에 팔았다. 그가 말하기를 5% 지분을 계속 가지고 있었더라면 오늘날 10억 달러 이상의 가치가 되었을 것이라고 한다(30년간 연평균 복리수익률이 19%에 해당한다). 이때의 교훈으로 버핏은 지속적 경쟁우위를 가진 기업을 장기간 보유하는 것이 큰 부자가 되는 가장 쉬운 길이라는 사실을 터득했다. 그는 후에 디즈니가 캐피털시티즈를 인수했을 때 디즈니 주식 2,150만 주를 인수했다. 1998년과 2000년 사이 강세장의 절정기에 그가 시장에 디즈니 주식을 판다는 소문이 퍼졌다. 앞에서 언급했듯이 그는 디즈니 주식을 제너럴리 인수 시에 간접적으로 팔았다.

디즈니는 세계에서 두번째로 큰 미디어 복합 기업이다. ABC, TV방송국, 라디오 방송국, 테마파크, 영화 스튜디오와 함께 마법 왕국의 군주 격인 미키마우스를 소유하고 있다. 이런 기업은 불황이 오길 기다렸다가 사서 평생토록 보유해야 한다.

- 기업명 : 엑슨 (Exxon Corporation)
- 코드명 : XOM
- 업종 : 석유
- 전화번호 : 972-444-1000
- 웹사이트 : www.exxonmobil.com

1980년대 초반 연방준비은행은 인플레이션을 잡기 위해 이자율을 급격히 올렸다. 이 조치는 인플레이션뿐 아니라 경기와 주식시장까지도 죽여버렸다. 이때 버핏은 가장 크고 잘 운영되는 석유회사인 엑슨에 대규모 투자를 단행했다. 논리는 경제에 어떤 일이 일어나든지 간에 개인과 기업은 끊임없이 석유를 소비하리라는 것이었다. 높은 이자율은 엑슨의 주가를 44달러까지 추락시켰다. 이때 주당순이익은 6.77달러로 초기수익률 15.2%에 해당한다. 주당순이익은 연평균 6.7%씩 성장했고 엑슨은 자사주를 계속 사들였다. 1987년에 엑슨은 주당 87달러에 거래되어서 버핏에게 연평균 복리수익률 25%를 안겨줬다.

- 기업명 : 프레디맥 (Freddie Mac)
- 코드명 : FRE
- 업종 : 모기지
- 전화번호 : 703-903-2239
- 웹사이트 : www.freddiemac.com

프레디맥은 은행과 모기지 중개인들로부터 주택담보를 사들여 이를 보증해서 투자자에게 파는 환상적인 기업이다. 한때 버핏은 이 주식을 엄청나게 많이 들고 있었다. 그러나 사업의 성격이 바뀌어서 현재는 계속 주식을 매각하고 있다. 프레디맥은 점점 더 위험해지고 있는데 버핏은 위험을 싫어한다.

- F. W. 울워스 (F.W. Woolworth Company)

F. W. 울워스는 한때 미국에서 가장 큰 소매 체인점 중 하나였다. 버핏은 1979년 주당 20달러에 주식을 샀는데 당시 주당순이익은 6.02달러로 초기 수익률 30%에 해당한다. 주당 장부가치는 41달러였다. 1985년에는 주당 50달러에 거래되었으며 이는 연평균 20% 수익률에 해당한다.

- 기업명 : 갤러허 그룹 (Gallaher Group Plc.)

- 코드명 : GLH
- 업종 : 담배
- 전화번호 : 1932-859-777
- 웹사이트 : www.gallaher-group.com

이 회사는 영국 담배시장의 1인자인 갤러허 담배회사(Gallaher Tobacco Limited)를 소유하고 있다. 갤러허 담배 주식회사는 벤슨 앤드 헤지 담배를 제조하는데 1994년에 미국 담배 사업 부문을 매각함으로써 폐암 소송과 관련된 모든 나쁜 뉴스와 비용으로부터 작별을 고했다. 담배는 큰돈을 벌어다주는 엄청난 마진을 가지고 있다. 갤러허는 여러 제품들을 가지고 있지만 가장 좋은 성과를 거두는 제품은 역시 담배다. 담배 사업은 전통적인 지속적 경쟁우위형 사업이다. 더구나 영국 담배 회사들은 미국처럼 담배 소송에 직면하고 있지 않아 위험이 더 작다. 이 주식을 얼마에 매입했는지는 알 수가 없지만 버핏 재단에서 매수했다.

- 기업명 : 가네트 (Gannett Company)
- 코드명 : GCI
- 업종 : 신문
- 전화번호 : 703-558-4934
- 웹사이트 : www.gannett.com

버핏은 1994년에 99개 신문사를 소유한 미국 제1의 신문사인 가네트 지분을 매입했다. 매입은 광고업계가 불황인 동안에 PER 15배 선인 주당 24달러에 이뤄졌다. 1999년 거품기 때 PER는 24배에 달했다. 버핏은 2002년에 주당 76달러에 주식을 매각했으며 연평균 수익률 15.2%를 거뒀다.

- 가이코 (GEICO) - 버크셔가 인수

버핏의 초기 대규모 투자는 가이코가 파산 위기에 빠져 있을 때 이뤄졌다. 버핏은 가이코의 지속적 경쟁우위가 여전히 건재하다는 사실을 믿고 구조에 동참하기로 결정했다. 결국 그가 옳았고 4,500만 달러의 투자금액이 15년 뒤 23억 달러 이상으로 성장하는 것을 지켜봤다. 연평균 복리수익률 29.9%에 해당한다. 이 수치는 전설적인 것이다.

- 기업명 : GE (General Electric)
- 코드명 : GE
- 업종 : 복합 기업
- 전화번호 : 203-373-2211
- 웹사이트 : www.ge.com

원래 GE는 전 세계 전기 보급의 독점 지위자였다. 대부분의 사람들에게 전기는 필수품이지만 불과 100년 전만 해도 그렇지 않았다. 한 회사만이 전 세계에 전기를 공급하는 지식과 장비를 공급했는데 바로 그 회사가 GE였다. 그 결과 GE는 엄청난 부를 일궜다. 오늘날 GE는 지구상에서 가장 크고 가장 다각화된 산업계의 거인 중 하나다. 이런 지위를 바탕으로 어디서든 발휘할 수 있는 재무적 힘을 가지고 있다.

버핏은 오랫동안 이 회사를 동경했다. 현재 버핏재단이 조금 가지고 있기는 하지만, 매력적인 가격에 대량 매입을 할 수는 없었다. 지난 10년간 ROE는 18~23%를 오르락내리락했다. 매우 훌륭한 수치다. ROTC는 16~25% 사이이다. 주당순이익은 연평균 복리로 11.8%씩 증가했다. GE의 순이익은 100억 달러인 반면 장기 부채는 4억 달러에 불과하다. 이 회사를 좋은 가격에 매입하기 위해서는 정말로 큰 불황기가 필요하다. 1999년 거품기에도 PER가 36으로 매력적인 가격은 나오지 않았다. 1980년대와 1990년대 초에 그랬던 것처럼 PER가 15 이하로 떨어지는 것을 유심히 관찰해야 한다.

• 제너럴 푸즈 (General Foods Corp.) - 필립모리스가 인수

1979년 버핏은 제너럴 푸즈 주식을 주당 37달러에 거의 400만 주를 사들이기 시작했다. 이후 그는 연평균 8.7%로 성장하는 주당순이익 5.12달러의 강력한 수익 창출 능력을 목격했다.

이것은 매년 8.7%로 성장하는 13.8%의 초기 수익률을 그에게 제공했던 셈이다. 1985년 이 가치를 인정한 필립모리스가 이 기업을 인수하기 위해 공개매수를 할 때 버핏은 보유 주식 전체를 주당 120달러에 팔았다. 이는 세전 연평균 복리수익률로 거의 21%에 달했다.

• 기업명 : 질레트 (Gillette)
• 코드명 : G

- 업종 : 남성용품 / 배터리
- 전화번호 : 617-463-3000
- 웹사이트 : www.gillette.com

면도날과 배터리는 빨리 닳아 없어진다. 그리고 사람들은 깨끗한 면도를 위해 꾸준히 면도날과 배터리를 사야 한다. 질레트는 돈을 버는 방법을 잘 알고 있다. 버크셔가 사들였다. 지난 10년간 ROE는 30% 이상, ROTC는 29% 이상이었다. 이 기간 중 주당순이익은 연평균 14%로 성장했다. 1999년 거품기에는 PER 40에 거래되었는데 너무 높은 평가이기도 했다. 만약 PER 15 이하에 살 수 있다면 수익을 낼 수 있을 것이다.

- 기업명 : 허쉬 푸즈 (Hershey Foods)
- 코드명 : HSY
- 업종 : 음식료
- 전화번호 : 717-534-6799
- 웹사이트 : www.hersheys.com

버핏이 허쉬 푸즈를 사들이고 있다는 소문은 여러 번 있었으나 확실히 주식을 샀다는 증거는 없다. 그는 지속적 경쟁우위를 설명하는 예로 허쉬 푸즈를 종종 사용해왔다. 계속 초콜릿을 만들어온 미국에서 가장 큰 초콜릿 제조업체다. 의결권을 가진 대주주는 고아들을 위한 밀턴 허쉬 학교(Milton Hershey School)의 신탁재단이다. 이 회사의 창업자인

밀턴 허쉬는 그의 재산 대부분을 자신을 부자로 만들어준 어린이들의 복지를 위해 내놓았다. 허쉬 푸즈는 높은 ROE와 ROTC를 보여주고 있다. 주당순이익은 연평균 9.9%로 성장했다. 거품기에 PER가 33 수준이었는데 이런 사업에 비하면 너무 높은 수치다. 1996년까지 그랬던 것처럼 PER 15 이하로 떨어질 때까지 기다리자. 너무 사고 싶더라도 허쉬 푸즈를 한 입 베어물려면 불황이나 매도 열풍을 기다려야 한다.

- 기업명 : 인터퍼블릭 그룹 (Interpublic Group of Companies)
- 코드명 : IPG
- 업종 : 광고대행
- 전화번호 : 212-399-8000
- 웹사이트 : www.interpublic.com

1974년에 인터퍼블릭은 다국적 광고회사 중 가장 큰 회사였다. 현재는 3위다. 버핏의 이론에 따르면 광고대행사는 다른 사업들의 성장에 따른 로열티 수입을 얻는다. 제조업체들이 자사 제품을 시장에 내놓길 원한다면 반드시 광고를 해야 하고 광고대행사를 써야 한다. 광고대행사는 광고를 제작하고 미디어에 노출시키는 대가로 광고 비용의 일정 부분을 받는다. 광고대행사는 인플레이션의 영향을 거의 받지 않는다. 인플레이션은 광고주가 같은 양의 광고에 대해 더 많은 비용을 지출하게 만드는데 광고주가 더 많이 지출하면 할수록 광고대행사는 더 많은 돈을 번다. 게다가 서비스 사업이라 자본 지출을 거의 하지 않는다. 이것은 수익이 다 낡아빠진 공장이나 기계를 대체하기 위한 비용으로 낭비되지 않는다는 것을 의미한다. 뿐만 아니라 미국 광고주들의 4%만이 매년 광고대행사를 교체한다. 달리 얘기하면 큰 계좌들이 그대로 있는 셈이다. 수년 전 시장을 지배하던 많은 대형 광고대행사들이 오늘날에도 여전히 시장을 지배하고 있다. 상위 열 개 광고대행사 중 일곱 개가 5세대 혹은 6세대 경영진이다. 여기서 핵심은 이들이 얼마나 성장할지에 대한 한계가 없다는 것이다. 사업체들이 성장하고 미디어가 제품을 시장에 소개하는 한 광고대행사들 역시 계속 성장한다.

인터퍼블릭의 수치는 훌륭하다. 지난 10년간 연평균 ROE가 16% 이상이었고 지난 3년간은 20%가 넘었다. 지난 10년간 주당순이익은 연평균 13.8%로 성장했다. 버핏은 1973~74년 불황을 이용해 주당순이익 0.81달러에 최저 주당 3달러에 거래되던 인터퍼블릭 지분의 17%를 사들였다. 그는 59만 2,650주에 대해 453만 1,000달러를 지불해서 주당 평균 매입 가격은 7.65달러다. 우리는 그가 언제 지분을 팔았는지는 모른다. 그러나 만약 그가 계속 보유했다면 주식 분할로 조정된 7,460만 주의 가치가 거의 28억 달러에 이른다. 27년 동안 연평균 복리 수익률 27%에 해당한다. 1999년 거품기 때 PER는 33에 이르렀는데 환상적인 사업이긴 하지만 너무 높은 수치였다. 1990년대 중반에 당신은 PER 14배 정도에 살 수 있었을 것이다.

- 기업명 : 카이저 알루미늄 화학 (Kaiser Aluminum & Chemical Corp.)
- 코드명 : KLUCQ
- 업종 : 알루미늄

- 전화번호 : 713-267-3777
- 웹사이트 : www.kaiseral.com

이것은 버핏이 초기에 범했던 몇 안 되는 실수 중 하나이다. 그는 사업 고유의 성격처럼 보였던 일시적 이익에 근거해 주식을 샀지만, 카이저 알루미늄이 가격경쟁형 사업으로 빠지자 이익이 점점 줄어들었다. 그는 이 거래로 돈을 잃었다.

- 기업명 : 맥도날드 (McDonald's Corp.)
- 코드명 : MCD
- 업종 : 패스트푸드
- 전화번호 : 630-623-3000
- 웹사이트 : www.mcdonalds.com

맥도날드는 2만 8,000개의 레스토랑을 통해 햄버거를 브랜드 제품으로 변모시켰다. 쉽게 얻을 수 있는 업적은 아니다. 지난 10년간 맥도날드의 ROE는 16~20% 수준이었다. 정말 '맛있는' 수치다. 그리고 주당 순이익은 연평균 12%로 성장했다. 정말로 훌륭한 회사다. 가격만 맞다면 훌륭한 투자 대상이다. 버핏은 1994년과 1995년 사이에 12억 달러에 6,000만 주를 샀고 평균 매입 단가는 20달러였다. 1997년부터 1999년까지 그가 주당 30~45달러에 주식을 팔고 있다는 소문이 돌았다. 이것은 현명한 결정이었던 것으로 판명됐다. 적절한 가격만 되면 버핏은 또다시 맥도날드 주식을 사들일 것이다. 당신도 그렇게 해야 한다.

- 기업명 : 미디어 제너럴 (Media General Inc.)
- 코드명 : MEG
- 업종 : 텔레비전
- 전화번호 : 804-649-6000
- 웹사이트 : www.mediageneral.com

미디어 제너럴은 TV와 케이블을 소유한 대형 신문사다. 버핏은
1978년부터 1979년까지 주당 16달러에 미디어 제너럴을 사들였다. 당
시 주당순이익은 3.42달러로 초기 수익률은 21%에 해당한다. 여기서
다시 연방준비은행의 이자율 인상으로 주가가 낮아질 대로 낮아졌다.
그가 언제 팔았는지에 대한 정확한 정보는 없으나 1985년에 대략 70달
러에 주식을 매도한 것으로 추정된다.

- 기업명 : 머큐리 제너럴 (Mercury General Corp.)
- 코드명 : MCY
- 업종 : 보험
- 전화번호 : 213-937-1060
- 웹사이트 : www.mercuryinsurance.com

머큐리는 많은 자동차를 보유한 캘리포니아에서 가장 큰 자동차 및
보행자 보험 회사다. 엄청나게 높은 ROE를 보이고 있다. 1988년, 1990
년, 1991년, 1992년, 2000년에 그랬던 것처럼 장부가 이하 내지 장부
가에 근접하면 사야 한다. 버핏 재단이 매입했다.

- 기업명 : 뉴욕타임즈 (New York Times)

- 코드명 : NYT

- 업종 : 신문

- 전화번호 : 212-556-1234

- 웹사이트 : www.nytco.com

이 회사는 「뉴욕타임즈」 「보스턴글로브」와 15개의 작은 일간지 그리고 「인터내셔널 헤럴드 트리뷴」 지분의 절반을 소유하고 있다. 또한 여덟 개의 TV방송국과 두 개의 라디오 방송국을 가지고 있다. 버핏 재단이 매입했다. 1990년대 초에는 수치들이 별 볼 일 없었으나 점점 나아지기 시작하고 있다.

- 오길비&매더 (Ogilvy & Mather Inc.)

버핏은 1973~74년 대폭락기 직후에 주당순이익 0.76달러, 주당 4달러에 미국에서 다섯 번째로 큰 광고대행사인 오길비 지분의 31%를 사들였다. 그가 언제 팔았는지에 대한 기록은 없다. 1978년에 주가가 14달러로 그에게 연평균 복리수익률 30%를 안겨줬다. 1985년에 주가는 46달러로 연평균 복리수익률은 24%다. 현재는 상장 폐지되어 있는 상태다.

- 기업명 : 펩시코 (Pepsico, Inc)

- 코드명 : PEP

- 업종 : 음료
- 전화번호 : 914-253-2000
- 웹사이트 : www.pepsico.com

버핏은 체리코크를 매일 서너 잔 마시기 전까지는 펩시맨이었다. 펩시코는 지난 10년간 ROE가 20% 이상, 연평균 주당순이익 성장율이 8%인 환상적인 회사다. 버핏 재단이 매입했다. 지켜보다가 불황이나 매도 열풍 때 사자.

- 기업명 : 타임즈 미러 (Times Mirror)
- 코드명 : TMC
- 업종 : 신문
- 전화번호 : 213-237-3700
- 웹사이트 : www.tm.com

1980년 연방준비은행은 이자율을 14%까지 올려 주가를 박살냈다. 이때 버핏은 선택적 역발상이라는 모자를 쓰고 쇼핑에 나섰다. 당시 그의 매입 대상 중 하나가 「로스앤젤레스타임즈」의 소유회사인 타임즈 미러였다. 주당순이익 2.04달러에 주가는 놀랍게도 14달러, PER 6.8배에 초기수익률 15%에 해당했다. 1985년에 주가는 53달러로 버핏에게 연평균 복리수익률 30%를 안겨줬다. 1999년 거품기 동안 PER는 21배 수준이었다. 하지만 당신은 이 주식을 더 이상 살 수 없다. 2000년 3월에 트리뷴 컴퍼니가 큰 기회를 발견하고 타임즈 미러를 사들였다.

- 기업명 : 토치마크 (Torchmark Corp.)

- 코드명 : TMK

- 업종 : 보험

- 전화번호 : 205-325-4200

- 웹사이트 : www.torchmark.com

토치마크는 보험회사이자 금융서비스 회사다. 꾸준히 19% 이상의 ROE를 거두고 있으며 지난 10년간 주당순이익이 연평균 10.9%로 성장했다. 버핏은 수년 동안 이 주식을 사들였고 대부분은 1999년 거품기 직후인 2000년 2월에 집중되었다. 당신은 주당순이익 2.82달러인 주식을 주당 20달러에 사서 초기 수익률 14%를 올릴 수 있었다. 2001년 5월에 주당 37.50달러에 거래되고 있다.

- 기업명 : 월마트 (Wal-Mart Stores)

- 코드명 : WMT

- 업종 : 유통

- 전화번호 : 501-273-4000

- 웹사이트 : www.wal-mart.com

월마트는 2,400개 이상의 매장을 가지고 경쟁자를 압도하는 구매력을 보유하고 있다. 이것은 월마트가 고객들에게 모든 제품에 대해 더 나은 구매 기회를 제공하고 있다는 의미다. 그 결과 가격에 민감한 모든 고객들이 월마트에서 쇼핑을 한다. 더 많은 고객들은 더 많은 양을 뜻하고 결국에는 더 많은 수익으로 연결된다. 얼마나 벌까? 월마트의 지난 10년간 ROE는 항상 20% 이상이었고 주당순이익은 연평균 24%로 성장했다. 결국 월마트는 세계에서 가장 큰 소매상이 되었다. 월마트는 소도시로 진입해 경쟁자들을 몰아내고 독점 체제를 구축했다. 물류망이 너무나 정교해서 경쟁에서 보호받을 수 있을 정도의 진입장벽을 구축했다. 버크셔는 1997년에 월마트 주식 439만 주를 보유하고 있다고 신고했다.

- 기업명 : 워너램버트 (Warner-Lambert Company)
- 코드명 : WLA
- 업종 : 제약
- 전화번호 : 973-540-2000
- 웹사이트 : www.warner-lambert.com

워너램버트는 제약, 헬스케어, 껌, 민트 회사다. 리스테린(Listerine), 브로모셀처(Bromo-Seltzer), 호올스(Halls), 롤레이즈(Roladis), 쉬크(Shick), 윌킨슨 소드 면도기(Wilkinson Sword) 등의 브랜드 제품을 소유하고 있다. 껌과 민트 사업 부문은 덴틴(Dentyne), 트라이덴트(Trident), 프레쉔업(Freshen-up), 버블리셔스(Bubblicious), 몬도(Mondo), 신어버스트(Cinn-a-Burst), 클로레츠(Clorets), 서츠(Certs) 등을 소유하고 있다. 일반 의약품들은 특허로 보호되고 있다. ROE는 지속적으로 30% 이상이었고 지난 10년간 주당순이익은 연평균 11%로 성장했다. 1999년 거품기 때 PER는 30~45배 사이였다. 만약 PER

17 이하에서 살 수만 있었다면 정말 좋은 가격이다. 1990년대 초에 정부가 약에 대한 규제를 시작하려고 하는 것처럼 보였을 때 버핏이 PER 13배 수준에서 워너램비트를 사고 있다는 소문이 들렸다. 하지만 경영진과 협의할 수 있을 정도의 충분한 수량을 살 수 없었기 때문에 곧 팔아버렸다. 2000년에 이 회사는 화이자(Pfizer)로 합병되었다.

- 기업명 : 워싱턴포스트 (Washington Post)
- 코드명 : WPO
- 업종 : 신문
- 전화번호 : 202-334-6000
- 웹사이트 : www.washpostco.com

워싱턴포스트는 독점력을 가진 신문사이며 그것이 벌어들이는 놀랄 만한 이익을 소유하고자 하는 버핏의 취향이 처음으로 발휘되었던 회사이다. 이 회사에는 모든 일에 관여하는 대주주인 캐서린 그레이엄이 있었다. 그녀와 버핏은 1973년 버핏의 지분 취득 이후 환상의 호흡을 만들어냈다. 버핏은 캐서린에게 자사주 매입의 효과에 대해 조언했고 워싱턴포스트가 가진 능력의 범위 밖으로 사업을 확장하지 말라고 충고했다. 이를 빨리 습득한 캐서린은 버핏이 1973년에 지불한 5.69달러의 주가를 오늘날 500달러가 넘어서도록 만들었다. ROE는 13~19%를 오르락내리락했다. 주당순이익은 매년 약 9%씩 성장했다. 워싱턴포스트는 신문 외에도 주간지 「뉴스위크」와 여섯 개의 TV 방송국, 열여덟 개 주의 수많은 케이블TV를 소유하고 있다. 이 회사가 매수 기회를 만들어줄 정도로 멍청한 짓을 하리라고는 생각되지 않는다. 그래서 광고 업계의 불황이나 전체적인 주식시장의 하락을 기다려야 할 것이다. 워싱턴포스트의 장기적인 전망은 탄탄하다. 따라서 주가가 400달러 이하로 내려올 때가 좋은 매수 기회다. 그리고 300달러 이하 주가는 정말 바겐세일이다. 버핏은 1973~74년 대폭락 때 주당 5.69달러에 워싱턴포스트를 사들였다. 당시 주당순이익은 0.76달러로 PER는 7.5배에 해당한다. 1972년과 1999년 거품기 때 PER는 24배였다. 캐서린은 고인이 되었지만 그녀의 역작인 워싱턴포스트는 환상적인 사업으로 남아 있다.

- 기업명 : 웰스파고 (Wells Fargo)
- 코드명 : WFC
- 업종 : 은행
- 전화번호 : 415-396-3606
- 웹사이트 : www.wellsfargo.com

웰스파고는 은행 중의 은행이며 놀라운 속도의 성장을 거듭하고 있다. 버핏은 미국의 모든 대형 은행들이 불량 부동산 대출로 고생하던 은행 불황기 때 웰스파고를 사들였다. 근시안적인 주식시장은 상황을 더욱 극단으로 몰아갔고 웰스파고 주식은 주당 15.75달러까지 떨어졌다. 시장의 근시안적인 우매함을 이용하는 버핏은 주당 평균 17달러, 2,880만 주를 4억 9,780만 달러에 사들였다. 최근 주가는 49달러다. 1999년 부동산이 절정일 때 버핏은 잠시 비켜나 주식을 팔기 시작했다. 여기서 우리는 버핏이 불황기 때 사고 절정일 때 판다는 사실을 알 수 있다. 은행들은 매 10~15년 주기로 부동산 경기를 탄다. 상황들이 최악으로 갈 때 주식시장은 공황에 빠지고 은행 주식들을 바닥으로 패대기친다. 그러나 상황이 좋아지면 근시안적인 주식시장은 은행 주식을 하늘 높은 줄 모르고 치솟게 만든다. 이런 상황을 목격할 때면 언제나 좋은 기회가 온다. 당신도 버핏이 하는 대로 할 수 있다. 이때 가장 강한 기업을 사야 한다.

- 기업명 : 와이어스 (Wyeth)
- 코드명 : WYE
- 업종 : 제약
- 전화번호 : 973-660-5000
- 웹사이트 : www.ahp.com

이 제약회사는 특허로 보호된 처방약의 선두 제조업체일 뿐 아니라 애드빌(Advil), 아나신(Anacin), 로비투신(Robitussin), 챕스틱(Chapstick) 등의 환상적인 일반의약품 브랜드를 소유하고 있다. 지난 10년간 ROE는 항상 30%를 넘었고 주당순이익은 7.9% 성장했다. 적절한 가격이라면 훌륭한 매수 대상이고 장기간 보유할 만한 가치가 있다. 사람들은 자주 아프다. 이것은 쉽게 변하지 않을 것이다. 훌륭한 매수 기회는 약세장과 강세장에서 나타나는 매도 열풍 때에 있을 것이다.

버핏 최고의 비밀인
주식 차익거래를 배우라

기업 매각, 구조조정, 합병, 분사, 적대적 인수 등에 투자하는 주식 차익거래(stock arbitrage)는 버핏이 부를 일궈낸 가장 큰 비밀 가운데 하나다. 이것은 아마도 그의 투자 방법 중 가장 알려지지 않은 부분인 듯하다. 버핏은 그레이엄의 뉴욕 소재 투자회사에서 근무할 때 주식 차익거래의 원리에 대해 배웠다. 그는 그레이엄의 회사가 30년 넘게 차익거래를 실행해 연평균 20%의 저위험 수익률을 달성했다는 사실을 발견했다. 버핏은 즉시 차익거래 포트폴리오를 운용하는 방법을 공부하기 시작했다.

5년 전만 해도 주식 차익거래를 자세히 공부하는 것은 버핏처럼 증권 회사로부터 싼 수수료를 적용 받을 수 있는 기관투자가에게나 유용한 것이었다. 소액 투자자들은 대형 증권회사가 부과하는 높은 수수료율 때문에 게임에서 멀리 떨어져 있을 수밖에 없었다. 뿐만 아니라 차익거래 기회를 찾아내고 유지하기 위해서는 많은 정보에 접근할 수 있어야 했다. 예전만 하더라도 버핏은 매일 새로 발표되는 차익거래 기회를 찾기 위해 대여섯 개의 주요 일간지의 비즈니스 면을 탐독했다. 일단 기회를 포착하면 그는 신중하게 매수자가 거래를 취소하는 등의 잘못되는 일이 발생하지 않는지 점검하고, 잠재 이익이 실제 손실로 바뀔 만한 사건에 대해 모르고 있는 것은 아닌지를 확인하곤 했다. 오래 전, 즉 인터넷이 있기 전 차익거래는 온종일 매달려 있어야 하는 전문적인 일이었다.

온라인 거래가 도입되면서부터 개인투자자들만 유독 비싼 거래수수료를 내야 하는 일이 없어졌다. 실제 온라인증권사들은 주당 1센트 미만의 수수료를 부과하기도 한다. 몇몇 회사들은 계좌에 10만 달러 이상만 유지하면 매매수수료를 면제해주기도 한다. 오늘날에는 꼭 버핏 같은 큰 투자자가 아니더라도 무료로 거래를 할 수 있다.

차익거래 기회를 포착해서 유지하는 일은 오늘날에는 컴퓨터를 켜고 인터넷만 접속하면 될 정도로 간단하다. 정보는 도처에 널려 있다. 마우스만 몇 번 클릭하면 우리는 모든 차익거래 기회를 파악할 수 있다. 한때 버핏도 몇 시간씩 걸리던 일을 몇 분이면 할 수 있게 되었다. 정말로 혁명이라 하지 않을 수 없다. 우리를 부자로 만들어주는 혁명 말이다.

버핏이 '워크아웃'이라 부르는 이러한 차익거래 기회들은 기업 매각, 구조조정, 합병, 분사, 적대적 인수 등에서 나타난다. 버핏은 자본을 장기적으로 운용하는 것을 좋아하지만, 장기 투자 기회가 실체를 드러내지 않을 때에는 차익거래나 워크아웃 기회가 어떠한 단기 투자보다도 현금을 유용하게 사용할 수 있는 수익성 좋은 장을 제공해준다는 사실을 알아냈다. 사실 버핏은 적극적으로 차익거래를 하던 30년 동안 그의 연평균 세전 수익률이 약 25%에 이른다고 평가한다. 그 누구에게도 발견할 수 없는 훌륭한 수익률이다.

버핏 파트너십 초기에는 펀드 자산의 40%가 차익거래나 워크아웃 상황에 투자되었다. 주식시장이 하락세만 거듭하던 1962년과 같은 암흑기에는 워크아웃에서 나온 이익이 구세주와 같았다. 그 거래 덕분에 다우존스 지수가 7.6% 하락한 최악의 해에도 파트너십이 13.9%의 초과 수익률을 얻을 수 있었다(주의 : 1962년 버핏 파트너십의 일반 운용 성과는 실제로 마이너스였다. 그러나 차익거래와 워크아웃에서 나온 이익이 재앙을 금융계의 전설로 둔갑시켰다).

차익거래, 워크아웃 혹은 그레이엄이 명명한 것처럼 '특별한 상황'의 유형이 많긴 하지만 버핏은 그레이엄이 '매각이나 유동화에 따른 현금 지급'이라 부른 것에 주력했다. 이런 유형의 차익거래에서는 한 기업이 사업 부문을 다른 회사에 매각하거나 사업 부문을 유동화하기로 결정하고 그 이익을 주주들에게 나눠준다.

1988년 RJR 나비스코의 경영진이 주주들로부터 회사를 사들이겠다는 발표를 한 직후 버핏은 2억 8,180만 달러를 들여 RJR 나비스코 주식 334만 2,000주를 매입했다. 경영진의 인수 제안(MBO)은 난데없이 나타난 잠재적 매수자들을 끌어냈는데 이중 가장 큰 주체는 기업매수회사인 KKR였다. KKR는 결국 거래에서 승리했고 버핏을 더욱 부자로 만들어주었다.

차익거래자를 위한 투자 기회는 이미 발표된 매수 가격 혹은 유동화

가격과 매수 혹은 유동화 이전에 시장이 매겨놓은 주식 가격 사이의 차이가 발생할 때 나타난다.

예를 들어보자. X기업이 모든 주식을 Y기업에 미래의 일정한 때에 주당 120달러에 팔기로 결정한다. 또한 차익거래자가 Y기업에 주당 120달러에 주식을 팔 목적으로 거래가 종료되기 전에 주당 100달러에 주식을 살 수 있다고 하자. 이 경우 차익거래자는 시장 가격인 100달러와 매각 가격인 120달러의 차이인 20달러를 이익으로 거둘 수 있다. 여기서 질문은 차익거래자가 주당 120달러에 현금화하고 20달러의 이익을 거두는 거래 종료 시점이 언제인가 하는 것이다.

여기서 핵심은 시점이다. 매입 시점부터 거래 종료 시점까지가 길면 길수록 연 수익률은 낮아진다. 한번 살펴보자.

만약 당신이 주당 100달러를 지불했고 기업이 12개월 뒤에 120달러로 팔고자 한다면 당신의 이익은 주당 20달러이고 세전 연 수익률은 20%이다. 그러나 여러 가지 사정으로 인해 거래가 종결되지 않고 2년이 걸리면 어떻게 될까? 당신의 세전 연 수익률은 10%로 떨어진다.

마찬가지로 당신이 운이 좋아 12개월이 아니라 6개월 만에 거래가 종결되었다면 당신의 세전 연 수익률은 40%로 뛰어오른다.

차익거래와 워크아웃 상황은 기본적으로 고정된 이익과 종결될 것으로 기대되는 날짜에 달려 있는 투자이다. 예에서도 보듯이 당신이 얻을 이익의 양은 주당 20달러로 고정되어 있다. 결국 주식을 보유하고 있는 기간이 세전 연 수익률을 결정한다. 기간이 짧으면 짧을수록 세전 연 수익률은 올라가고 기간이 길면 길수록 세전 연 수익률은 떨어진다. 당연히 거래 시작과 종결 시점이 재앙이 될 수도 있기 때문에 긴 기간은 피해야 한다.

이런 상황에 다른 위험들이 따르기도 한다. 거래 시점이 밝혀지지 않고 기대했던 것보다 더 길어질 수 있다. 만약 거래가 무산되면 주가는 이전 거래 가격까지 급락한다. 이렇게 되면 부자가 될 방법이 없다.

예상보다 거래를 더 지연시킬 수도 있고 무산시킬 수도 있는 수백 가지 요인이 존재한다. 때때로 주주들이 제안을 거절한다. 또한 정부의 반독점 관련 인사들이 파티를 망칠 수도 있다. 국세청이 세금 문제를 거론하기도 한다(세금은 이러한 거래에서 매우 중요한 역할을 한다). 모든 것이 잘못될 수도 있다.

버핏은 오직 발표된 상황에만 투자함으로써 몇몇 위험들로부터 자신을 보호한다. 이것은 당연한 일로 들리지만 매우 현명한 일이다. 어떤 바보가 발표되지도 않은 거래에 투자를 하겠는가? 뭔가 떠오른다면 답을 짚어낸 셈이다. 월가다! 월가의 마법사들은 오랜 기간 두뇌를 발전시켜온 결과 인수자가 있다는 소문을 바탕으로 투기를 함으로써 많은 돈을 벌 수 있다는 사실을 알아냈다. 소문에 근거한 매매는 큰 이익을 가져올 수도 있지만 투자자들을 더 큰 위험에 노출시킨다.

버핏은 수백 번의 차익거래와 워크아웃 상황에 투자를 해본 다음, 거의 확정적인 연 25%의 수익률이 커보일 수 있는 불확실한 100% 수익률보다 더 수익성이 좋다는 사실을 발견했다. 월가의 금융가들은 소문에 따라 매매를 할 수도 있지만 버핏은 오직 매각이나 합병이 발표된 후에만 투자한다.

1957년부터 1969년까지 버핏 파트너십을 운용하는 동안 버핏은 차익거래와 워크아웃 투자가 안정적이고 절대적인 수익을 안겨줄 뿐 아니라 주식시장이 하락세에 있을 때 파트너십에 큰 경쟁우위를 제공한디고 믿었다.

당신은 주식시장이 하락세에 있을 때 주주들과 경영진이 떨어지는 주가에 대해 걱정하기 시작하고 그 결과 매각, 유동화, 구조조정을 고려하려고 한다는 사실을 이해해야 한다. 또한 떨어지는 주가는 잠재적 매수자의 관심을 끌어낼 수 있을 정도의 매력적인 가격을 의미한다. 이렇게 주식시장이 하락하기 시작할 때 차익거래의 기회가 서서히 수면 위로 부상하기 시작한다.

차익거래의 시작

시작은 매우 쉽다. 당신은 차익거래 기회를 찾아내기 위한 두 가지 훌륭한 선택권을 가지고 있다. 머저스탯(mergerstat.com)과 MSN의 머니센트럴(www.moneycentral.msn.com)이 그것이다. 두 사이트 모두 매일 모든 대형 인수합병 거래 목록을 제공한다. 머저스탯은 전 세계의 모든 대형 인수합병 거래를 추적하고 독점적으로 목록화한다. 머저스탯의 홈페이지로 가면 무료로 그날 발표된 1억 달러 이상의 모든 거래 목록을 찾을 수 있다. 더 많은 정보를 위해 수수료를 지불해야 하겠지만 무료로도 엄청나게 많은 양의 자료를 얻을 수 있다.

MSN의 머니센트럴에서 'Markets' 'News by Category' 'Topics'를 차례로 클릭하라. 'Topics' 메뉴에서 'Mergers and Acquisitions'

를 선택하면 최근 인수합병 내용을 담고 있는 모든 뉴스 목록을 얻을 수 있다.

지금 어떤 회사가 상장기업을 현금으로 인수하는 거래를 찾아보자 (주식으로 인수하거나 현금과 주식을 섞어서 인수하는 거래도 꽤 있을 것이다. 이런 거래는 멀리해야 한다. 주식이 들어가면 거래를 복잡하게 만드는 변수가 추가되는 것이다. 차익거래 게임에서 경험자가 될 때까지는 현금 거래만 상대하는 것이 더 쉽다). 인수되는 회사의 이름과 코드명을 받아 적자. 예정되어 있는 모든 인수합병에 대한 뉴스를 읽고 주당 인수가격, 거래가 종결될 것으로 기대되는 시점, 현재 주가를 파악한다. 만약 거래가 성사될 것 같은데 매수가와 현재가의 차이가 크다면 회사에 전화해서 인수가 여전히 진행 중인지 언제쯤 거래가 종결될 것 같은지 확인한다. 당사자의 입에서 직접 성보를 얻는 것이 경제신문의 기사를 읽는 것보다 항상 나은 법이다. 만약 넥서스와 같은 뉴스 서비스의 구독자라면 거래가 완료될 때까지 인수 정보를 추적할 수 있다. 만약 모든 상황이 좋아 보인다면 매수하고, 뉴스에서 눈을 떼지 말고 거래 과정을 추적하자.

이해를 돕기 위해 예를 한번 살펴보자. 2001년 6월 1일에 당신은 머저스탯을 살펴보고 Y주식회사가 Z주식회사를 주당 25달러에 매입하기로 하고 2002년 1월 1일에 거래를 완료하겠다고 발표한 기사를 발견했다고 하자.

당신은 Z주식회사의 현재 주가가 주당 24달러라는 것을 확인한다 (돈의 시간가치와 거래가 무산될 가능성 때문에 Z주식회사의 주가는 거래 발표 시점부터 거래 종결 시점까지 주당 25달러로 거의 고정되게 된다).

만약 당신이 Z주식회사의 주식을 2001년 8월 1일에 주당 24달러에 사서 2002년 1월 2일에 주당 25달러에 공개 매수에 응한다면 얻을 수 있는 연 수익률은 얼마일까? 연 수익률을 빠르게 계산하기 위해서는 미래와 현재 가치를 계산할 수 있는 재무계산기를 활용하는 게 빠르다.

당신이 가장 먼저 알아야 할 사항은 언제 거래가 종결될 것이냐 하는 것이다. 만약 거래가 완료되는 데 1년 정도 걸린다고 기대되면 계산기에 연 수(N)는 1, 현재가치(PV) 24달러, 미래가치(FV) 25달러를 입력하라. 다음 계산 버튼(CPT)를 누르고 이자율 버튼(%i)을 누른다. 당신은 4.2%라는 연 수익률을 얻게 된다. 그러나 거래가 종결될 때까지 걸리는 시간이 5개월로 더 짧아지면 연 수익률은 증가한다. 당신의 돈이 오직 5개월만 묶여 있으면 되기 때문이다. 이 과정을 살펴보자.

대부분의 거래가 종결될 때까지 1년을 넘기지 않으므로 5개월짜리 계산을 하기 위해 1년을 잘게 쪼개어 계산해야 한다. 1년을 12개월로 나누면 0.083333이 나오고, 여기에 거래 시작부터 거래 종결까지의 개월 수를 곱하면 된다. 이 예에서 거래는 5개월 후에 완료된다. 따라서 5를 0.083333에 곱하면 0.41666이 나온다. 연 수(N)에 0.41666을, 현재가치(PV)에 24달러를, 미래가치(FV)에 25달러를 입력하고 계산 버튼(CPT)를 누르고 이어서 이자율 버튼(%i)을 치면 연 수익률 10.29%를 구할 수 있다.

이 방법은 전편인 『주식투자 이렇게 하라』에 소개된 그레이엄의 방식보다 더 빠르다. 그러나 거래가 무산될 수 있는 위험 변수는 감안하지 못하는 단점이 있다. 버핏은 오로지 확실히 완료될 수 있는 상황에만 투자해야 한다고 생각한다. 또 거래가 무산되고 손실을 안겨줄 수 있는 미심쩍은 거래를 피하기 위해 많은 차익거래 건수에 투자하길 좋아한다. 많은 승리가 적은 수의 손실 금액 이상을 보상한다고 믿기 때문이다.

주의

주식 차익거래를 통해 많은 돈을 벌 수도 있으므로 이런 투자 영역에 대해 조사해볼 것을 심각하게 고려해야 한다. 앞에서도 말한 바와 같이 항상 이 말을 기억하자. 버핏은 오직 매수나 유동화가 발표된 후에만 차익거래 포지션을 취한다. 만약 발표 전에 소문만 가지고 차익거래를 하면 높은 수익을 거둘 수도 있지만 매우 위험한 투기적 주식 차익거래 게임에 빠져들 수도 있다. 이런 거래는 많은 고수들을 몰락으로 이끌었다.

핵심 요약

○ 버핏은 차익거래를 통해 주식시장의 하락기에도 파트너십에 긍정적인 결과를 만들어낼 수 있었다.

○ 온라인증권사들은 적은 돈을 가지고 투자하는 개인투자자도 차익거래를 통해 이익을 낼 수 있을 정도로 낮은 거래수수료를 제공하고 있다.

○ 버핏은 오직 공개적으로 발표된 거래에서만 차익거래 포지션을 취한다.

○ 머저스탯과 머니센트럴은 매일 합병 거래들을 목록화하는 등 공개적으로 발표된 합병 건에 대한 좋은 정보를 제공한다.

훌륭한 기업을 찾는 버핏의
수학적 계산법을 이용하라

이제 당신은 버핏의 투자 방법이 지속적 경쟁우위를 가진 기업을 찾아 주가가 합리적인 수준에 이르는 매수 기회를 기다리는 것이라는 말의 의미를 이해하게 되었을 것이다(매수 기회는 10월 주가 조정이나 매도 열풍 혹은 일시적이지만 결국 해결될 수 있는 문제의 발생 등이다). 가격이 맞을 때와 가격이 맞지 않을 때를 이해하느냐에 따라 억만장자와 백만장자가 구분된다. 무엇을 살 것인가와 얼마의 가격을 지불할 것인가에 따라 당신이 버는 수익의 양이 결정될 것이다. 당신은 이미 어떤 기업을 사야 하는지 알고 있다. 바로 지속적 경쟁우위를 가진 기업이다. 이제부터는 가능한 한 가장 낮은 가격을 지불하는 것이 가장 중요하다.

　가장 낮은 가격을 주고 주식을 사는 것이 얼마나 중요한 것일까? 버핏을 연구한 많은 분석가들과 기자들이 환상적인 기업을 사서 수년간 장기 보유만 하면 얼마에 사느냐는 생각할 필요가 없다고 믿는 것 같다.

이보다 더 잘못된 믿음은 없다 해도 과언이 아니다. 다음 경우를 생각해보자. 1991년에 H&R블록은 주당 19~38달러 선에서 거래되었다. 10년 후인 2001년에는 주당 80달러에 거래되고 있다. 만약 1991년으로 돌아가 주당 19달러에 사서 2001년에 80달러에 팔면 당신의 세전 연평균 복리수익률은 약 15.4%다. 반면 38달러에 사서 2001년에 80달러에 팔았다면 세전 연평균 복리수익률은 7.7%에 불과하다. 금액으로 계산해보자. 1991년에 주당 19달러에 10만 달러어치를 샀다면 연평균 15.4%씩 불어나 2001년에는 41만 8,849달러의 가치를 갖는다. 그러나 38달러에 10만 달러어치를 샀다면 연평균 복리 7.7%로 불어나 2001년에는 20만 9,969달러가 된다. 무려 20만 8,880달러나 차이가 난다. 더 많이 지불하면 더 적게 번다. 더 적게 지불하면 더 많이 번다.

당신이 위의 계산을 하는 것을 도와주기 위해 텍사스 인스트루먼트의 똑똑한 직원들은 그리 비싸지 않은 재무계산기인 '텍사스 인스트루먼트 BA-35 솔라'에 계산법을 입력해두었다. 우리는 단지 미래가치를 구하기 위해 어떤 버튼을 눌러야 하는지만 배우면 된다. 계산을 매우 쉽게 만들어주기 때문에 재무계산기를 하나 살 것을 권하고 싶다.

재무계산기로 위의 계산법을 적용하기 위해서는 다음과 같이 조작하면 된다. 먼저 계산기가 재무 모드에 맞춰져 있는지 확인한다(화면에 작은 FIN 표시가 나타날 때까지 Mode 키를 누른다). 그 다음 H&R블록의 1991년 주가인 19달러를 입력하고 PV 버튼을 누른다. 이어서 연 수인 10을 입력하고 N 버튼을 누른다. 2001년 매도가인 80달러를 입력하고 FV 버튼을 누른다. 다음으로 계산을 수행하는 계산(CPT) 버튼을 누르고 이자율을 나타내는 이자율(%i) 버튼을 누른다. 그러면 계산기가 10

년간 18달러에 대한 연평균 복리수익률이 15.4%라고 말해줄 것이다.

버핏의 가격 법칙은 단순하다. 가능한 한 가장 낮은 가격을 지불해야 한다는 것이다. 결국 지불된 가격이 복리수익률을 결정하고 당신이 부자가 될 것인지 말 것인지를 가름하기 때문이다.

시작해보자.

일단 구미가 당기는 기업을 압축했다면 다음 정보를 수집하라.

- 최근 시점의 손익계산서
- 최근 시점의 대차대조표
- 10년간 주당순이익
- 10년간 ROE

재무계산기를 꺼내서 버핏이 기업의 수익 창출 능력을 판별하기 위해 사용하는 내재가치 계산법을 시작하자. 두 가지 사항을 결정하기 위해서 이와 같은 일을 해야 한다. 첫번째는 그 기업이 지속적 경쟁우위를 가지고 있는가 하는 점이다. 만약 그러하다면 얼마나 강력한지를 결정한다. 두번째는 그 기업의 주가가 매수하기 적합한 선인가 하는 점이다. 적합한 주가 수준은 항상 주식시장이나 그 기업이 몇몇 유형의 재앙에 직면하고 있을 때 나타난다.

재무 계산법 1
대략적인 이익의 예측

—

버핏은 한 기업의 미래 이익을 예측할 수 없다면 그 기업이 매수 기회를 만들어주는 악재를 극복할 만한 힘이 있는지 판별할 수 없다는 사실을 발견했다. 기업의 이익이 예측 가능한지를 알아보는 방법은 매우 간단하며 또한 기본적인 내용이다. 모든 분석가들이 S&P나 밸류라인과 같은 자료를 훑어볼 때 이 계산법을 사용하는 셈이지만 이것이 현실에 적용될 수 있는 계산이라고 생각하는 사람은 거의 없다. 그러나 이것은 분명히 현실에 적용될 수 있는 계산이다. 당신이 통계 분석을 하는 출발점이기 때문이다. 수년에 걸친 기업의 주당순이익을 살펴보고 비교하는 것만으로도 계산을 하는 셈이다. 이익이 지속적인가 지속적이지 않은가? 이익이 상향 추세인가 아니면 로켓처럼 급속하게 올라갔다가 청룡열차처럼 급락하는가? 이익이 강력한가? 적자나 최근 이익이 약해지는 신호를 내고 있는가?

S&P와 밸류라인과 같은 투자정보 서비스는 수년 동안의 자료 목록을 제공함으로써 연간 수익의 비교를 용이하게 해준다. MSN의 머니센트럴, 야후의 금융 사이트 그리고 많은 사이트들도 같은 서비스를 제공한다. 우리는 재무 수치들이 가득한 투자의 나라에서 살고 있다.

당신이 발견하게 될 네 가지 유형의 이익 추이

당신은 네 가지 유형의 이익 추이를 발견하게 될 텐데 세 가지는 우리의 홍미를 끌지만 한 가지는 그렇지 않다. 다음의 기업 I에서 보는 바와 같이 완벽한 상황에서 기업의 주당순이익은 지속적으로 강한 모습을 보여주고 상승한 상향 추세다. 우리가 절대 관심을 갖지 말아야 할 기업은 기업 II처럼 변동성이 매우 심한 이익 추이를 가지는 기업이다.

	기업 I	기업 II
	지속적 경쟁 우위형 사업	가격경쟁형 사업
연도	주당순이익($)	주당순이익($)
91	1.07	1.57
92	1.16	0.16
93	1.28	(1.28)
94	1.42	0.42
95	1.64	(0.23)
96	1.60	0.60
97	1.90	1.90
98	2.39	2.39
99	2.43	(0.43)
00	2.69	0.69

기업 I은 기업 II보다 더 예측 가능한 이익 추이를 가지고 있다. 이걸 알아보는 데 꼭 천재여야 할 이유는 없다. 기업 I의 이익은 주당 1.64달러에서 1.60달러로 떨어진 1996년을 제외하고 매년 증가했다. 기업 II의 이익은 뚜렷한 추세 없이 들쑥날쑥하다.

당신은 어떤 기업의 미래 이익을 예측해야 하겠는가? 당연히 기업 I 이다. 당신이 아는 정보가 그 기업의 10년치 이익 추이밖에 없다 하더라도 기업 I의 이익이 강하고 상향 추세에 있다는 사실만큼은 명확히 알고 있다. 다음 질문은 "이런 상황을 만드는 원인이 무엇인가?"라는 것이다.

기업 II에 몇 가지 투자 메리트가 있을지는 모르겠지만 버핏의 관점에서 보면 강력한 이익의 부재는 기업 II의 미래 이익 예측이 불가능하다는 사실을 시사한다. 버핏이 이 예시를 언뜻 봤다면 오로지 기업 I만 고려 대상에 넣었을 것이다.

버핏의 스승인 벤저민 그레이엄은 그 사람이 뚱뚱하다는 것을 알기 위해 굳이 몸무게를 알 필요는 없다고 말하곤 했다. 같은 논리가 기업의 역사적 이익 추이를 점검하는 데에도 적용된다. 먼저 안정적인 이익 추세인지 불안정한 이익 추세인지를 점검하기 위해 지난 7~10년간의 주당순이익 수치를 모은다. 물론 명확한 예가 있는가 하면 불확실한 예도 다수 존재한다. 의심스러워 보인다면 주저하지 말고 떠나야 한다. 그러나 만약 흥미가 생긴다면 주저하지 말고 좀더 파고들어가 조사해보자.

적자 상황에 대한 이익 예측성의 적용

몇몇 악재 상황에서 주당순이익이 그 해에 후퇴를 경험할 수도 있다. 전년 동기 대비 부진한 실적일 수도 있고 아예 적자가 날 만큼 심각한 상황일 수도 있다.

문제에 봉착한 지속적 경쟁우위형 기업

연도	기업 III 주당순이익($)	기업 VI 주당순이익($)
91	1.07	1.07
92	1.16	1.16
93	1.28	1.28
94	1.42	1.42
95	1.64	1.64
96	1.60	1.60
97	1.90	1.90
98	2.39	2.39
99	2.43	2.43
00	급속한 감소 → 0.48	적자 전환 → (1.69)

　기업 III은 1999년보다 2000년에 매우 좋지 않은 실적을 기록한 전형적인 사례다. 보는 바와 같이 기업 IV는 적자를 기록했다.

　기업 III과 기업 IV는 2000년까지 강력하고 지속적이면서도 성장하는 이익 추이를 보여왔다. 문제는 2000년의 실적이 일시적인 현상인지 지속적인 현상인지 하는 점이다. 이것을 판별할 유일한 방법은 분석가라는 모자를 쓰고 기업의 최근 실태 파악에 뛰어드는 것이다. 만약 그 기업이 경쟁우위를 가지고 있다면 이익을 해친 장애물을 극복할 수 있을 정도로 강력한지를 판별해야 한다. 악재 상황이 영속적인 것인가? 아니면 경영진이나 경제적 환경이 결국 회복시켜줄 수 있는 문제인가?

핵심 요약

○ 어떤 기업의 10년간 주당순이익을 보면 그 기업에 대해 많은 것을 알 수 있다.

○ 버핏은 지난 10년간 주당순이익이 강력한 상승 추세에 있는 기업을 찾는다.

○ 버핏은 심하게 들쑥날쑥 한 이익 추이를 보이는 기업에는 관심이 없다.

○ 버핏은 최근에 일시적인 후퇴를 경험했지만 과거에는 강력한 주당순이익 추이를 보였던 기업에 관심이 있다.

재무 계산법 2
초기 수익률을 결정하기 위한 테스트

본격적으로 들어가기 전에 우선 버핏은 그가 '사업 전망'이라 일컫는 것에 근거해 투자한다는 사실을 이해해야 한다. 이것은 그가 투자한 기업의 이익을 지분율에 비례해서 생각한다는 것을 의미한다. 예를 들어 한 기업이 주당 5달러의 이익을 내고 버핏이 100주를 가지고 있다면 그는 500달러를 번 것으로 인식한다($5 × 100 = $500).

버핏은 또한 이 기업이 500달러를 배당으로 지급하거나 유보 후 재투자해서 기업 가치를 올리는 것 중 하나를 선택한다고 생각한다. 그는 주식시장이 장기적으로 기업 가치의 상승분을 인식해 주가를 끌어올린다고 여긴다.

이런 관점은 월가의 전문가들이 가진 관점과는 판이하게 다르다. 그들은 배당을 받기 전까지는 유보된 이익을 자신이 소유한 이익이라고 생각하지 않는다. 1980년대 초 버핏의 지주회사인 버크셔 해서웨이의 주가는 450달러였다. 오늘날 버크셔 주식은 주당 7만 5,000달러에 거래되고 배당을 하지 않는다. 버크셔 주가 상승은 버핏이 유보이익을 수익성 좋은 곳에 재투자함으로써 발생한 기업 가치의 상승에서 비롯되었다.

버핏은 기업 이익을 보유한 주식수에 비례해서 생각하기 때문에 특정한 매수 가격에서 기대할 수 있는 초기 수익률을 구하는 것이 가능하다.

2000년에 H&R블록은 예상 주당순이익 2.57달러에 주가는 30달러였다. 이것은 2000년에 H&R블록에 30달러를 지불하면 초기 수익률이 8.6%가 된다는 것을 의미한다($2.57 ÷ $30 = 8.6%).

버핏은 2000년에 주당순이익이 2.77달러인 엠 브랜즈의 주식을 주당 24달러에 사들였는데 이는 초기 수익률 11.5%를 의미한다. ($2.77 ÷ $24 = 11.5%)

그는 H&R블록이 7.6% 이상 매년 이자율이 늘어나는 채권이라는 확신을 갖기 위해 초기 수익률에 예상 주당순이익 성장률 개념을 더한다. 지분을 매각하기 전까지 첫 해에 8.5%, 둘째 해에 9.1%, 셋째 해에 9.8%, 넷째 해에 10.5% 이런 식으로 이자율을 주는 채권이라고 생각하면 된다(버핏이 28년간 보유한 워싱턴포스트는 2000년까지 초기 투자에 대한 연간 수익률이 116%까지 증가했다. 더 오래 보유할수록 결과는 더 좋다!).

이것이 바로 버핏과 그레이엄이 지불한 가격이 수익률을 결정한다는 논리를 도출한 시발점이다. 매수가가 높을수록 수익률은 하락한다. 반대로 매수가가 낮을수록 수익률은 올라간다. 따라서 당신은 가능한 한 낮은 가격을 지불함으로써 가장 높은 초기 수익률을 확보해야 한다.

핵심 요약

○ 버핏은 기업의 이익에 대해 독특한 관점을 취한다. 그는 이익을 소유한 지분에 비례해서 생각한다. 만약 주당 5달러의 이익을 내는 회사의 주식을 100주 가지고 있다면 그는 500달러를 벌고 있다고 인식한다.

○ 버핏은 만약 주당순이익이 5달러인 주식을 25달러에 사면 초기 수익률 20%를 얻을 수 있다고 믿는다($5 ÷ $25 = 20%).

○ 당신이 지불한 가격이 **수익률을** 결정한다.

재무 계산법 3
주당순이익 성장률을 결정하기 위한 테스트

–

기업의 주당순이익을 성장시키는 경영진의 능력이야말로 주주가 투자한 데 따른 이익을 증가시키는 핵심 요인이다. 주당순이익이 성장하기 위해서는 기업이 더 높은 주당순이익을 올리기 위해 유보이익을 활용해야 한다. 주당순이익의 증가는 결국 시가총액을 올리는 근본적 원인이 된다.

주당순이익을 증가시키는 기업의 능력을 평가하는 가장 빠르고 쉬운 수학적 방법은 지난 10년 그리고 지난 5년간 주당순이익의 연평균 복리 성장률을 계산해보는 것이다. 이것은 당신에게 주당순이익의 장단기 연평균 복리 성장률을 알 수 있도록 해준다. 장기적인 기업의 성격을 파악하고 경영진의 최근 성과가 장기적 성과와 유사한 것인지 판별하기 위해 두 개의 숫자를 사용한다.

몇 가지 사례를 보면서 깊이 있게 분석을 해보자. 먼저 신문업계의 거인인 가네트의 매년 주당순이익의 추이를 살펴보자.

1990년부터 2000까지 가네트의 주당순이익

연도	주당순이익($)
90	1.18 → 현재가치
91	1.00
92	1.20
93	1.36
94	1.62
95	1.71
96	1.89
97	2.50
98	2.86
99	3.30
00	3.70 → 미래가치

이제 당신이 가진 재무계산기를 꺼낼 차례다. 주당순이익의 연평균

복리 성장률을 계산하기 위해 1990년의 주당순이익이 1.18달러를 첫 해의 현재가치로 인식하고 그 다음 2000년의 주당순이익인 3.70달러를 미래가치로 인식한다. 연 수는 10이다(1990년을 기초로 1991년을 첫 해로 2000년을 10년째 해로 계산한다). 계산기를 재무 모드에 놓고 1.18달러를 입력하고 현재가치 키(PV)를 누른다. 미래가치로 3.70달러를 입력하고 미래가치 키(FV)를 누른다. 연 수로 10을 입력하고 연 수 키(N)를 누른다. 다음으로 계산(CPT) 버튼을 누르고 이자율(%i) 키를 누른다. 그러면 10년간 연평균 복리 성장률 12.1%를 구할 수 있다.

1995년부터 2000년까지도 1995년의 주당순이익 1.71달러를 현재가치로 써서 똑같은 방법으로 구하면 된다. 미래가치는 2000년의 3.70달러이고 연 수는 5이다. 계산(CPT) 버튼을 누르고 이자율(%i) 키를 누르면 세산기가 1995년부터 2000년까지의 연평균 복리 성장률이 16.6%라고 알려줄 것이다.

이렇게 구해진 두 가지 숫자는 여러 다른 부분들에 대해 알려준다. 첫번째는 1990년부터 2000년까지 10년간보다도 최근 지난 5년간의 이익 성장률이 더 높았다는 점이다. 여기서 던져볼 질문은 이런 변화를 발생시킨 사업적 요인이 무엇인가 하는 것이다. 가네트가 자사주를 매입했는가? 수익성이 좋은 새로운 사업에 뛰어들었는가? 아니면 단순히 광고 매출이 증가해서 이익이 증가했는가?

주당순이익 성장률을 적자 상황에 대입하기

당신은 다음의 기업 I과 기업 II의 사례에서처럼 과거 수년 동안 강력한 이익 성장을 보였지만 최근 들어 주당순이익이 급격히 감소했거나 적자 상황까지 이른 기업들의 상황을 보게 될 것이다.

문제에 봉착한 지속적 경쟁우위형 기업

연도	기업 I 주당순이익($)		기업 II 주당순이익($)	
89	0.95	→ 현재가치	0.95	→ 현재가치
90	1.07		1.07	
91	1.16		1.16	
92	1.28		1.28	
93	1.42		1.42	
94	1.64		1.64	
95	1.60		1.60	
96	1.90		1.90	
97	2.39		2.39	
98	2.43		2.43	
99	2.70	→ 미래가치	2.70	→ 미래가치
00	0.48	→ 제외	(1.43) 적자	→ 제외

주당순이익 성장률을 어떻게 구하는가? 그것은 오직 상황 분석에 달려있다. 만약 현재 상황이 일시적으로 넘어갈 수 있는 문제라면 계산을 할 때 부정적인 실적이 난 해를 제외할 수 있다. 간단히 얘기하자면 지난한 해를 추가하면 된다. 즉 기업 I과 기업 II에서 현재가치로 1989년의 주당순이익 0.95달러를, 미래가치로서 1999년의 주당순이익 2.70달러를 이용하라. 연 수는 마찬가지로 10이다. 이렇게 계산하면 연평균 복리

성장률은 11%가 나온다. 최근 1년을 제외할 수 있는 것은 오로지 현재 상황이 극복 가능하며 사업의 존재에 심대한 타격을 주지 않는 상황에만 한정된다(주의 : 8~9년치의 수치를 사용할 수도 있지만 7년 이하는 안 된다).

주당순이익의 지속성과 성장률 판별 연습

지속적 경쟁우위를 가지고 있다고 생각되는 기업을 골라서 다음의 방법을 사용해 주당순이익 성장률을 구해보자.

연도	연차	주당순이익	
90		_____	→ 현재가치(기준 년도)
91	1	_____	
92	2	_____	
93	3	_____	
94	4	_____	
95	5	_____	
96	6	_____	
97	7	_____	
98	8	_____	
99	9	_____	
00	10	_____	→ 미래가치

재무계산기를 활용한 계산법 : 주당순이익 성장률. 현재가치(PV)로 1990년 주당순이익을 사용한다. 미래가치(FV)로 2000년 주당순이익을 사용한다. 연 수(N)로 10을 입력한다. 계산(CPT) 버튼을 누르고 이자율(%i) 키를 누른다. 당신이 구한 주당순이익의 연평균 복리 성장률은 _____이다.

만약 지난 5년간 주당순이익 성장률을 구하고자 한다면 1995년을 현재가치로 2000년을 미래가치로 두고 연 수(N)에 5를 입력한다.

핵심 요약

○ 주당순이익을 성장시키는 경영진의 능력은 주가 상승의 핵심이다.

○ 주당순이익이 성장하기 위해서는 기업이 유보이익을 적극 활용해야 한다.

○ 주당순이익의 증가는 결국 시가총액의 증가로 이어진다.

재무 계산법 4
국채 대비 주식의 가치

버핏은 모든 투자 대상은 서로 경쟁한다고 생각한다. 그리고 국채 수익률은 모든 투자 대상이 궁극적으로 맞닥뜨려야만 하는 벤치마크다. 국채에 대비한 기업의 가치를 구하기 위해서는 현재 주당순이익을 국채 수익률로 나눠야 한다.

2000년 버핏의 H&R블록 투자 사례에서 주당순이익은 2.77달러였다. 2.77달러를 2000년 국채 수익률인 약 6%로 나누면 상대가치인 주당 46.16달러를 구할 수 있다($2.77 ÷ 0.06 = $46.16). 이것은 H&R블록을 주당 46.16달러에 사면 국채 수익률과 똑같은 6%의 수익률을 얻을 수 있다는 것을 의미한다. 즉 H&R블록이 46.16달러짜리 국채와 동일한 가치를 가진다.

버핏은 H&R블록을 국채 대비 가치보다 낮은 수준인 주당 24달러에 사들였다. 국채 수익률이 6%인 반면 버핏의 초기 수익률은 11.5%다. 어떤 투자를 하길 원하는가? 1990년부터 2000년까지 H&R블록의 주당 순이익은 매년 7.6%씩 성장했다는 사실도 잊지 말자.

이제 6%의 수익률을 주는 국채 24달러와 11.5%의 수익률에 매년 7.6% 씩 주당순이익이 성장하는 H&R블록 중에서 어떤 것을 소유하는 것이 더 나은지 자문해본다. 사실 어느 쪽도 원하지 않을 수도 있겠지만 선택 조건이 두 가지라면 당연히 H&R블록이 더 매력적이다.

만약 H&R블록 매수가 당신을 흥분시키지 못한다면 미국 1위의 주거 용 가구 제조업체인 퍼니처 브랜즈 인터내셔널에 투자한 버핏의 사례 로 가보자. 그는 2000년에 주당순이익 1.92달러에 주가 14달러, 초기 수익률 13.7%에 퍼니처 브랜즈를 사들였다. 매년 주당순이익 성장률 은 28%였다. 매년 28%씩 성장하는 13.7%의 수익률에 관심이 가는 가? 당연히 그럴 것이다.

많은 분석가들이 주당순이익을 국채 수익률로 나누면 기업의 내재가 치를 구할 수 있다고 하지만 사실 국채 수익률 대비 기업가치를 구할 수 있을 뿐이다.

같은 논리가 기업의 내재가치가 현재가치로 할인된 미래가치의 합이 라는 논리에도 적용된다. 만약 할인율을 구하기 위해 국채 수익률을 사 용한다면 국채 수익률 대비 할인된 현재가치를 구하게 되는 셈이다.

또한 국채 수익률은 세전 수익률이고 기업의 순이익은 세후 수익률 이라는 사실도 기억하라. 이를 감안하지 않고 양자를 단순 비교하는 것 은 어리석은 일이다. 하지만 아직도 이것은 매우 유효한 방법이다.

상대적 가치 비교표

기업명	주당순이익		국채 수익률		상대가치	현재주가
1. _____	_____	÷	_____	=	_____	_____
2. _____	_____	÷	_____	=	_____	_____
3. _____	_____	÷	_____	=	_____	_____
4. _____	_____	÷	_____	=	_____	_____
5. _____	_____	÷	_____	=	_____	_____

핵심 요약

○ 모든 투자 대상은 투자자의 자본을 두고 서로 경쟁한다.

○ 궁극적으로 가장 안전한 투자 대상은 국채다.

○ 국채 수익률은 다른 투자 대상에 대한 수익률과 경쟁한다.

○ 사업의 가치와 국채의 가치를 비교하면 사업에 대한 전망을 얻을 수 있다.

재무 계산법 5
주식의 미래가치를 예상하기 위한 주당순이익 성장률의 사용

역사적인 주당순이익 성장률을 사용하면 기업의 미래 주식 가치를 예
상할 수 있다. 예를 들어보자.

신문업계의 거인인 가네트는 1980년부터 1990년까지 꾸준한 주당순

이익 성장을 기록했다. 이때의 실적을 바탕으로 1990년부터 2000년까지 주당순이익을 예상할 수 있으며 다시 2000년 가네트의 주가 범위를 예상할 수 있다. 그렇게 되면 1990년에 가네트 주식을 샀다가 2000년에 팔았을 때 연평균 복리수익률이 얼마나 되는지도 도출이 가능하다.

가네트의 2000년 미래 주당순이익 예측하기

1980년부터 1990년까지 가네트의 주당순이익은 0.47달러에서 1.18달러로 성장했다. 이는 연평균 복리수익률 9.6%에 해당한다. 9.6% 성장률을 써서 1990년부터 2000년까지 향후 10년간 가네트의 주당순이익을 예측해보면 2000년에 2.95달러의 주당순이익을 예상할 수 있다. 이 수치를 도출하기 위해 PV=$1.18, N=10, 이자율(%i)=9.6%를 넣고 계산(CPT) 버튼을 누르고 미래가치(FV) 버튼을 누르면 2.95달러의 결과를 얻을 수 있다. 즉 2000년에 가네트의 주당순이익은 2.95달러가 될 것이다.

가네트의 2000년 주가 예측하기

1980년부터 1990년까지 가네트의 PER를 살펴보면 11.5배에서 23배 사이였다. 두 수치를 평균해서 역사적 PER를 17.5로 잡자. 가네트의 2000년 예상 주당순이익을 2.95달러로 놓고 PER 17.5를 곱하면 2000년 예상 주가는 51.62달러가 나온다($2.95 × 17.5 = $51.62).

가네트를 1990년에 사서 2000년에 팔았을 때 기대할 수 있는 연평균 복리수익률 예측하기

「월스트리트저널」을 보면 1990년에 가네트 주식은 14.80달러에 매수 가능하다는 사실을 알 수 있다. 재무계산기를 꺼내서 PV=$14.80, FV-$51.62, N-10을 입력하고 계산(CPT) 버튼을 누른다. 그 다음 이 자율(%i)키를 누르면 13.3%라는 연평균 복리수익률을 구할 수 있다. 이것은 만약 1990년에 가네트 주식을 사는 데 14.80달러를 쓰면 다음 10년 동안 13.3%의 연평균 복리수익률을 기대할 수 있다는 뜻이다.

이번에는 1990년 가네트에 14.80달러를 투자했으면 실제로 어떤 결과가 나타났는지 살펴보자. 2000년에 가네트의 주당순이익은 3.63달러로 우리가 예상한 2.95달러보다 조금 높은 수치다(그렇다. 이건 딱 맞게 나오는 과학은 아니다). 2000년 주가 또한 53달러에서 70달러 사이로 우리가 예상한 51.62달러보다 더 높다. 2000년에 가네트 주식을 53달러에 팔았다고 가정해보자. 당신이 1990년에 투자한 14.80달러에 대해 얻는 세전 연평균 복리수익률은 13.6%다(PV=$14.80, FV=$53, N=10을 입력하고 계산(CPT) 버튼을 누르고 이자율(%i) 키를 누르면 된다). 만약 2000년에 연중 최고가인 70달러에 팔았다면 1990년부터 2000년까지 세전 연평균 복리수익률은 16.80%로 올라간다.

가네트의 경우 우리의 예상치를 넘은 부를 창출했으므로 주식시장도 더 높은 PER를 적용해 가치를 재평가했다.

(궁금해할 수 있으니 추가로 계산을 해보자. 만약 1990년에 주당 14.80달러에 10만 달러를 투자했다면 연평균 복리수익률 16.8%로 증가해 2000년에는 거의 47만 2,528달러로 4배 넘게 증가했을 것이다.)

버핏은 주식의 가치를 일일이 계산하지 않는다는 사실을 명심하자. 그는 가네트가 얼마만큼의 가치를 갖는다거나 가치의 반값에 샀다는 식으로 얘기하지 않는다. 대신 스스로에게 물어본다. 만약 가네트를 사는데 그 기업이 가진 독특한 가치에 특정한 가격을 지불한다면 10년 뒤 기대할 수 있는 연평균 복리수익률은 얼마일까 하는 식으로 말이다. 기대되는 연평균 복리수익률이 결정되면 다른 투자 대상이나 인플레이션을 극복하기 위해 요구되는 연평균 수익률과 비교해본다.

버핏은 이런 방식으로 주식을 사들임으로써 매주 혹은 매달 주가의 추이에 대해 잊어버릴 수 있다. 그는 장기적으로 올릴 수 있는 연평균 복리수익률이 얼마쯤 되는지 알고 있을 뿐 아니라 결국 주식시장이 기업 가치의 증가분을 반영해 재평가할 것이라는 사실을 알고 있다. 이것이 바로 버핏이 매일매일의 주식시장 움직임에 대해 신경을 쓰지 않는 것으로 유명한 이유다.

핵심 요약

○ 어떤 기업이 지속적 경쟁우위를 가지고 있다면 그 기업의 주당순이익과 연간 성장률을 사용함으로써 미래 주가를 예상해볼 수 있다.
○ 버핏은 주식의 가치를 일일이 계산하지는 않는다.
○ 버핏은 스스로에게 다음과 같은 질문을 던져본다. "이 사업에 대해 특정한 값을 지불한다면 10년 뒤 내가 얻을 수 있는 연평균 복리 기대 수익률은 얼마나 될까?"
○ 버핏은 그의 전망치를 다른 투자자산의 것과 비교해본다.
○ 이런 방식을 사용함으로써 버핏은 주식을 사고 나서도 월스트리트가 매일 얼마로 가치 평가를 하는지에 대해 잊어버릴 수 있다.

재무 계산법 6
버핏이 높은 ROE를 내는 기업들을 선호하는 이유

버핏이 생각하는 방식에 따르면 지속적 경쟁우위를 가진 기업들은 지속적인 이익을 보이기 때문에 일종의 채권과 같은 성격을 가지게 된다. 그는 이런 주식을 일컬어 '채권성 주식(equity/bond)'이라고 부른다. 즉 사업이 벌어들이는 자기자본이익률(이하 ROE)이 채권 금리에 해당한다는 것이다. 버핏은 만약 주당 10달러의 장부가치를 가진 기업이 주당 2.50달러의 이익을 낸다면 25%의 자본 대비 수익률(달리 말하면 이자율)을 올리는 것이라 말한다($2.50 ÷ $10 = 25%).

그러나 이익이 일정치 않다면 ROE는 채권 금리처럼 고정되어 있지 않게 된다. 버핏은 주식에 채권의 개념을 도입해 주식을 사는 것은 변동금리 채권을 사는 것과 같다고 믿는다. 즉 이익이 증가하면 금리가 올라가고 이익이 줄어들면 금리가 낮아지는 식이다. ROE는 이익과 순자산(장부가치)에 따라 움직인다.

버핏이 ROE를 왜 그렇게 중요하게 여기는지를 완전히 이해하기 위해 앞서 살펴봤던 가설을 좀더 깊게 접근해보자.

기억이 가물가물할 테니 다시 한번 설명하자면, 자기자본은 기업의 총자산에서 총부채를 차감한 부분으로 정의된다. 이것은 당신이 집을 살 때의 자본 개념에 비교할 수 있다. 당신이 임대 목적으로 집을 사는데 20만 달러를 지불했다고 하자. 이중 5만 달러는 자기 돈이고 15만 달러는 은행에서 대출을 받았다. 여기서 5만 달러가 당신의 자본이 된

다($200,000 - $150,000 = $50,000)

　집을 임대해서 각종 비용과 대출금 이자를 제하고 남은 이익이 당신의 ROE가 된다. 만약 연 1만 5,000달러에 집을 임대하고 각종 비용, 이자, 세금 등으로 1만 달러가 나간다면 당신의 연간 순이익은 5,000달러가 된다. 5만 달러의 자본 투자에 대한 대가가 5,000달러가 되는 셈이다. 이때 연간 ROE는 10%다($5,000 ÷ $50,000 = 10%).

　사업을 소유할 때도 마찬가지다. A라는 기업이 있는데 자산이 1,000만 달러이고 부채가 400만 달러라고 하면 자기자본은 600만 달러다. A기업의 세후 순이익이 198만 달러라면 ROE는 33%가 된다. ($1,980,000 ÷ $6,000,000 = 33%) 따라서 자기자본 600만 달러로 33%의 수익률을 올린 셈이 된다.

다른 사업체를 소유했다고 가정하고 이 기업을 B라고 하자. A기업과 마찬가지로 1,000만 달러의 자산과 400만 달러의 부채를 가지고 있다면 자기자본은 600만 달러가 된다. 그러나 600만 달러의 자본에 대해 198만 달러가 아니라 48만 달러밖에 벌지 못했다면 B기업의 ROE는 8%가 된다($480,000 ÷ $6,000,000 = 8%).

	A기업	B기업
자산	$ 1,000만	$ 1,000만
부채	$ 400만	$ 400만
자기자본	$ 600만	$ 600만
세후 이익	$ 198만	$ 48만
ROE	33 %	8 %

두 기업 모두 같은 재무구조를 가지고 있지만 A기업의 수익성이 A기업보다 4배나 높다. 물론 더 나은 기업은 A기업이다.

A기업과 B기업의 경영진이 모두 자기 분야에서 정말 잘하고 있다고 생각해보자. A기업의 경영진은 33%의 ROE를 올리는 데 탁월한 능력을 발휘했고 B기업의 경영진은 8%의 ROE를 올리는 데 탁월한 능력을 발휘했다.

당신 같으면 어떤 기업에 투자하고 싶겠는가? 33%의 수익률을 내는 경영진을 보유한 A기업인가 아니면 8%의 수익률을 내는 경영진을 보유한 B기업인가? 당연히 A기업을 골라야 한다.

A기업의 주주로서 당신은 두 가지 선택권을 가진다. 하나는 결산일에 198만 달러의 배당을 받는 것이고 다른 하나는 A기업으로 하여금 이익 전부를 유보해서 경영진이 33%의 수익률을 추가로 올릴 수 있도록 하는 것이다. 어떤 선택을 하겠는가? 33%의 수익률이면 충분히 만족스러운가? 물론 그렇다. A기업은 당신을 큰 부자로 만들어줄 것이다. 따라서 A기업에 돈을 맡겨놓도록 하라.

B기업의 주주로서도 두 가지 선택권을 가진다. 48만 달러를 배당 받든지 아니면 이익을 유보해 경영진이 8%의 수익률을 내게 만드는 것이다. 8%면 충분한가? 분명 A기업 만큼 매력적이진 않다. 그렇다면 나는 다음과 같은 질문을 당신에게 던지고 싶다. B기업으로부터 배당을 받아서 A기업에 투자를 하라고 한다면 결정을 하는 데 도움이 되겠는가? 두말할 나위가 없다. 8%의 수익률밖에 안 나는 B기업에서 돈을 빼서 33%의 수익률을 내는 A기업에 투자해야 한다.

이제 왜 버핏의 매수 리스트에 높은 ROE를 보이는 기업들이 큰 부분을 차지하고 있는지 어느 정도 이해되리라 생각한다. 그러나 높은 ROE가 만들어내는 수익 창출 능력에 몇 가지 왜곡 현상이 있을 수도 있다. 여기에 대해 좀더 알아보자.

당신이 A기업이나 B기업을 사기 위해 시장에 나와 있다고 해보자. 당신은 이제 A기업과 B기업의 소유주에게 접근해 혹시 팔 의향이 있는지를 물어볼 것이다.

몇 페이지 앞에서도 언급했듯이 버핏은 모든 수익률은 궁극적으로 국채 수익률과 경쟁한다고 생각한다. 그는 세금을 부과하는 정부의 능력 때문에 채권은 매우 안전하고 투자자들도 그 사실을 인지하고 있다고 믿는다. 국채 금리가 오르면 주식시장이 하락하고 금리가 내리면 주식시상이 상승하는 것도 이런 이유 때문이다. 10%의 수익률을 주는 주식시장이 5%의 수익률을 주는 국채보다 훨씬 매력적이다. 그러나 금리가 12% 수준까지 올라가면 주식의 10%의 수익률은 갑자기 매력을 잃어버리고 만다.

A기업와 B기업의 소유주들이 이런 사실을 알고 있다면, 그들은 사업을 팔아서 얻을 수 있는 이익과 자본을 국채에 투자해서 얻는 이익을 비교해볼 것이다. 그들은 사업체를 소유하면서 생기는 번거로움을 잊고 지금 버는 만큼만 벌 수 있다면 사업체를 팔려고 할 것이다. 당신이 사업체를 사겠다는 제안을 할 때 국채 수익률이 8%라고 가정해 보자.

매년 198만 달러를 벌어들이는 A기업의 경우 198만 달러의 이자를 주는 국채의 가치는 2,475만 달러다. 따라서 A기업의 소유주는 당신에게 회사를 2,475만 달러에 팔겠다고 제안할 것이다. 만약 A기업에

2,475만 달러를 지불한다면 600만 달러 되는 자기자본의 약 4배, 그리고 198만 달러 순이익의 12.5배를 지불하는 셈이다.

매년 48만 달러를 벌어들이는 B기업의 경우 48만 달러를 지불하는 국채의 가치는 600만 달러다. 따라서 B기업의 소유주는 당신에게 회사를 600만 달러에 팔겠다고 제안한다. 이것은 기업 B를 사는 데 600만 달러를 지불하면 자기자본인 600만 달러와 동일한 금액 혹은 48만 달러 순이익의 12.5배를 지불하는 셈이다.

A기업와 B기업의 두 기업을 놓고 봤을 때 같은 재무구조를 가지고 있지만 국채 수익률과 대비한 가치는 A기업가 2,475만 달러, B기업가 600만 달러다. 만약 2,475만 달러를 주고 A기업를 사들이면 사들인 첫 해에 8%의 수익률을 기대할 수 있다. 마찬가지로 600만 달러로 B기업을 사들여도 사들인 첫 해에 8%의 수익률을 기대할 수 있다. 어떤 기업을 사든 마찬가지로 생각되는가?

버핏을 이해하는 핵심 중의 하나는 그가 어떤 기업이 다음 해에 얼마나 벌어들일 것인지에 대해서는 큰 관심이 없다는 것을 깨닫는 것이다. 그는 기업이 10년 뒤에 얼마나 벌어들일 것인지에 관심이 있다. 근시안적 시각을 가진 월가는 현재 상황에 초점을 맞추는 반면 버핏은 지속적 경쟁우위와 복리의 마술이 장기적으로 발휘되기 위해서는 장기적인 관점에 초점을 맞춰야 한다는 사실을 알고 있다. 이것이 바로 지속적 경쟁우위를 가지고 높은 ROE를 올리는 기업이 버핏에게 매우 중요한 의미를 가지는 이유다.

버핏이 이런 상황을 어떻게 보는지에 대해 살펴보자. 버핏은 A기업이 B기업보다 훨씬 더 매력적이라는 사실을 알고 있다. A기업의 경쟁력은 33%의 ROE를 올릴 수 있다는 점이다. 만약 경영진이 이와 같은 수치를 유지한다면 유보 이익 또한 33%의 이익을 낼 것이다. 이에 따라 매년 자기자본은 성장할 것이다. 버핏의 관심을 끄는 것은 늘어나는 자본과 이에 따른 이익의 증가다. 표를 통해 살펴보자.

연수	(연초) 자본($)	ROE	이익(다음 해 자본에 추가)($)
1	6,000,000	33 %	1,980,000
2	7,980,000	33	2,633,400
3	10,613,400	33	3,502,422
4	14,115,822	33	4,658,221
5	18,774,043	33	6,195,434
6	24,960,478	33	8,239,927
7	33,209,405	33	10,959,104
8	44,168,509	33	14,575,608
9	58,744,117	33	19,385,559
10	78,129,675	33	25,782,793
11	103,912,470	33	34,291,115

당신이 보고 있는 것은 33% 복리로 늘어나는 자기자본이다. (버핏은 가능한 한 가장 높은 복리수익률을 추구한다는 점을 잊지 마라.)

11년째 A기업의 자본은 1억 391만 2,470달러이며 기대되는 이익은 3,429만 1,115달러다. 만약 국채 금리가 8%라고 하면 3,429만 1,115

달러의 이자를 창출시키기 위해서는 4억 2,900만 달러어치의 국채가 필요하다.

첫 해에 A기업을 2,475만 달러를 주고 사서 10년 동안 계속 보유하다가 11년째 되는 해에 1억 391만 2,470달러의 자본 가치 수준에서 매각한다면 연간 복리수익률은 15.4%에 해당한다. 만약 11년째 예상 이익 수준인 3,429만 1,115달러의 이자를 수령할 만큼의 국채 액수인 4억 2,800만 달러에 매각한다면 연간 복리수익률은 33%다. 은행에 넣어두는 것보다 훨씬 좋은 수치다.

B기업의 경쟁력은 ROE 8%를 내는 수준이다. 이것은 경영진이 이와 같은 수치를 유지한다면 유보 이익으로 단지 8%의 수익률만을 낸다는 뜻이다. 달리 얘기해 매년 자기자본은 8%씩 성장한다.

연수	(연초) 자본	ROE	이익(다음 해 자본에 추가)
1	$ 6,000,000	8 %	$ 480,000
2	6,480,000	8	518,000
3	6,998,400	8	559,872
4	7,558,272	8	604,662
5	8,162,934	8	635,035
6	8,815,969	8	705,278
7	9,521,247	8	761,700
8	10,282,947	8	822,636
9	11,105,582	8	888,447
10	11,994,028	8	959,522
11	12,953,550	8	1,036,284

11년째 B기업의 자본은 1,295만 3,550달러이며 기대되는 이익은 103만 6,284달러다. 만약 국채 금리가 8%라고 하면 103만 6,284달러의 이자를 창출시키기 위해서는 1,295만 달러어치의 국채가 필요하다.

첫 해에 B기업을 600만 달러를 주고 사서 10년 동안 계속 보유하다가 11년째 되는 해에 1,295만 달러의 자본 가치 수준에 매각한다면 연간 복리수익률은 8%에 해당한다. 만약 11년째 예상 이익 수준인 103만 6,284달러의 이자를 수령할 만큼의 국채 액수인 1,295만 달러에 매각한다면 연간 복리수익률은 여전히 8%다.

당신에게 618만 7,500달러가 있다고 한다면 스스로에게 다음과 같은 질문을 해봐라. A기업의 지분 25%를 사는 것과 B기업 전체를 사는 것 중 어떤 것이 더 낫겠는가? B기업을 통째로 사는 것보다 A기업의 지분 25%를 사는 것이 훨씬 더 나을 것이다. 618만 7,500달러를 들여 A기업의 지분 25%를 샀다가 11년째 되는 해에 다시 판다면 2,597만 8,000달러를 받을 수 있으며, 연간 복리수익률은 그대로 15.4%가 나온다. 국채 수익률을 적용해서 판다면 1억 700만 달러, 연간 복리수익률 33%를 거둘 수 있다.

이제 당신은 A기업을 2,475만 달러 혹은 순이익의 12.5배에 사는 것이 얼마나 환상적인 거래인지 깨닫게 되었을 것이다. 조금 더 살펴보자.

A기업에 대해 2,475만 달러 혹은 순이익의 12.5배가 아니라 연간 순이익 198만 달러의 30배인 5,940만 달러를 지불했다고 하자. 그리고 나서 11년째 되는 해에 예상 순이익인 3,429만 1,115달러의 12.5배인 4억 2,863만 8,937달러에 팔았다고 하자. 이렇게 첫 해 순이익의 30배인 5,940만 달러를 지불하고, 10년이 지나 4억 2863만 8,937달러에 팔

아도 연간 복리수익률이 21.8%가 나온다.

연간 순이익의 40배인 7,920만 달러를 주고 샀다 하더라도 10년 후 4억 2863만 8,937달러에 팔았다면 연간 복리수익률이 18.3%다. 10년간 연간 복리수익률 18.3% 정도면 대부분의 펀드매니저들이 꿈꾸는 수치다.

시사점　　버핏은 비밀을 하나 알고 있다. 지속적 경쟁우위에서 이익을 창출하고 유보된 이익을 가지고 지속적으로 높은 ROE를 기록할 수 있는 뛰어난 기업들은 종종 높은 PER 수준을 보이는 것 같지만 사실은 때때로 바겐세일일 경우가 있다.

일부 독자들은 이것이 가상의 시나리오에 불과하지 실제로는 일어나지 않는 것이라고 생각할지도 모른다. 이런 사람들은 시장이 효율적이어서 모든 자산들은 딱 제 가치만큼 가격을 부여받고 있다고 생각한다.

그렇다면 다음 예를 생각해보자. 1993년 브리스톨 마이어스 스퀴브는 매년 약 35%의 높은 ROE를 지속적으로 보여주고 있었다. 이때 브리스톨 마이어스에 10만 달러를 투자해서 8년 동안 보유했다면 2001년에는 시장가치 기준으로 거의 110만 3,240달러로 커져 있었을 것이다. 세전 연간 복리수익률로 23%다. 8년 동안 배당으로 받은 금액만 3만 7,000달러에 이른다. 배당까지 포함하면 세전 연간 복리수익률은 24%로 올라간다. 1887년부터 같은 사업을 영위해온 기업에 8년간 투자했는데 24%의 세전 연간 복리수익률을 올린다는 점을 생각해보자. 지속성에 대해 얘기하고 있는 것이다.

버핏은 당시 브리스톨 마이어스 스퀴브의 지속적 경쟁우위와 높은
ROE를 목격했고 95만 7,200주를 사들였다. 버핏을 제외한 나머지 주
주들도 투자의 전설이자 억만장자가 되었을 것이다.

핵심 요약

○ 버핏은 주식을 일종의 채권으로 보고 주당순이익이 채권 이자와 같다고 생
   각한다.

○ 기업의 이익은 매년 변하기 때문에 버핏이 가진 채권성 주식에 적용되는 수
   익률은 보통의 채권처럼 고정되어 있지 않다.

○ 변동하는 수익률은 증가하면 투자자에게 좋은 것이지만 반대로 감소하면
   투자자에게 나쁜 것이다.

○ 성장하는 자본과 그에 따라 증가하는 이익은 버핏의 관심을 끄는 요소다.

재무 계산법 7
예상 연간 복리수익률 구하기 1

지금부터 버핏이 가장 중요하게 생각하는 연간 복리수익률을 추정하는 방법에 대해 알아보도록 하겠다. 버핏은 연간 복리수익률을 기준으로 움직인다. 주가가 하락해 예상 연간 복리수익률이 매력적으로 변하기 시작하면 그때부터 주식을 사기 시작한다. 수익률이 낮으면 매수는 당연히 보류된다. 반대로 아주 높은 연간 복리수익률이 나올 정도로 낮은 가격이라면 버핏은 지갑을 꺼내 말 그대로 미친 듯이 사들인다.

버핏의 세계에서 예상 연간 복리수익률은 모든 것을 지배한다. 그러나 이 공식을 알아보기 전에 모든 수학적 계산법은 단지 복잡한 경제 현실에 대해 조금 더 나은 그림을 보여줄 뿐이라는 사실을 이해해야 한다. 각각의 계산법은 당신에게 조금씩 다른 것들에 대해 알려줄 것이다. 그리고 사업의 수익 창출 능력에 대한 또다른 전망을 제공해줄 것이다. 수익 창출 능력은 예측의 핵심이다. 그리고 미래의 결과를 예측하는 능력은 부자로 가는 지름길이다.

버핏은 국채를 적절한 할인율로 사용해서 미래의 이익을 현재가치로 환산하는 방법을 통해 사업의 내재가치를 정의해왔다. 그는 이 정의에 대한 원천으로 존 버 윌리엄스(John Burr Williams)가 집필한 『투자 가치 이론(The Theory of Investment Value)』(하버드 대학 출판부, 1938)을 인용한다. 윌리엄스는 다시 로버트 F. 위스(Robert F. Wiese)의 기사 「미래 가치에 대한 투자(Investing for Future Values)」(배런스, 1930년 9월 8

일, 5페이지)를 인용한다. 위스는 이 기사에서 주식이든 채권이든 간에 증권의 적절한 가격, 즉 현재가치는 모든 미래 수입을 일정한 이자율로 할인한 총합이라고 설명했다(윌리엄스와 위스 모두 기업의 미래 이익이 아니라 미래 배당금을 언급했다는 점이 흥미롭다. 버핏은 배당으로 지급되느냐 안 되느냐에 상관없이 미래 이익을 할인 대상으로 사용한다).

우리는 어떤 사업이 다음 100년 동안 얼마나 벌어들일 것인지를 예측하는 것이 거의 불가능하다는 사실을 알고 있다. 물론 시도해볼 수야 있겠지만, 실제 세상은 변화가 일어나 사업의 경쟁력을 망치거나 바꿀 수 있는 곳이다. TV방송 산업을 한번 생각해보자. 1940년대에는 그 산업 내에서 활동하는 기업이 거의 없었다. 1960년대와 1970년대에는 진입만 할 수 있다면 환상적인 사업이었다. 오직 세 개의 채널밖에 없었기 때문이다. 그들의 독점적 지위가 워낙 강력했기 때문에 버핏은 1980년대 초에 만약 딱 한 종목에만 투자하고 10년 동안 무인도에 가게 된다면 그 종목은 바로 캐피털시티즈라고 말할 정도였다. 정말 엄청난 확신이 아닐 수 없다.

그러나 2000년에 버핏은 TV방송 사업이 과거와 같지 않다고 말했다. 오늘날 수십 개의 채널이 광고 예산을 놓고 격돌하고 있으며 이 채널들 전체는 시청자의 눈을 사로잡기 위해 인터넷과 경쟁하고 있다. 절대적으로 가라앉지 않는 사업은 거의 찾기가 어렵다.

역사는 우리에게 메디치, 크루프, 로스차일드, 윈체스터, 록펠러라 하더라도 사업의 수레바퀴가 항상 유리하게 돌아가는 것만은 아니라고 얘기하고 있다. 초기 TV 방송국들이 누렸던 것처럼 한때 향유하던 경쟁우위라 하더라도 기술적 변화나 정부 규제에 의해 하루 아침에 사라질 수도 있다. 베니스의 메디치 가문은 네덜란드가 아프리카 희망봉을 돌아가는 바람에 파괴된 동방 무역 독점권을 회복하기 위해 지난 500 년간 노력해왔다. 만물은 변화한다. 역사가 때때로 반복된다 할지라도 부는 끊임없이 사업의 물줄기를 시험하고 부가가치를 만드는 새로운 방법을 찾는 용기 있는 사람들에게 돌아간다.

이것만은 기억하라. 당신이 50년에서 100년 동안의 기업 이익을 예측해서 현재가치로 할인할 수 있는 행운을 잡았다고 생각한다면 그건 스스로를 바보로 만드는 꼴이다. 여기에는 너무나 많은 변수들이 존재한다.

벤 그레이엄이 이익 성장이 지속적이라고 가정하고 기업의 미래 이익을 현재가치로 할인하는 가치 평가는 미친 짓이라고 말했다는 것도 매우 흥미로운 일이다. 그는 "끊임없이 성장하는 수익력의 현재가치에 한계를 둘 만한 확실한 계산법은 하나도 없다"고 설명했다(벤 그레이엄, 『증권분석』, 1951년, 389페이지).

몇몇 분석가들은 미래 이익을 각기 다른 기간으로 나눔으로써 이 문제를 해결하려고 노력한다. 첫번째 기간에는 높은 성장률을 적용하고 두번째 기간에는 낮은 성장률을 적용하는 식이다. 윌리엄스가 논의한 대로 여기서의 문제는 이익 성장률이 할인계수로 사용되는 이자율보다 더 낮으면 한계가 없이 계속 성장이 이어진다 할지라도 주식이 제한된 가치를 가지는 것으로 결론이 나버린다는 점이다(윌리엄스, 『투자 가치 이론』, 89페이지).

추가적인 문제는 선택되는 할인률이다. 만약 할인률로 국채를 이용하면 실질적으로 국채 수익률에 대비해서 사업의 미래 이익을 할인하게 된다. 따라서 이자율이 변동하면 가치평가도 달라지게 된다. 이자율이 높아질수록 가치평가는 낮아진다. 반대로 이자율이 낮아질수록 가치평가는 높아진다.

할인률로 국채를 사용하면 나타나는 또다른 문제는 국채 수익률이 세전 개념이라는 점이다. 8%짜리 국채라 하더라도 실제 개인투자자에게 돌아가는 몫은 세후 5.52%다. 그런데 할인 대상인 기업의 미래 이익은 법인세 차감 후 이익이다. 이것은 배당만 지급되지 않는다면 8% 수익률은 그대로 8%로 인정이 된다는 뜻이다.

버핏은 향후 10년간 주당순자산 가치를 예측한다. 이 방법은 배당수익률이 아니라 역사적인 ROE 수치를 사용한다.

그는 10년 뒤 기업의 내락적인 순자산 가치를 결정하고 주당순자산 가치에 미래 예상 ROE를 곱한다. 그러면 그 기업의 미래 예상 주당순이익을 얻게 된다. 이런 계산법을 이용해서 미래의 주가를 예상할 수 있다. 여기에 현재가치로 주식에 지불한 가격을 이용하면 연간 복리수익률을 계산할 수 있다. 그 다음 예상 연간 복리수익률과 위험을 고려해 다른 투자 대상에서 나올 수 있는 수익률을 비교한다. 이때 반드시 필요한 부분은 인플레이션을 뛰어넘을 수 있느냐 하는 점이다.

버크셔 해서웨이를 보자. 1986년에 버크셔의 주당순자산은 2,073달러였다. 1964년부터 1986년까지 버크셔의 ROE는 연평균 23.3%였다. 1986년으로 다시 돌아가서 2000년의 주당순자산을 예측하고 싶다면 당신이 해야 할 일은 재무계산기를 꺼내서 재무 모드로 놓고 미래가치를 계산해보는 것이다. 한번 해보도록 하자.

먼저 현재가치(PV)로 1986년의 주당순자산인 2,073달러를 입력하고 이자율(%i)로 성장률인 23.3%를 입력한다. 계산(CPT) 버튼을 누르고 미래가치(FV) 키를 누르면 2000년에 버크셔의 주당순자산 가치는 3만 8,911달러가 나온다.

여기서 이런 질문을 던져봐야 한다. 2000년에 3만 8,911달러의 주당순자산 가치를 소유하기 위해서는 1986년에 얼마의 값을 지불해야 할까? 우선은 희망하는 수익률을 결정할 필요가 있다. 만약 당신이 버핏이라면 15%가 최소한의 희망 수익률이 된다. 그 다음 해야 할 일은 적절한 할인률로서 15%를 적용해 3만 8,911달러를 현재가치로 할인하는 것이다.

먼저 앞서 한 계산을 모두 지운다. 그다음 미래가치(FV)로 3만 8,911달러, 할인률(%i)로 15%, 연 수(N)로 14를 입력하고 계산(CPT) 버튼을 누르고 현재가치(PV) 키를 누른다. 계산기는 당신에게 14년 동안 연간 15%의 수익률을 얻기 위해서 지불해야 할 금액이 주당 5,499달러라고 알려줄 것이다.

1986년 신문을 찾아보면 버크셔 주식이 약 2,700달러에 시장에서 거래되고 있음을 알 수 있다. 놀라운 일 아닌가? 내가 기대하던 15%보다 더 높은 수익률을 올릴 수 있는 가격이다. 확인해보자. 현재가치(PV)로 2,700달러를, 미래가치(FV)로 38,911달러를, 연 수(N)로 14를 입력하고 계산(CPT) 버튼을 누른 후 이자율(%i) 키를 누르면 연간 복리수익률 20.9%가 나온다. 2000년까지 버크셔는 실제로 연 복리 23.6%로 주당순자산 가치를 증가시켜왔다.

그러나 이 사실을 기억하라. 당신이 버크셔의 가치가 늘어나길 참을성 있게 기다리는 동안 주식시장은 2000년에 버크셔를 정말로 좋아하게 되어서 최고가로는 7만 1,300달러, 최저가로는 4만 800달러를 제시했다. 만약 1986년에 버크셔를 주당 2,700달러에 사서 2000년에 7만 1,300달러에 팔았다면 14년 동안 연간 복리수익률은 26.39%가 나온다. (수익률을 구하기 위해서는 현재가치(PV)로 2,700달러, 미래가치(FV)로 71,300달러, 연 수(N)로 14를 입력하고 계산(CPT) 버튼을 누르고 이자율(%i) 키를 누르면 된다.) 만약 2000년에 주당 4만 800달러에 팔았다면 세전 연간 수익률은 약 21.4%다.

2000년에 버크셔 주식을 7만 1,300달러에 샀다고 하자. 만약 다음 10년간 주식을 보유한다면 연간 예상 복리수익률은 얼마일까?

우리는 버크셔의 2000년 주당순자산 가치가 4만 442달러이고 지난 25년간 연평균 복리로 23.6%씩 성장했다는 사실을 알고 있다. 향후 10년 뒤에도 이와 같다고 가정하면 2010년에 버크셔 해서웨이의 주당순자산 가치는 33만 6,524달러가 된다.

2010년에 주당순자산 가치가 33만 6,524달러가 되는 버크셔 해서웨이를 2000년에 주당 7만 1,300달러에 사면 연간 복리수익률이 얼마나 될까? 미래가치(FV)로 33만 6,524달러, 현재가치(PV)로 7만 1,300달러, 연 수(N)로 10을 입력하고 계산(CPT) 키를 누른 뒤 이자율(%i) 키를 누르면 연간 복리수익률 16.7%가 나온다. 매력적이긴 하지만 아주 매력적인 수준은 아니다. 2000년의 7만 1,300달러라는 주가는 사업 전망에 근거해볼 때 좀 애매하다.

물론 2010년의 주식시장이 광풍에 휩싸여 버크셔 주가가 주당순자산가치 이상으로 올라갈 수도 있다. 이렇게 된다면이야 지금 버크셔를 사도 행운을 잡을 수 있다. 아니면 가치에 비해 매우 낮게 거래될 수도 있다. 그러니 정확한 계산에 따르면 7만 1,300달러를 주고 버크셔 주식을 사면 연 복리수익률은 16.7% 내외가 될 것이다. 주식시장에서 매겨지는 주가가 단기적이라는 점을 무시한다면 사업의 장기적인 가치는 결국 주가에 반영되게 마련이다.

당신이 지불하는 가격이 결국 수익률을 결정한다는 버핏의 철학을 기억하라. 만약 2000년에 최저가인 4만 800달러에 버크셔를 사서 2010년에 주당순자산 가치인 33만 6,524달러에 판다면 10년 간 세전 연간 복리수익률은 23.4%다. 7만 1,300달러를 지불해서 얻게 되는 16.7%의 수익률보다는 훨씬 더 매력적이다.

버크셔를 놓고 보아도 낮은 가격을 지불할수록 수익률은 더 높아진다. 반대로 지불하는 금액이 클수록 수익률은 낮아진다. 즉 많이 낼수록 적게 버는 셈이다. 매우 쉬운 논리다.

만일 버핏이 계속 23.6%의 ROE를 기록할 수 없을 것 같다면 성장률을 평균치인 15% 정도로 잡으면 된다. 2000년의 4만 442달러의 주당순자산 가치를 가지고 15% 성장률로 예측해보면 2010년에는 주당순자산 가치가 16만 3,610달러로 증가한다. 만약 2000년에 버크셔를 4만 800달러에 사서 2010년에 16만 3,610달러에 판다면 연간 복리수익률은 14.8%다. 최고가인 7만 1,300달러를 지불하면 연간 복리수익률이 8.6%로 떨어진다. 이 정도 수치는 아주 빈약한 수준으로 매력적이지도 않고 수익성이 좋은 것도 아니다.

지난 25년간 버크셔 주가가 주당순자산 가치의 한두 배 정도에 거래 되었다는 것을 감안해 이 계산법에 다소의 가격 조정을 포함할 수도 있다. 이렇게 주가가 2010년 예상 주당순자산 가치의 두 배 정도에 거래된다고 하면 더 나은 결과를 기대할 수 있다.

2000년 버크셔 주식을 4만 800달러에 사서 연 복리 23.6%로 증가한 2010년, 주당순자산 가치인 33만 6,524달러의 두 배 가격인 67만 3,048달러에 팔았다고 하자. 당신이 얻는 10년간 예상 연간 세전 복리 수익률은 32.3%다. 이것은 최저가인 4만 800달러를 지불하고 버핏이 계속 23.6%짜리 홈런을 날리고 2010년에 주식시장이 버크셔를 짝사랑하게 되는 경우를 가정한 최상의 시나리오다. 더 잘 될 수 있다는 막연한 희망은 그림의 떡일 뿐이다.

버크셔의 미래 주가를 예측하기 위한 표

재미 삼아 15%의 성장률과 주가가 2010년 장부가치의 1.5배에 거래된다는 가정을 가지고 버크셔의 미래 주가를 계산해보자.

만일 2000년에 버크셔 주식을 4만 800달러에 사서 2010년에 24만 5,415달러에 팔면 예상 연간 수익률은 19.7%다. 7만 1,300달러를 지불하게 되면 연간 수익률이 13.2%로 떨어진다(주의 : 이 계산법에 고무되었다면 모든 해의 미래 장부가치를 구해보고 그에 따른 미래 주가를 계산해보자).

연도	연차	주당 장부가치($)
00		40,442 → 현재가치(기초년도)
01	1	_____
02	2	_____
03	3	_____
04	4	_____
05	5	_____
06	6	_____
07	7	_____
08	8	_____
09	9	_____
10	10	163,610 → 1.5를 곱하면 2010년의 주가와 같다.

재무계산기를 활용한 계산법 : 현재가치(PV)로 2000년 장부가치인 4만 442달러를, 이자율 (%i)로 15%를, 연 수(N)로 10을 입력하고 계산(CPT) 버튼을 누르고 이어서 미래가치(FV) 키를 눌러 버크셔의 2010년 미래 장부가치를 계산한다. 미래 주가는 1.5를 곱한 24만 5,415달러.

핵심 요약

○ 끊임없이 증가하는 순이익을 가진 기업의 미래 현금흐름을 할인하는 것은 불가능하다.

○ 어떤 기업이 다음 50년간 얼마나 벌어들일 것인지를 예측하는 것 또한 불가능하다.

○ 어떤 기업이 다음 10년간 얼마나 벌어들일 것인지를 대략 예측하는 것은 가능한 일이다.

재무 계산법 8
예상 연간 복리수익률 구하기 2

앞에서 우리는 미래 주당순자산 가치를 예측함으로써 버크셔 해서웨이의 미래 주가를 계산하는 방법을 배웠다. 또한 일단 미래 가치가 결정되면 투자를 통해 얼마의 연간 복리수익률을 낼 수 있는지를 예상하는 것이 가능하다는 것도 살펴봤다.

이번에는 기업의 미래 주당순이익을 예상해서 미래 주가를 예측하는 것을 배워보겠다. 어떤 기업에 투자해서 얻게 되는 연간 복리수익률을 예상하기 위해서도 이런 계산 결과를 사용하게 될 것이다.

브리스톨 마이어스 스퀴브의 지분을 처음 취득하게 된 버핏의 실제 예를 파헤쳐본다면 큰 공부가 되리라 생각한다.

브리스톨 마이어스 스퀴브 - 1993년

1993년에 버핏은 채권처럼 주식에 투자하는 논리를 사용해서 그의 지주회사인 버크셔 해서웨이를 통해 브리스톨 마이어스를 주당 13달러에 95만 7,200주 사들였다. 총 투자 금액은 1,244만 3,600달러다. 당시 브리스톨 마이어스의 주당 순자산가치는 2.90달러, 주당순이익은 1.10달러였다. 버핏의 관점에서 볼 때 그가 매입한 브리스톨 마이어스라는 채권성 주식은 1.10달러를 지불하겠다는 이자 지급 계약서가 붙어 있는 것이었다. 이것은 버핏이 보유한 채권성 주식이 자본 대비 37.9%의 수익률(37.9%의 ROE)을 준다는 의미다($1.10 \div $2.90 = 37.9\%$). 순이익

중 35%는 회사 내부에 유보되고 65%는 주주들에게 배당으로 지급되었다(브리스톨 마이어스 스퀴브에 적용된 수치들은 모두 2001년 주식분할을 감안해서 적용되었다).

이런 논리에 따라 버핏이 브리스톨 마이어스를 주당순자산 가치 2.90달러에 샀을 때 그의 2.90달러짜리 채권성 주식은 실제로 37.9%의 수익률을 올리는 것이라 계산했다. 또한 37.9%의 수익률을 두 가지 다른 형태의 수익률로 나눠서 생각했다.

첫번째 수익률은 37.9% 중 35%에 해당하는 것으로 회사에 유보되는 자본에 대비한 수익률이다. 이 수치는 주당 1.10달러 중 0.38달러에 해당한다.

두번째 수익률은 37.9% 중 65%에 해당하는 것으로 배당으로 지급되는 자본에 대한 수익률이다. 이 수치는 1.10달러 중 0.72달러에 해당한다. 이같은 수익률 비중은 개인이나 법인의 배당소득세를 고려해야 한다.

따라서 37.9%의 ROE는 두 가지 다른 수익률로 구성된다. 하나는 13.25%의 ROE로 브리스톨 마이어스에서 내부 유보해 자본에 더해지는 금액으로 0.38달러다(0.35 × 37.9% = 13.25%). 다른 하나는 24.65%의 ROE로 브리스톨 마이어스의 주주들에게 배당으로 지급되는 금액으로 0.72달러다(0.65 × 37.9% = 24.65%).

만약 브리스톨 마이어스 스퀴브가 다음 10년 동안도 37.9%의 ROE를 유지하면서 이익의 35%를 유보하고 나머지 65%를 배당한다고 가정하면 이 회사의 미래 주당순자산 가치와 주당순이익을 구할 수 있다.

이는 37.9%의 ROE 중에서 35%를 감안한 비율인 13.25%만큼 매년 주당순자산에 더해주면 된다.

따라서 1993년에 브리스톨 마이어스의 주당순자산 가치가 2.90달러라면 13.25%로 성장했을 때 1994년 주당순자산 가치는 3.28달러가 된다($2.90 × 1.1325 = $3.28).

재무계산기를 가지고도 계산할 수 있다. 현재가치(PV)에 2.90달러, 복리 이자율(%i)에 13.25, 연 수(N)에 1을 입력하고 계산(CPT) 버튼을 누르고 미래가치(FV)버튼을 누르면 값이 나온다.

2003년 주당순자산 가치를 구하고 싶다면 현재가치(PV)에 2.90달러, 복리 성장률(%i)에 13.25, 연 수(N)에 10을 입력하고 계산(CPT) 버튼과 미래가치(FV) 버튼을 차례로 누른다. 그러면 2003년 예상 주당순자산 가치로 10.06달러가 나온다.

주당순이익을 구하고 싶다면 주당순자산 가치에 37.9%를 곱하면 된다. 1993년 예상 주당순이익은 1993년 주당순자산 가치인 2.90달러에 37.9%를 곱한 값인 1.10달러다. 2003년 예상 주당순이익은 주당순자산 가치 10.06달러에 37.9%를 곱한 3.81달러다.

계산을 일일이 해서 1993년부터 2003년까지 10년간 브리스톨 마이어스 스퀴브의 주당순자산 가치와 주당순이익을 구해보자.

예상치는 보통 거기에 소요되는 종이만큼의 가치도 안 될 정도로 유용성이 떨어진다. 대부분의 재무분석가들은 1~2년의 예상 이익만을 예측해서 회사의 미래를 전망하고 매수 의견을 내곤 한다. 그러나 그레이엄은 분석가의 진정한 역할은 사업의 수익력을 검증하고 기업이 얻을 수 있는 수익의 장기 예상치를 구하는 것이라고 했다.

1993년부터 2003년까지의 예상치

연도	주당순자산 가치($)	주당순이익($)	주당배당금($)	주당이익유보금($)
93	2.90	1.10	0.72	0.38
94	3.28	1.24	0.81	0.43
95	3.71	1.41	0.92	0.49
96	4.21	1.59	1.03	0.56
97	4.77	1.80	1.17	0.63
98	5.40	2.04	1.33	0.71
99	6.11	2.32	1.51	0.81
00	6.92	2.62	1.70	0.92
01	7.84	2.97	1.93	1.04
02	8.88	3.37	2.19	1.18
03	10.06	3.81	2.48	1.33
			합계: $ 15.79	$ 8.48

l주당 이익유보금은 다음해 주당순자산 가치에 더해짐

위의 표에서 우리는 10년간 예상 순이익 수치를 구했다. 대부분의 경우에 이것은 어리석은 일이다. 그러나 버핏이 발견한 대로 만약 어떤 기업이 지속적 경쟁우위를 바탕으로 높은 ROE를 올린다면 이익의 정확한 장기 전망치를 구할 수 있다.

브리스톨 마이어스 스퀴브가 1993년부터 2003년까지 10년간 지속적으로 연간 37.9%의 ROE를 유지할 수 있다면 우리는 이 기업이 2003년에 약 3.81달러의 주당순이익을 기록할 것이라고 예상할 수 있다. 2003년까지 버핏은 배당 수입만 1,511만 4,000달러를 획득할 것이다

(총배당금 $15.79 × 957,200주 = $15,114,000).

따라서 버핏은 2003년까지 그의 초기 투자금액인 1,244만 3,000달러를 배당만으로 돌려받고도 추가적인 이익으로 여전히 브리스톨 마이어스 스퀴브 주식 95만 7,200주를 보유하고 있을 것이라 예상할 수 있다. 주가가 보수적 수준으로 거래된다면 예상 주당순이익 3.81달러를 곱해 68.58달러(18 × $3.81 = $68.58)가 되고 따라서 브리스톨 마이어스 스퀴브 95만 7,200주의 가치는 6,564만 5,000달러($68.58 × 95만 7,200주 = $6,564만 5,000)가 된다. 버핏이 2003년에 주식을 모두 정리하면 6,564만 5,000달러에 1,511만 4,000달러의 배당금을 합한 8,076만 달러를 벌게 된다. 나쁘지 않은 성적이다.

주의   예상 주당순이익에 곱할 PER를 고를 때 지난 10년간 연평균 PER를 택해야 최선의 예측치를 얻을 수 있다. 또한 가장 좋을 때와 가장 나쁠 때에 대한 예상을 하기 위해서는 지난 10년간 PER 최고치와 최저치를 적용해서 계산을 할 수도 있다. 그러나 주식이 항상 역사적 최고점 PER에서만 거래되는 것은 아니라는 점을 명심해야 한다. 예상을 할 때 가장 높은 PER를 적용하면 재앙으로 이어질 수 있다. 특히 PER의 최고점과 최저점의 차이가 클 때는 지난 10년간 연평균 PER에 주목해야 한다. 의심스러울 때는 항상 중도를 걸어라.

연도	연차	주가($)
93		12,443,000
94	1	_____
95	2	_____
96	3	_____
97	4	_____
98	5	_____
99	6	_____
00	7	_____
01	8	_____
02	9	_____
03	10	80,760,000

버핏의 브리스톨 마이어스 스퀴브 투자에 대한 연간 예상 복리수익률 구하기 : 현재가치(PV)로 초기 투자금액인 1,244만 3,000달러를 사용하고 2003년 예상 투자 회수금액 8,076만 달러를 미래가치(FV)로 사용한다. 연 수(N)로는 10을 입력하고 계산(CPT) 버튼과 이자율(%i) 키를 차례로 누른다. 연간 예상 복리수익률은 20.5%가 나올 것이다.

1993년부터 2003년까지 연간 복리수익률을 구하려면 재무계산기를 꺼내서 연 수(N)에 10, 현재가치(PV)로 초기 투자금액인 1,244만 3,000 달러, 미래가치(FV)로 8,076만 달러를 입력하고 계산(CPT) 버튼과 이 자율(%i) 키를 차례로 누른다. 그러면 연간 복리수익률 20.5%를 구할 수 있다.

이 모든 부를 창출하는 원천은 유보 이익을 가지고 37.9%의 ROE를 만들어내는 브리스톨 마이어스 스퀴브의 능력이다. 37.9% 중 35%는 배당 소득세 없이 자기자본에 추가된다. 이는 다시 부를 창출하는 원천인 총 자본에 더해져 유보 이익을 효과적으로 그것도 복리로 늘려나간다.

1993년부터 2003년까지 브리스톨 마이어스 스퀴브의 주당순이익을 예상해봤으므로 우리의 분석이 얼마나 맞아떨어지는지도 파악할 수 있다. 이를 위해 1993년부터 2003년까지 예상 주당순이익을 1993년부터 2001년까지 회사 측에서 발표한 실제 수치와 비교해보자.

브리스톨마이어스 스퀴브 예상 주당순이익과 실제 수치의 비교

연도	예상 주당순이익($)	실제 주당순이익($)	오차율(%)
93	1.10	1.10	0
94	1.24	1.15	8
95	1.41	1.28	10
96	1.59	1.42	12
97	1.80	1.61	12
98	2.04	1.55	32
99	2.32	2.05	13
00	2.62	2.40	9
01	2.97	2.55	16

1993년부터 2001년까지 8년간 예상치와 실제치와의 오차 범위는 8~32%다. 나쁘지 않은 수치다. 기복이 심하긴 하지만 7년 동안의 예

측치 오차는 불과 9%에 지나지 않았다는 점에 주목하자.

2001년까지의 예상치와 실제치의 차이를 비교해봄으로써 1993년에 행해진 예상의 유효성을 알 수 있을지 몰라도 남아 있는 2002년, 2003년의 예상 수치를 바탕으로 또다시 매수 의견을 내는 것은 그리 신중한 결정은 아니다. 만약 2001년에 브리스톨 마이어스 스퀴브 주식 매수를 고려하고 있다면 새로운 숫자가 필요할 뿐 아니라 이 회사가 매수하기에 적절한 가격에 거래되고 있는지를 판별하기 위해 새로운 예상을 해야 한다.

우리가 해본 1993년의 예상치는 2001년에 브리스톨 마이어스 스퀴브의 주가가 약 53달러에 거래되고 있을 것이라 말해줬다. 실제로 2001년 동안에 브리스톨 마이어스 스퀴브의 주가는 최저 50달러, 최고 70달러를 기록했다. 이것은 버핏이 1993년에 사들인 95만 7,200주가 4,780만 달러에서 6,700만 달러 사이의 가치를 지닌다는 뜻이다. 1993년부터 2001년까지 8년간 세전 연간 복리수익률은 18.3%～23%에 해당한다. 배당금인 6,040만 달러를 더하면 버핏의 세전 연간 복리수익률은 20～24.8%로 올라간다. 여기서 일어난 일은 주식시장이 브리스톨 마이어스 스퀴브의 장기적인 경쟁력을 알아차리고 PER 20～27배 정도로 높여서 가치를 부여했다는 것이다. 모든 일들이 항상 계획한 대로만 되는 것은 아니지만 만약 브리스톨 마이어스 스퀴브 만큼이나 강력한 지속적 경쟁우위를 가지고 있다면 놀라운 일들이 항상 일어나게 마련이다. 버핏의 경우 그 놀라운 일이란 초기 투자금액인 1,240만 달러가 4,144만 ～6,064만 달러의 이익으로 돌아왔다는 점이다.

브리스톨 마이어스 스퀴브는 몇 가지 굴곡을 겪을지도 모른다. 그러나 결국 경쟁력이라는 엔진이 계속 가동되어 주주들을 부자로 만들어 줄 것이다. 물론 너무 높은 가격에 주식을 사지 않는다는 전제가 있어야 함은 물론이다. 적절한 값을 지불하면 결국 부자가 되지만 잘못된 가격을 지불하면 개천에 빠질 수 있다는 점을 명심하라.

핵심 요약

○ 몇몇 기업들에 국한된 얘기긴 하지만 기업의 미래 이익을 어느 정도의 정확성을 가지고 예측해서 10년 후의 주가 범위를 대략 예상해보는 것은 가능한 일이다.

○ 예상 주당순이익 예측을 바탕으로 미래 주가를 예측할 때는 항상 지난 10년 간의 평균 PER를 사용해야 한다.

○ 예상치 못한 돌발 변수가 있을 수 있으므로 과거 10년 동안 나온 예상 이익 수치에 지나치게 의존하지 않도록 주의해야 한다.

CHAPTER 19

버핏의 최근 투자 사례 연구를 통해
그의 방식으로 생각하라

앞서 확인한 여러 계산법들을 다음의 사례를 통해 확인해보자. 여기에는 버핏의 2000년 H&R블록과 레이지보이 투자 사례와 전편인 『주식투자 이렇게 하라』에 소개했던 가네트와 프레디맥 사례도 포함시켰다. 이 사례들이 의미가 있는 것은 전편에서 버핏이 했던 예상들이 정확히 들어맞았는지를 살펴볼 수 있기 때문이다. 전편 이후에 가네트와 프레디맥은 주식 분할을 했다. 정확도를 높이고 실제 결과치와 비교해보기 위해 주식 분할을 감안한 수치들을 사용했다.

가격 분석에 적용된 수학적 계산법과 연간 복리수익률 예측에서 약간의 차이는 있지만 기본적으로 각각의 사례들에 적용된 포맷은 동일하다. 분석에 좀더 다양성을 부여하고 조금씩 다른 재무적 계산법들의 적용 사례를 보여주기 위해 이같은 변화를 두었다는 점을 이해해주기 바란다.

투자 사례 첫번째 : 2000년 H&R블록

H&R블록은 50년 이상 지속되어온 세금 계산 서비스의 절대 강자다. 버핏은 H&R블록에 대해 수년간 연구를 거듭했으며, 1999년 거품 붕괴 직후에 H&R블록 주식을 사들이기 시작했다. 평균 주당 29달러에 H&R블록 지분의 8%를 매입했다.

탐색 작업

버핏은 처음에 광고를 통해 H&R블록을 발견했다(그는 개인 소득세를 납부하기 위해 세무사를 고용하는 대신 직접 계산을 한다). H&R블록은 최근에 옵션 원 모기지(Option One Mortgage), 맥글래드리 앤드 풀렌(McGladrey & Pullen), 올드 파이낸셜(Olde Financial)을 인수함으로써 개인 대상 금융서비스로 사업 영역을 확장했다. 웹사이트를 방문해서 필요한 재무 정보를 얻고, 회사로 전화해서 연차보고서를 요청하고, 인터넷을 통해 뉴스와 재무정보를 확인하고 나면 분석을 시작할 수 있다.

지속적 경쟁우위를 가진 제품이나 서비스를 파는가, 아니면 가격경쟁형 제품이나 서비스를 파는가?

미국에서는 세금 계산 하면 누구나 H&R블록을 떠올린다. H&R블록은 45년 이상 같은 서비스를 제공했으며 미국에서 가장 큰 세금 계산 서비스 회사라는 명성을 쌓을 정도로 훌륭하게 일을 해왔다. 헨리 블록과 리처드 블록 두 형제가 1955년 캔자스시티에서 첫 사무실을 연 이후 미국과 캐나다에만 1,000개 이상, 해외에 13개, 미국 관할지에 2개의 사무실을 두고 1,900만 납세자들에게 서비스를 제공할 만큼 성장했다. 주력 서비스인 세금 계산은 H&R블록이 사무실을 처음 열었을 때 이래로 바뀐 게 없을 뿐 아니라, 앞으로도 변화가 없을 것이다. 만약 이 회사와 경쟁하고자 한다면 해자를 건너는 다리를 만드는 데만 수십억 달러가 소요될 것이다. 이것은 버핏을 빙그레 웃게 만드는 요인이다. 진입장벽이 높다는 것은 H&R블록이 지금껏 45년간 세금 계산 서비스 시장을 지배했던 것처럼 앞으로도 그럴 것이라는 사실을 의미한다.

제품이나 서비스를 이해할 수 있는가?

4월 1일에 잠에서 깨어 세금 환급 서류를 받지 못했다는 사실을 깨닫는 순간 당신은 감옥에 가게 될 것이다. 우체국에 가서 세금 관련 서류를 한 뭉치 가져와서 직접 어디에 무엇을 기재하는지 터득할 때쯤이면 이미 시간이 지나 여름이 되어 버릴 것이다. 당장 모든 서류를 가지고 H&R블록으로 달려가라. 세금 전문가들이 즉시 당신의 세금 환급 서류를 준비해줄 것이다. 세금 환급을 받게 되면 H&R블록은 당신이 받은 돈에서 61.95달러를 받는다.

재무구조가 안정적인가?

2000년에 H&R블록의 장기 부채는 8억 7,200만 달러에 불과한 반면 연간 2억 5,100만 달러를 버는 강력한 수익 창출 능력을 보였다. 3.5년이면 거둬들이는 이익만으로 쉽게 모든 부채를 갚아버릴 수 있다.

수익력이 강하고 상승 추이를 보이고 있는가?

연도	주당순이익($)
89	1.16
90	1.30
91	1.49
92	1.68
93	1.78
94	1.80
95	1.18
96	1.36
97	1.62
98	2.36
99	2.56

H&R블록의 결산일은 6월 1일이다. 이것은 1999년 회계연도가 2000년 6월 1일에 마감 됨을 의미한다. 버핏의 분석은 1999년 주당순이익 2.56달러에 기초했다. 주당순이익은 1989년부터 1999년까지 연간 복리로 8.2%씩 성장했는데 매우 강력하면서도 지속적인 수준이다. 지점 몇 개를 매각해 이익이 일시적으로 떨어졌던 1995년만 제외하고 이익은 상승 추세에 있다.

능력 범위 안에서 자본을 배치하고 있는가?

H&R블록은 가정용 세금 계산 서비스를 개발하고 금융서비스 회사들을 사들이는 등 영

업 부문에 투자를 해왔다. 이 질문에 대해서는 예라고 대답할 수 있을 것 같다.

자사주를 매입하는가?

H&R블록은 1989년부터 2000년까지 발행주식 중 900만 주를 사들였다. 이것은 경영진이 가능한 한 주주 가치를 증진하기 위해 자본을 사용하고 있다는 것을 보여주는 증거다.

경영진이 유보 이익을 활용해서 주당순이익을 높이고 주주 가치를 증진시키고 있는가?

1989년에 H&R블록의 주당순이익은 1.16달러였다. 이것은 1989년까지 벌어들인 모든 자본을 가지고 주주를 위해 주당 1.16달러를 만들어냈다는 의미다. 1989년부터 1999년까지 H&R블록의 총 주당순이익은 17.14달러였다. 17.14달러 중 9.34달러를 배당으로 지급하고 7.80달러를 내부 유보했다($17.14 − $9.34 = $7.80).

이 기간 중 주당순이익은 1.16달러에서 2.56달러로 증가했다. 우리는 1989년 1.18달러의 주당순이익은 1989년까지 H&R블록이 투자하고 유보한 모든 자본에서 비롯된다고 유추할 수 있다. 즉 1989년 1.16달러에서 2000년 2.56달러로의 주당순이익 증가는 H&R블록이 가진 지속적 경쟁우위와 1989년부터 1999년까지 내부 유보한 7.80달러를 훌륭하게 투자한 경영진의 능력에서 나온 것이다.

1999년 주당순이익 2.56달러에서 1989년 주당순이익 1.16달러를 차감하면 1.40달러가 나온다. 1989년과 1999년 사이에 유보된 7.80달러가 1999년에 추가적인 1.40달러의 이익을 만들어냈으며 수익률은 17.9%다($1.40 ÷ $7.80 = 17.9%).

이렇게 H&R블록은 1989년부터 1999년까지 유보한 7.80달러를 가지고 1999년에 17.9%의 수익률을 냈다고 할 수 있다.

ROE가 평균 이상인가?

주지하다시피 버핏은 어떤 기업이 평균 이상의 ROE를 보일 때를 좋은 신호라고 여긴다. 지난 30년간 미국 기업들의 평균 ROE는 약 12%다. H&R블록의 지난 10년간 ROE 추이는 다음 표와 같다.

지난 10년간 H&R블록의 평균 연간 ROE는 22%다. 그러나 더 중요한 것은 지속적으로 높은 ROE를 기록했다는 점이다. 이것은 지속적 경쟁우위가 존재한다는 강력한 신호다 (주의 : 낮은 ROE를 보인 1995년과 1997년에는 사업 매각이 있었다).

연도	ROE(%)
89	24
90	25
91	26
92	27
93	26
94	27
95	12
96	30
97	13
98	22
99	23

지속적으로 높은 ROTC를 보이고 있는가?

「밸류라인」을 확인해보면 H&R블록의 ROTC 추이는 다음과 같다.

지난 10년긴 언긴 평균 ROTC는 약 20%다. 더 중요한 것은 지속적으로 높은 ROTC를 보였다는 점이다. 지속적 경쟁우위가 있다는 강력한 신호다.

연도	ROTC(%)
89	24
90	25.1
91	26
92	27
93	26
94	27
95	12
96	30
97	11
98	18
99	15

인플레이션에 따라 가격을 자유롭게 올릴 수 있는가?

H&R블록은 인플레이션에 따라 가격을 지체 없이 올려왔다.

공장이나 기계를 최신식으로 유지하기 위해 대규모 자본 지출이 필요한가?

제조시설이나 연구 개발을 위해 큰 비용을 쓸 일이 없다. H&R블록은 많은 사무실과 임시 고용직을 보유하고 있다. 이 회사가 돈을 벌면 배당을 주거나 더 많은 사무실을 내거나 다른 수익성 좋은 사업을 인수하거나 자사주를 사들일 수 있고, 이미 그렇게 하고 있다.

탐색 작업의 결론

위와 같은 핵심 질문들에 대해 긍정적인 답변이 나왔다면 H&R블록을 이해할 수 있을 뿐 아니라 이 회사가 지속적 경쟁우위를 가지고 있다는 결론을 내릴 수 있다. 버핏도 물론 그렇다. 다음 질문은 H&R블록의 주가가 매수할 만큼 합리적인 가격에 거래되고 있느냐 하는 것이다.

가격 분석

지금까지도 계속 얘기했고 앞으로도 계속 얘기하겠지만 우선 지속적 경쟁우위를 가진 기업을 찾고 그 다음 매수 결정을 할 수 있는 주가를 찾아라.

초기 투자 수익률과 국채와의 상대적 가치

H&R블록 사례에서 1999년 주당순이익은 2.56달러였다. 2.56달러를 1999년의 장기 국채 이자율인 6%로 나누면 상대가치인 42.67달러가 나온다. 이것은 H&R블록 주식에 42.67달러를 지불하면 국채와 동일한 수익률을 얻게 된다는 뜻이다. 1999년 여름에 H&R블록을 주당 28달러 정도에 살 수 있었다. 앞서 언급했다시피 버핏은 평균 주당 29달러를

지불했다.

1999년 주당순이익 2.56달러짜리에 주당 28달러를 지불했다면 초기 수익률은 9%가 된다. 지난 10년 간 H&R블록의 주당순이익 성장 추이를 살펴보면 연간 복리로 8.2%씩 성장했다는 사실을 알 수 있다. 그렇다면 다음과 같은 질문을 던져보자. 6% 수익률의 국채 29달러어치를 보유하는 것이 더 낫겠는가 아니면 초기 수익률 9%에 매년 8.2%씩 성장할 것으로 예상되는 H&R블록 채권성 주식을 보유하는 것이 더 낫겠는가?

채권성 주식으로서의 H&R블록 주식

1999년 초에 H&R블록의 주당순자산 가치는 12.88달러였다. 만약 H&R블록이 다음 10년간 연평균 22%의 ROE를 유지할 수 있고 이익의 약 40%를 유보한다고 가정하면 (주의 : 기업이 얼마나 유보하느냐를 예상할 때는 과거 7~10년간의 역사적 평균값을 사용해야 한다) 주당순자산 가치는 연간 8.8%(22%의 40%는 8.8%)씩 성장해 10년 뒤인 2009년에는 약 29.93달러가 된다(현재가치(PV)로 12.88달러, 연 수(N)로 10, 이자율(%i)로 8.8%를 입력하고 계산(CPT) 버튼과 미래가치(FV) 버튼을 차례로 누르면 미래가치인 29.93달러가 나온다).

2009년에 주당순자산 가치가 29.93달러이고 여전히 22%의 ROE를 낸다면 H&R블록의 예상 주당순이익은 6.58달러다($29.93 × 0.22 = $6.58). H&R블록 주가가 지난 10년간 평균 PER인 22배에 거래된다면 주가는 약 144.76달러가 될 것이다($6.58 × 22 = $144.76). 1999년에 29달러를 주고 사서 2009년에 144.76달러에 팔면 예상 세전 연간 복리

수익률은 17.4%가 된다(주의 : 주식을 보유하는 동안 받을 배당을 감안하면 예상 세전 연간 복리수익률은 더 올라간다. 계산 방법을 충분히 숙지할 때까지는 사례를 단순화하는 것이 이해에 도움이 되므로 H&R블록과 레이지보이 사례에서는 배당 요인을 제외했다. 대신 가네트와 프레디맥 사례에서는 배당을 고려했다는 점을 밝혀둔다).

연간 주당순이익 성장률 수치를 이용한 투자

버핏은 주당순이익이 매년 8.2%씩 계속 성장하면 2009년에 주당순이익이 5.65달러까지 늘어난다는 사실을 알아차렸다(앞의 네번째 질문을 참고하라). 2009년에 지난 10년간 평균 PER인 22배에 거래된다면 계산을 통해 주가가 124.30달러가 된다는 사실을 알 수 있다($5.65 × 22 = $124.30).

이 계산식을 적용한다면 세전 연간 복리수익률은 15.6%다(계산기를 꺼내 현재가치(PV)에 29달러, 연 수(N)에 10, 미래가치(FV)에 124.30달러를 입력하고 계산(CPT) 버튼과 이자율(%i) 키를 차례로 누르면 이와 같은 수치를 얻을 수 있다).

가격 분석의 결론

2000년에 버크셔 해서웨이는 H&R블록 발행 주식 중 8.43%를 사들였다. 버핏은 이를 연간 8.2%씩 늘어날 것으로 예상되는 9%짜리 채권성 주식을 산 것이라 여긴다. 또한 10년간 주식을 보유하면 예상 세전 연간 복리수익률이 15.6~17.4%가 될 것이라 예상한다. 이것은 10년 뒤 버크셔가 투자한 주당 29달러가 세전 기준으로 124~144달러 정도의 가치를 가진다는 것을 의미한다. 불가능해 보이는가? 그렇다면 다른 방식으로 접근해보자. 2001년 6월 1일에 H&R블록의 주가는 약 60달러였다. 버핏이 얻은 1년 수익률만 107%에 이른다. 지속적 경쟁우위를 가진 기업에 투자를 하면 부자가 되는 데 반드시 10년을 기다려야 하는 건 아니다.

투자 사례 두번째 : 2000년 레이지보이

레이지보이는 안락의자 분야의 절대 강자다. 안락의자뿐 아니라 일반 의자, 소파, 취침용 소파, 탁자, 식당 및 침실 가구 등도 제조한다. 40년 이상 같은 산업에 종사해왔는데 달리 얘기하면 지속성이 있다는 뜻이다. 버핏은 2000년 2월 주식시장이 붕괴된 직후 주당 14달러 정도에 레이지보이 주식을 사들이기 시작했다. 2001년 12월에는 주가가 22.40달러였다.

탐색 작업

버핏은 레이지보이 의자에 앉아 보고서야 이 회사에 대해 처음 알게 되었다. 그는 네브래스카 퍼니처 마트에서 레이지보이를 구매함으로써 이 제품의 지속성을 몸소 체험했다. 인터넷을 통해 재무수치들을 알아보는 것은 매우 쉬운 일이다.

지속적 경쟁우위를 가진 제품이나 서비스를 파는가 아니면 가격경쟁형 제품이나 서비스를 파는가?

안락의자 하면 누구나 레이지보이를 떠올릴 것이다. 레이지보이는 또한 잉글랜드/코르세어, 센츄리언, 샘 무어, 바우하우스 USA 등의 브랜드 가구를 제조한다.

제품이나 서비스를 이해할 수 있는가?

당신은 피곤에 지친 몸을 이끌고 일터에서 집으로 돌아와 당신이 가진 레이지보이 의자에 편안히 앉아 TV를 켜고 휴식을 취한다.

재무구조가 안정적인가?

2000년에 레이지보이의 장기 부채는 1억 달러에 불과한 반면 연간 9,200만 달러를 버는 강력한 수익력을 보였다. 1.2년이면 거둬들이는 이익만으로 쉽게 모든 부채를 갚아버릴 수 있다.

수익력이 강하고 상승 추이를 보이고 있는가?

레이지보이의 2000년 주당순이익은 1.61달러였고 1990년부터 2000년까지 연간 복리로 14.1%씩 성장했다. 이익이 강력할 뿐 아니라 지속적이고 상향 추세를 보여주고 있다.

연도	주당순이익($)
90	0.43
91	0.46
92	0.50
93	0.63
94	0.67
95	0.71
96	0.83
97	0.92
98	1.24
99	1.56
00	1.61

능력 범위 안에서 자본을 배치하고 있는가?

그렇다. 레이지보이는 본 영업 부문에 투자하거나 다른 가구 제조업체들을 인수해왔다.

자사주를 매입하는가?

1990년부터 2000년까지 발행주식수의 2%에 해당하는 140만 주를 자사주로 사들였다. 이것은 경영진이 가능한 한 주주 가치를 증진시키기 위해 자본을 사용하고 있다는 것을 보여주는 증거다.

경영진이 유보 이익을 활용해서 주당순이익을 높이고 주주 가치를 증진시키고 있는가?

1989년에 레이지보이의 주당순이익은 0.43달러였다. 이것은 1990년 말까지 벌어들인 모든 자본을 가지고 주주를 위해 주당 0.43달러를 만들어냈다는 의미다. 1990년부터 2000년까지 레이지보이의 총 주당순이익은 9.12달러였다. 9.12달러 중 2.63달러를 배당으로 지급하고 6.49달러를 내부 유보했다($9.12 - $2.63 = $6.49).

1990년과 2000년 사이에 레이지보이의 총 주당순이익은 9.12달러였고, 이중 주당 2.63달러를 배당해서 주당 6.49달러는 자본에 추가되었다. 이 기간 중 이 회사의 주당순이익은 0.43달러에서 1.61달러로 증가했다. 우리는 1990년 0.43달러의 주당순이익은 1990년까지 레이지보이가 투자하고 유보한 모든 자본에서 비롯된다고 유추할 수 있다. 즉 1.16달러의 주당순이익 증가분은 레이지보이가 가진 지속적 경쟁우위와 이익 유보금 6.49달러를 훌륭하게 투자한 경영진의 능력에서 나온 것이다.

2000년 주당순이익 1.61달러에서 1990년 주당순이익 0.43달러를 차감하면 1.18달러가 나온다. 1990년과 2000년 사이에 유보된 6.49달러가 2000년에 추가적인 1.18달러의 이익을 만들어냈는데 수익률은 18.18%다($1.18 ÷ $6.49 = 18.18%).

이렇게 레이지보이는 1990년부터 2000년까지 유보한 6.49달러를 가지고 2000년에 18.18%의 수익률을 냈다고 할 수 있다.

ROE가 평균 이상인가?

주지하다시피 버핏은 어떤 기업이 평균 이상의 ROE를 보일 때를 좋은 신호라고 여긴다. 지난 30년간 미국 기업들의 평균 ROE는 약 12%다. 레이지보이의 지난 10년간 ROE 추이는 다음 표와 같다.

연도	ROE(%)
91	10.2
92	10.4
93	11.9
94	11.2
95	11.4
96	11.4
97	12.6
98	15.9
99	17.0
00	16.5

지난 10년간 레이지보이의 평균 연간 ROE는 12.8%로 미국 기업들의 평균보다 조금 더 나은 정도다. 그러나 중요한 것은 1999년과 2000년에 훨씬 더 높은 ROE를 보이고 있다는 점이다.

지속적으로 높은 ROTC를 보이고 있는가?

레이지보이의 ROTC 추이는 다음 표와 같다. 지난 10년간 연간 평균 ROTC는 약 12.3%로 미국 기업들의 평균보다 조금 더 나은 정도다. 그러나 더 중요한 것은 지난 3년간 지속적으로 높은 ROTC를 보였다는 점이다. 지속적 경쟁우위가 있다는 강력한 신호다.

연도	ROTC(%)
90	9.0
91	9.1
92	9.0
93	10.5
94	9.5
95	10.2
96	11.3
97	11.1
98	14.3
99	14.5
00	14.5

인플레이션에 따라 가격을 자유롭게 올릴 수 있는가?

레이지보이는 인플레이션에 따라 가격을 바로 올려왔다.

공장이나 기계를 최신식으로 유지하기 위해 대규모 자본 지출이 필요한가?

레이지보이는 40년 동안 다소의 변형을 가했지만 기본적으로 똑같은 종류의 안락의자를 만들어왔다. 생산 설비를 지속적으로 개선하거나 연구 개발에 많은 돈을 쓸 필요가 없다.

이 회사가 돈을 벌면 배당을 주거나 다른 가구 제조업체를 인수하거나 자사주를 사들일 수 있고, 이미 그렇게 하고 있다.

탐색 작업의 결론

버핏은 위와 같은 핵심 질문들에 대해 긍정적인 답변이 나왔다면 레이지보이를 이해할 수 있을 뿐 아니라 이 회사가 지속적 경쟁우위를 가지고 있다는 결론을 내린다. 다음 질문은 레이지보이의 주가가 매수할 만큼 합리적인 가격에 거래되고 있느냐 하는 것이다.

가격 분석

우선 지속적 경쟁우위를 가진 기업을 찾고 그 다음 매수 결정을 할 수 있는 주가를 찾아라.

초기 투자 수익률과 국채와의 상대적 가치

레이지보이 사례에서 2000년 주당순이익은 1.61달러였다. 1.61달러를 2000년의 장기 국채 이자율인 6%로 나누면 상대 가치인 26.83달러가 나온다. 이것은 레이지보이 주식에 26.83달러를 지불하면 국채와 동일한 수익률을 얻게 된다는 뜻이다. 2000년에 레이지보이는 주당 14달러 정도에 살 수 있었다. 이것이 버핏의 평균 매수 단가였다.

2000년 주당순이익 1.61달러짜리에 주당 14달러를 지불했다면 초기 수익률은 11.5%가 된다. 지난 10년간 레이지보이의 주당순이익 성장률은 연 복리로 8.2%다. 그렇다면 6% 수익률의 국채 14달러어치를 보유하는 것이 더 낫겠는가 아니면 초기 수익률 11.5%에 매년 14.1%씩 성장할 것으로 예상되는 레이지보이 채권성 주식을 보유하는 것이 더 낮겠는가?

채권성 주식으로서의 레이지보이 주식

2000년에 레이지보이의 주당순자산 가치는 9.80달러였다. 만약 레이지보이가 다음 10년 간 연평균 12.8%의 ROE를 유지할 수 있고 이익의 약 71%를 유보한다고 가정하면 주당순자산 가치는 연간 9.1%(71%의 12.8%는 9.1%)씩 성장해 2010년에는 약 23.41달러가 된다(재무계산기를 꺼내서 현재가치(PV)로 9.80달러, 연 수(N)로 10, 이자율(%i)로 9.1%를 입력하고 계산(CPT) 버튼과 미래가치(FV) 버튼을 차례로 누르면 미래가치인 23.41달러가 나온다).

2010년에 주당순자산 가치가 23.41달러이고 여전히 12.8%의 ROE를 낸다면 레이지보이의 예상 주당순이익은 2.99달러다($23.41 × 0.128 = $2.99). 레이지보이 주가가 지난 10년 간 평균 PER인 15배에 거래된다면 주가는 약 44.85달러가 될 것이다($2.99 × 15 = $44.85). 2000년에 14달러를 주고 사서 2010년에 44.85달러에 팔면 예상 세전 연간 복리수익률은 12.34%가 된다(주의 : 2000년부터 2010년까지 받을 배당을 감안하면 예상 세전 연간 복리수익률은 더 올라간다).

연간 주당순이익 성장률 수치를 이용한 투자

이 회사의 주당순이익이 매년 14.1%씩 계속 성장하면 2010년 주당순이익은 6.02달러가 된다. 2010년에 지난 10년간 평균 PER인 15배에 거래된다면 계산을 통해 주가가 90.30달러가 된다는 사실을 알 수 있다

($6.02 × 15 = $90.30).

　이 계산식을 적용해보면 10년 후 그 가치는 주당 90.30달러로 늘어난다고 예상할 수 있다. 이때 세전 연간 복리수익률은 20%다(현재가치(PV)에 14달러, 연 수(N)에 10, 미래가치(FV)에 90.30달러를 입력하고 계산(CPT) 버튼과 이자율(%i) 키를 차례로 누르면 이와 같은 수치를 얻을 수 있다).

가격 분석의 결론

레이지보이에 대한 투자는 버크셔 해서웨이가 연간 14.1%씩 늘어날 것으로 예상되는 11.5%짜리 채권성 주식을 산 것이라고 볼 수 있다. 또한 10년간 주식을 보유하면 예상 세전 연간 복리수익률이 12.34%~20%라는 것을 알 수 있다. 이것은 버크셔가 투자한 주당 14달러가 10년 후에는 세전 기준으로 44.85~90.30달러 정도의 가치를 가진다는 것을 의미한다. 참고로 2001년 12월에 레이지보이의 주가는 약 22달러였다. 버핏이 얻은 1년 6개월 수익률만 35%에 이른다. 지속적 경쟁우위를 가진 기업은 종종 뜻밖의 주가 상승으로 당신을 놀라게 한다.

전편에 소개된 투자 사례 첫번째 : 1994년 가네트

신문 사업에 대한 버핏의 짝사랑은 아마도 워싱턴DC에 살던 어린 시절에 시작되었던 것 같다. 그는 거기서 「워싱턴포스트」를 배달했다. 이미 언급했다시피 그는 후일 워싱턴포스트의 주요 주주가 되었다.

광고시장이 불황에 허덕이던 1994년 여름에 버핏은 신문 지주회사인 가네트 지분을 대규모로 사들이기 시작했다. 그는 총 3억 3,521만 6,000달러를 투자해 가네트 보통주 1,370만 9,000주를 사들였다. 주식 분할을 감안하면 평균 매수 단가가 24.45달러다. 이제 버핏이 가네트의 어떤 부분에 그토록 매력을 느꼈는지 살펴보자(주의 : 가네트 주식은 1997년에 2분의 1로 분할되었다. 처음에 예상했던 결과와 실제 결과치를 좀더 쉽게 비교하기 위해 역사적인 수치들을 주식 분할을 감안해 조정했다).

탐색 작업

가네트에 대해 투자 아이디어를 찾는 것은 매우 쉬운 일이다. 미국 전역의 신문 가판대에서 「USA투데이」를 찾을 수 있다. 당신이 전국으로 배포되는 「USA투데이」를 읽어봤다면 한번쯤 이런 질문을 던져봤을지 모른다. 어떤 회사가 이 신문을 발행할까? 이 회사는 상장이 되어 있을까? 물론 가네트가 「USA투데이」를 발행하고 상장 또한 되어 있다.

가네트는 38개 주와 미국 직할지 등에서 190개의 신문을 발행하고 있다. 이중 가장 큰 신문은 「디트로이트 뉴스(발행부수 31만 부)」와 「USA투데이(발행부수 210만 부)」다. 가네트는 신문뿐 아니라 13개의 라디오 방송국과 15개의 TV 방송국을 보유하고 있다.

일단 재무 정보들을 수집했다면 본격적으로 질문을 던져보자.

지속적 경쟁우위를 가진 제품이나 서비스를 파는가 아니면 가격경쟁형

제품이나 서비스를 파는가?

우리가 알다시피 신문, 라디오, TV방송국은 좋은 사업들이다. 신문은 그 지역에 유일한 존재일 때 훌륭한 사업이 된다. 지얼하시 않은 경쟁은 신문사 주주들에게 더 큰 광고 매출을 의미하기 때문이다. 가네트가 소유한 대부분의 신문들은 그 지역에서 독점적 지위를 가지고 있다.

제품이나 서비스를 이해할 수 있는가?

물론이다. 투자자이자 소비자로서 그 제품에 대해 매우 잘 알고 있는 사례들 중 하나에 속한다. 당신이 출장을 가서 어느 공항에 아무 할 일이 없이 대기하고 있다가 가판대로 가서 신문을 하나 사려고 한다. 어떤 신문을 사겠는가? 지역 신문인가? 아니다. 당신은 그 지역정부에서 어떤 일이 일어나고 있는지에 대해 전혀 관심이 없다. 하지만 여기 「USA투데이」가 있다. 「USA투데이」는 전국적인 뉴스를 다룬다.

재무구조가 안정적인가?

가네트는 1994년에 장기 부채 7억 6,700만 달러, 순자본 18억 달러를 보유하고 있었다. 1994년의 순이익이 4억 6,500만 달러였으므로, 마음만 먹으면 2년이 채 안 되는 기간에 모든 부채를 다 갚아버릴 수 있다.

수익력이 강하고 상승 추이를 보이고 있는가?

다음 페이지의 표에서 보는 바와 같이 1994년의 주당순이익은 1.62달러였고 1984년부터 1994년까지는 연간 8.75%로, 1989년부터 1994년까지는 연간 5.4%로 성장했다. 이익은 매우 안정적이었다. 광고 요율 하락으로 출판 미디어 업계가 불황에 시달리던 1990년과 1991년을 제외하고 1984년부터 1994년까지 순이익이 매년 증가했다. 여기서 어떤 산업에서의 전반적인 불황은 매수 기회가 되기도 한다는 점을 다시 한번 기억하자.

연도	주당순이익($)
84	0.70
85	0.79
86	0.86
87	0.99
88	1.13
89	1.24
90	1.18
91	1.00
92	1.20
93	1.36
94	1.62

능력 범위 안에서 자본을 배치하고 있는가?

그렇다. 가네트는 미디어 산업에 계속 남아 있다.

자사주를 매입하는가?

그렇다. 가네트는 1988년부터 1994년까지 발행주식 중 4,240만 주를 자사주로 매입했다.이것은 경영진이 가능한 한 주주 가치를 증진시키기 위해 자본을 사용하고 있다는 것을 보여주는 증거다.

경영진이 유보 이익을 활용해서 주당순이익을 높이고 주주 가치를 증진시키고 있는가?

1984년부터 1994년까지 가네트의 총 유보 이익은 5.82달러였다. 주당순이익은 1984년 0.70달러에서 1994년 1.62달러까지 0.92달러만큼 성장했다. 이렇게 가네트는 5.82달러의 총 유보 이익을 가지고 1994년에 0.92달러의 세후 이익 증가를 이뤄냈다. 수익률은 15.8%에 해당한다($0.92 ÷ $5.82 = 15.8%).

ROE가 평균 이상인가?

지난 11년간 가네트의 평균 연간 ROE는 20.4%다. 그러나 더 중요한 것은 지속적으로 높은 ROE를 보이고 있다는 점이다. 이것은 경영진이 유보 이익을 새로운 프로젝트에 잘 배치하는 데 뛰어난 능력을 발휘했다는 증거다.

연도	ROE(%)
84	19.6
85	19.9
86	19.3
87	19.8
88	20.4
89	19.9
90	18.3
91	19.6
92	21.9
93	20.8
94	25.5

지속적으로 높은 ROTC를 보이고 있는가?

이 기간 중 가네트의 ROTC는 최저 11.2%에서 최고 18.8%까지의 범위를 가진다. 평균 ROTC는 15.3%다. 이것이야말로 우리가 찾고 있던 수치다.

인플레이션에 따라 가격을 자유롭게 올릴 수 있는가?

과거에는 신문 한 부를 찍어내는 데 10센트가 들었지만, 지금은 50센트에서 1달러 정도가 든다. 그러나 신문과 TV방송국의 진짜 수익 모델은 광고를 판매하는 것이다. 만약 그 지역에서 유일한 신문을 소유하고 있다면 대안이 많지 않으므로 높은 광고 요율을 책정할 수 있다. 이미 살펴봤다시피 구인업체, 슈퍼마켓, 자동차 딜러, 극장 등은 지역 신문에 광고를 반드시 해야 한다. 전체로 놓고 볼 때 가네트는 매출을 감소시키지 않고도 인플레이션에 따라서 가격을 조정할 수 있는 능력을 가지고 있다.

공장이나 기계를 최신식으로 유지하기 위해 대규모 자본 지출이 필요한가?

엄청나게 많은 돈을 벌어들이더라도 현재의 경쟁력을 유지하기 위해 끊임없이 대규모 자본 지출을 할 수밖에 없다면 그 이익은 자본 지출로 상쇄될 수밖에 없다. 가네트의 주력 사업부문인 신문과 방송 사업은 일단 초기 인프라만 확보하면 자본재 마련과 연구개발에 많은 돈이 들지 않는다. 인쇄기를 아무리 가동해도 닳아 없어질 때까지는 수십 년이 걸린다. TV와 라디오 방송국도 가끔 새로운 전송 장비로 교체해주면 그만이다.

이것은 가네트가 많은 돈을 벌어도 연구개발에 많은 비용을 투입할 필요가 없고 공장이나 기계를 업그레이드하는 데 큰 비용이 들지 않는다는 것을 의미한다. 대신 배당을 하거나 더 많은 신문사나 방송국을 인수하거나 자사주를 매입할 수 있으며, 이는 가네트의 주주들을 더욱 부자로 만들어줄 것이다.

탐색 작업의 결론

버핏은 위와 같은 핵심 질문들에 대해 긍정적인 답변이 나왔다면 가네트가 그의 능력 범위 안에 속할 뿐 아니라 어느 정도의 확신을 가지고 미래 이익을 예측할 수 있다는 결론을 낸다. 그러나 질문에 대해 긍정적인 답변이 나왔다고 해서 그 즉시 매수로 연결되는 것은 아니다. 다음으로는 주가가 우리의 다른 투자 대안과 비슷하거나 그 이상의 수익률을 올릴 수 있을 만한 것인지를 계산해봐야 한다.

가격 분석

우선 지속적 경쟁우위를 가진 기업을 찾고 그 다음 매수 결정을 할 수 있는 주가를 찾아라.

초기 투자 수익률과 국채와의 상대적 가치

가네트의 1994년 주당순이익은 1.62달러였다. 1.62달러를 1994년의 장기 국채 이자율인 7%로 나누면 상대 가치인 23.14달러가 나온다. 이것은 가네트 주식에 23.14달러를 지불하면 국채와 동일한 수익률을 얻게 된다는 뜻이다. 1994년에는 가네트를 주당 23.10~29.50달러 정도에 살 수 있었다. 버핏의 평균 매수 단가인 24.45달러를 지불한다면 초기 수익률은 6.6%가 된다.

지난 10년간 가네트의 주당순이익은 연간 복리로 8.75%씩 성장했다. 그렇다면 7% 수익률의 국채 24.45달러어치를 보유하는 것이 더 낫겠는가 아니면 초기 수익률 6.6%에 매년 8.75%씩 성장할 것으로 예상되는 가네트라는 채권성 주식을 보유하는 것이 더 낫겠는가?

채권성 주식으로서의 가네트 주식

1994년에 가네트의 주당순자산 가치는 6.52달러였다. 만약 가네트가 다음 10년간 연평균 20.4%의 ROE를 유지할 수 있고 이익의 약 60%를 유보한다고 가정하면 주당순자산 가치는 연간 12.24%(60%의 20.4%는 12.24%)씩 성장해 2004년에는 약 20.68달러가 된다(현재가치 (PV)로 6.52달러, 연 수(N)로 10, 이자율(%i)로 12.24%를 입력하고 계산 (CPT) 버튼과 미래가치(FV) 버튼을 차례로 누르면 미래가치인 20.68달러가 나온다).

2004년에 주당순자산 가치가 20.68달러이고 여전히 20.4%의 ROE를 낸다면 가네트의 예상 주당순이익은 4.22달러다($20.68 × 0.204 = $4.22). 가네트 주가가 지난 10년간 최저 PER인 15배에 거래된다면 주가는 약 63.30달러가 될 것이다($4.22 × 15 = $63.30). 10년간 최고 PER인 23을 적용하면 주가는 97.06달러다($4.22 × 23 = $97.06). 1994년부터 2004년까지 받게 될 총 예상 배당금을 더하면 초기 투자 금액 24.45달러에 대한 10년간의 총 세전 연간 복리수익률은 11.87~16.09%가 된다.

연간 주당순이익 성장률 수치를 이용한 투자

주당순이익이 계속 8.75%씩 성장하고 가네트가 이익의 60%를 유보하고 나머지 40%를 배당으로 지급한다면 다음 10년간 주당순이익과 지급 배당금은 다음 표와 같다.

연도	주당순이익($)	배당($)
95	1.76	0.70
96	1.91	0.76
97	2.08	0.83
98	2.26	0.90
99	2.46	0.98
00	2.67	1.07
01	2.91	1.16
02	3.16	1.26
03	3.44	1.37
04	3.74	1.49

합계 : 10.52

이것은 2004년에 가네트의 주당순이익이 3.74달러라는 것을 예측할 수 있음을 의미한다. 가네트가 지난 10년간 최저 PER인 15배에 거래된다면 주가는 56.10달러가 될 것이다($3.74 × 15＝ $56.10). 세전 배당 수취액인 10.52달러를 더하면 총 세전 수익은 주당 66.62달러로 올라간다.

지난 10년 간 최고 PER인 23배에 거래된다면 2004년에 주가는 86.02달러가 될 것이다. 배당 수취액인 10.52달러를 더하면 총 세전 수익은 주당 96.54달러가 된다.

당신이 1994년으로 돌아가 버핏이 되어서 이 방법을 통해 가네트 한 주에 24.45달러를 썼다면 10년 후 그 가치는 배당을 포함해 주당 66.62~96.54달러가 될 것이라 예상할 수 있다. 세전 연간 복리수익률은 10.55~14.72%다(현재가치(PV)에 24.45달러, 연 수(N)에 10, 미래가치 (FV)에 66.62달러 혹은 96.54달러를 입력하고 계산(CPT) 버튼과 이자율(%i) 기를 치례로 누르면 이와 같은 수치를 얻을 수 있다).

가격 분석의 결론

버핏은 1994년 여름과 가을에 걸쳐 가네트 주식을 주당 24.45달러에 1,370만 9,000주를 매수했다. 총 매수금액은 3억 3,521만 6,000달러에 이른다. 이 주식을 사면서 그는 연간 8.75%씩 늘어날 것으로 예상되는 6.6%짜리 채권성 주식을 산 것이라 여겼다. 또한 10년간 보유하면 예상 세전 연간 복리수익률이 10.55%에서 16.09% 사이 정도가 될 것이라 예상했다.

이것은 10년 뒤 그가 투자한 3억 3,521만 6,000달러가 세전 개념으로 9억 1,322만 6,960달러와 14억 9,074만 5,000달러 사이 정도로 늘어날 것이라는 것을 의미한다.

버핏의 가네트에 대한 예측은 얼마나 정확했는가?

예측이 맞았는지 틀렸는지는 결국 시간이 얘기를 해준다. 가네트에 대한 예측은 얼마나 정확했을까? 이제 2000년까지의 수치를 가지고 우리가 했던 예측의 정확도를 점검해보자.

예상 이익과 실제 이익의 비교

연도	예상 이익($)	실제 이익($)	오차율(%)
95	1.76	1.71	-2.8
96	1.91	1.89	-1.0
97	2.08	2.50	+20.2
98	2.26	2.86	+26.5
99	2.46	3.30	+34.1
00	2.91	3.63	+25.0

표에서 보듯이 과거 6년 중 4년간 가네트의 실제 결과치는 우리의 예상을 뛰어넘었다. 오차 폭은 -2.8%에서 +34.1%까지다. 이 기간 중 주당 순이익은 우리의 예상치인 8.75%와는 달리 연간 16.2%씩 성장했다. 이런 성과를 목격한 주식시장은 2002년에 주가를 76달러까지 밀어 올렸다. 버핏이 이때 팔았다면 그의 연간 세전 복리수익률은 배당을 제외하고도 15.2%에 이른다. 돈을 제대로 배치한 셈이다.

전편에 소개된 투자 사례 두번째 : 1992년 연방주택금융공사(프레디맥)

버핏은 은행 산업에 투자하던 중 프레디맥으로 알려진 연방주택금융공사를 발견하게 되었다. 프레디맥은 주택 금융과 자산 유동화 사업을 전개하고 있다. 만약 당신이 집을 사기 위해 주택을 담보로 대출을 받는다고 하자. 그러면 은행은 담보를 프레디맥에 매각하고 프레디맥은 다시 다른 담보들과 묶어 큰 담보 풀을 만들어 여기에 대한 지분을 기관투자가들에게 매각한다. 따라서 당신이 주택담보대출에 대한 이자를 지급하면 결국에는 기관투자가들의 손에 쥐어주는 셈이 된다. 월가에서는 이렇게 유동화된 담보 풀을 밈보부지당체권이라고 부른다.

프레디맥이 은행 소유에서 상장기업으로 변화된 1988년에 버크셔해서웨이는 자회사인 웨스코 파이낸셜을 통해 이 회사의 지분 4%를 취득했다. 1992년에 버핏은 버크셔를 통해 주당 9.67달러, 총 3억 3,700만 달러를 들여 프레디맥 지분 3,484만 4,400주를 추가로 매수했다. 1992년 말 버크셔는 프레디맥의 지분 9%를 보유하게 되었다.

우리가 살펴볼 사례는 버크셔가 1992년에 단행한 프레디맥에 대한 지분 추가 매수가 될 것이다. 초점은 1992년에 버핏으로 하여금 지분을 추가 매수하게끔 만든 프레디맥의 경쟁력에 맞춰진다.

탐색 작업

프레디맥에 대해 투자 아이디어를 찾는 것은 쉽지 않은 일이다. 주식은 눈에 보이지만 실제 생활에서 이 회사와 마주칠 일이 별로 없기 때문이다. 하지만 프레디맥에서 발행되는 정기간행물을 찾아보거나 회사 측에 연차보고서를 요청한다면 우리가 던지는 질문 리스트에 대답을 할 만한 충분한 정보를 확보할 수 있으리라 생각한다.

지속적 경쟁우위를 가진 제품이나 서비스를 파는가 아니면 가격경쟁형 제품이나 서비스를 파는가?

주택담보대출이 무차별 상품이긴 하지만 패니메이라는 유사한 회사와 함께 집을 사고 싶은 사람들을 도와주기 위해 정부가 허가한 사업이라는 진입장벽을 가지고 있다. 프레디맥과 패니메이는 주택담보대출이라는 시장을 계속 과점하고 있는 셈이다.

제품이나 서비스를 이해할 수 있는가?

대부분의 사람들은 주택담보대출이 어떻게 이뤄지는지를 이해하고 있다. 프레디맥은 은행들이나 담보대출회사들로부터 많은 담보를 사들여서 묶은 다음에 여기에 대한 지분을 보험회사와 같은 기관투자가들에게 파는 사업을 하고 있다. 이런 구조 때문에 은행이나 담보대출 회사들은 대출을 계속할 수 있다.

재무구조가 안정적인가?

그렇지 않다. 그러나 프레디맥의 부채는 이에 대응하는 유동성 높은 자산으로 상쇄될 수 있다. 또한 정부 대행 기관이라는 특수성을 향유하고 있어 금융상의 문제가 발생하면 납세자들이라는 두둑한 지갑을 가지고 있는 미국 정부가 즉각 나서서 문제들을 해결해준다. 그리고 담보 물건에 심각한 훼손이 생긴다면 프레디맥이 자가치료를 할 수도 있다.

수익력이 강하고 상승 추이를 보이고 있는가?

프레디맥의 이익은 1986년부터 1992년까지 매년 17.6%씩 성장했다. 이익은 안정적이고 우상향하는 주세에 있다.

연도	주당순이익($)
86	0.31
87	0.38
88	0.48
89	0.55
90	0.58
91	0.77
92	0.82

능력 범위 안에서 자본을 배치하고 있는가?

그렇다. 담보부저당채권에만 집중하고 있다.

자사주를 매입하는가?

자사주를 매입하지 않는다. 그러나 신주를 발행하지도 않았다(참고 : 1995년에 프레디맥은 자사주 매입 프로그램을 시작했다).

경영진이 유보 이익을 활용해서 주당순이익을 높이고 주주 가치를 증진시키고 있는가?

1986년부터 1992년까지 프레디맥의 총 유보 이익은 2.75달러였다. 주당순이익은 0.51 달러 증가했다. 따라서 유보 이익 2.75달러를 가지고 세후 기준으로 0.51달러를 만들어 낸 것이라 할 수 있다. 수익률은 18.5%에 해당한다.

ROE가 평균 이상인가?

연도	ROE(%)
86	25.9
87	25.5
88	24.1
89	22.8
90	19.4
91	21.6
92	17.4

지난 7년간 프레디맥의 평균 연간 ROE는 22.3%다. 그러나 더 중요한 것은 지속적으로 높은 ROE를 보이고 있다는 점이다. 이것은 경영진이 유보 이익을 잘 배치하고 사업을 확장하는 데에 뛰어난 능력을 발휘했다는 증거다.

지속적으로 높은 ROTC를 보이고 있는가?

프레디맥은 금융회사다. 따라서 ROTC를 보는 대신 ROA에 주목해야 한다. 버핏이 주식을 사들일 때의 평균 ROA는 1.3%였다. 금융회사에서 1%가 넘는 ROA는 바로 우리가 찾고 있는 것이다.

인플레이션에 따라 가격을 자유롭게 올릴 수 있는가?

인플레이션은 주택 가격을 상승시킨다. 상승한 주택 가격은 더 많은 담보를 의미한다. 더 많은 담보는 다시 프레디맥이 먹을 파이가 더 커지는 식으로 이익이 증가하는 것을 의미한다. 1억 달러의 담보에 6% 수수료를 부과하면 600만 달러를 벌게 된다. 만약 가격이 2배가 되어 2억 달러가 되고 똑같이 6%의 수수료를 부과하면 1,200만 달러를 벌게 된다. 숫자가 더 커질수록 프레디맥은 더 많이 돈을 번다.

공장이나 기계를 최신식으로 유지하기 위해 대규모 자본 지출이 필요한가?

프레디맥은 담보를 유동화하는 사업을 하므로 자본재나 연구 개발에 자본을 지출할 필요가 없다. 즉 영업을 확장하기 위해 공장을 확장할 필요가 없는 데다가 공장이나 기계를 최신식으로 바꾸는 데 따르는 대규모 자본 지출이 필요없다.

탐색 작업의 결론

버핏은 위와 같은 핵심 질문들에 대해 긍정적인 답변이 나왔다면 프레디맥이 그의 능력 범위 안에 속할 뿐 아니라 어느 정도의 확신을 가지고 미래 이익을 예측할 수 있다는 결론을 낸다. 그러나 질문에 대해 긍정적인 답변이 나왔다고 해서 그 즉시 매수로 연결되는 것은 아니다. 그 다음으로는 주가가 우리의 다른 투자 대안과 비슷하거나 그 이상의 수익률을 올릴 수 있을 만한 것인지를 계산해봐야 한다.

가격 분석

우선 지속적 경쟁우위를 가진 기업을 찾고 그 다음 매수 결정을 할 수 있는 주가를 찾아라.

초기 투자 수익률과 국채와의 상대적 가치

프레디맥의 1992년 주당순이익은 0.82달러였다. 0.82달러를 1992년의 장기 국채 이자율인 7.39%로 나누면 상대 가치인 11.09달러가 나온다. 이것은 프레디맥 주식에 11.09달러를 지불하면 국채와 동일한 수익률을 얻게 된다는 뜻이다. 1992년에 프레디맥을 주당 8.45~12.32달러 정도에 살 수 있었다. 버핏의 평균 매수 단가인 9.67달러를 지불한다면 초기 수익률은 8.5%가 된다.

지난 10년간 프레디맥의 주당순이익 성장률은 17.6%다. 그렇다면 7.39% 수익률의 국채 11.09달러어치를 보유하는 것이 더 낫겠는가 아니면 초기 수익률 8.5%에 매년 17.6%씩 성장할 것으로 예상되는 프레디맥이라는 채권성 주식을 보유하는 것이 더 낫겠는가?

채권성 주식으로서의 프레디맥 주식

만약 프레디맥이 지난 7년간 올렸던 22.3%의 ROE를 유지할 수 있고 다음 10년간 이익의 약 72%를 유보한다고 가정하면 주당순자산 가치는 1992년 4.92달러에서 2002년에는 21.79달러까지 증가하게 된다.

2002년에 주당순자산 가치가 21.79달러이고 프레디맥이 여전히 22.3%의 ROE를 낸다면 프레디맥의 예상 주당순이익은 4.86달러다 ($21.79 × 0.223 = $4.86). 프레디맥 주가가 역사적 최저 PER인 9배에 거래된다면 주가는 약 43.74달러가 될 것이다($4.86 × 9 = $43.74). 역사적 최고 PER인 12.8을 적용하면 주가는 62.20달러다. 총 예상 배당금 7.61달러를 더하면 총 세전 이익은 51.35~69.81달러가 된다.

이것은 버핏의 1992년 초기 투자금액인 주당 9.67달러에 대한 예상 세전 연간 복리수익률이 18.17%에서 21.85% 사이가 된다는 뜻이다.

연간 주당순이익 성장률 수치를 이용한 투자

주당순이익이 계속 17.6%씩 성장하고 프레디맥이 이익의 28%를 배당으로 지급한다면 다음 10년간 주당순이익과 지급 배당금은 다음 표와 같다.

연도	예상 주당순이익($)	예상 배당금액($)
93	0.96	0.27
94	1.13	0.31
95	1.33	0.37
96	1.56	0.43
97	1.84	0.51
98	2.16	0.60
99	2.55	0.71
00	2.99	0.83
01	3.52	0.98
02	4.14	1.16
		합계 : 6.17

이것은 2002년에 프레디맥의 주당순이익이 4.14달러라는 것을 예측할 수 있음을 의미한다. 프레디맥이 역사적 최저 PER인 9배에 거래된다면 2002년에 주가는 37.26달러가 될 것이다($4.14 × 9 = $37.26). 역사적 최고 PER인 12.8배에 거래된다면 주가는 52.99달러가 될 것이다.

1994년에 프레디맥 한 주를 9.67달러에 샀다면 10년 후 그 가치는 주당 37.26~52.99달러가 될 것이라 예상할 수 있다. 세전 연간 복리수익률은 14.4~18.5%다(현재가치(PV)에 9.67달러, 연 수(N)에 10, 미래가치(FV)에 37.26달러 혹은 52.99달러를 입력하고 계산(CPT) 버튼과 이자율(%i) 키를 차례로 누르면 이와 같은 수치를 얻을 수 있다).

총 배당금인 6.17달러를 더하면 예상 세전 수익은 43.43~59.16달러로 뛰어오른다. 세전 연간 복리수익률은 16.2~19.8%다.

가격 분석의 결론

버핏은 1992년에 프레디맥 보통주를 주당 9.67달러에 3,484만 4,400 주를 매수했다. 총 매수 금액은 3억 3,700만 달러에 이른다. 이 주식을 사면서 그는 연간 17.6%씩 늘어날 것으로 예상되는 8.5%짜리 재편닝 주식을 산 것이라 여겼다. 또한 10년간 보유하면 예상 세전 연간 복리 수익률이 16.2~21.85% 사이 정도가 될 것이라 예상했다.

버핏의 프레디맥에 대한 예측은 얼마나 정확했는가?

우리가 했던 예측은 얼마나 정확했을까? 다음 표를 보도록 하자.

연도	예상 이익($)	실제 이익($)	오차율(%)
93	0.96	1.02	+6.2
94	1.13	1.27	+12.3
95	1.33	1.42	+6.7
96	1.53	1.65	+5.7
97	1.84	1.90	+3.2
98	2.16	2.13	-1.3
99	2.55	2.96	+16.0
00	2.99	3.39	+13.3

우리는 월가에서는 거의 들어보기 힘든 장기적인 이익 예측을 하고 있다는 사실을 잊지 말자. 표에서 보듯이 우리의 예측은 다소 보수적이었다. 과거 8년 중 7년간 프레디맥은 예상을 뛰어넘는 성과를 보여줬다.

2000년에 주가는 37~66달러에 거래되었다. 버핏은 1992년에 9.67달러를 주고 산 주식을 2000년에 매도했는데 배당을 제외하고도 세전 연간 복리수익률이 18~27%다. 그는 프레디맥의 사업 모델이 바뀌어서 이 사업의 위험 수준을 더 이상 감당하기 힘들다고 말했다. 프레디맥처럼 높은 레버리지를 이용하는 사업에서는 무언가 잘못되면 하루 아침에 재앙이 될 수 있다. 가장 수익성 좋은 사업을 장기간 하는 것만이 가장 안전한 길이다. 버핏은 부자가 되는 첫번째 수칙은 돈을 잃지 않는 것이고 두번째 수칙은 첫번째 수칙을 잊지 않는 것이라 얘기한다.

CHAPTER 20

버핏 방식을
스스로에게 적용하라

이제 당신은 워런 버핏처럼 생각할 준비가 되어 있는가? 어떤 기업에 대해 인터넷 등을 통해 재무정보들을 모았다면, 버핏처럼 투자하도록 도와주는 다음의 질문에 대해 답변해보기 바란다.

당신이 답해야 하는 질문들은 다음과 같다.

그 기업이 인지할 수 있는 지속적 경쟁우위를 가지고 있는가?

만약 그렇다면 일곱 살 어린이에게 설명한다고 생각하고 가장 단순한 방법으로 그것을 묘사해보라. 버핏은 모든 것을 단순화하는 것을 좋아한다. 만약 어린이에게 설명할 수 있을 정도가 안 된다면 지속적 경쟁우위는 존재하지 않는 것이라 보아도 좋다. 지속적 경쟁우위를 찾을 수 없다면 발견할 때까지 기다리고 대비하라. 버핏은 완벽한 공이 들어올 때까지 기다리는 것에 거리낌이 없다.

지속적 경쟁우위를 묘사해보자.

_____

_____

_____

_____

제품을 이해할 수 있는가?

버핏은 제품을 이해할 수 없다면 제품이 진부화 되어가는지를 절대 판별할 수 없다고 생각한다. 제품의 진부화는 버핏이 항상 염두에 두고 있는 진정한 두려움이다. 그는 투자하고 있는 사업의 속성을 완벽하게 이해함으로써 함정의 제물이 되지 않도록 하는 데 만전을 기한다. 제품에 대해 설명할 수 없다면 잊어버리고 이해할 수 있는 다른 사업을 찾아보는 것이 좋다.

제품에 대해 설명해보자.

_____

_____

_____

_____

투자 대상으로 고려하고 있는 기업이 지속적 경쟁우위를 가지고 있고 제품을 이해하고 있다면 20년 후에 제품이 진부해질 가능성은 얼마나 되는가?

버핏은 스스로에게 다음과 같은 질문을 즐겨 한다. 20년 후에도 사람들이 이 제품을 사용하려고 할까? 만약 그렇다면 계속 분석을 해도 된다. 그러나 그렇지 않다면 영화나 보러 가서 머리를 식히고 다음날 다시 시작하자.

20년 후에도 왜 이 제품이 진부화되지 않을 것인지 설명해보자.

_____

_____

_____

_____

_____

그 기업이 오로지 능력 범위 안에서만 자본을 배치하는가?

당신은 스스로의 역량을 잘 알고 있고 거기에 머물러 있는 사업을 원한다. 만약 GE처럼 복합기업이라면 지속적 경쟁우위를 가진 사업을 인수해왔는지 아니면 힘이 없는 가격경쟁형 사업으로 사업다각화를 해왔는지 정확히 알 필요가 있다. 훌륭한 사업이거나 훌륭한 사업체들의 집합체라면 더 깊게 분석할 준비를 하자.

해당 기업이 복합기업이라면 그것이 소유하고 있는 사업체들을 지속적 경쟁우위형 사업과 가격경쟁형 사업으로 나눠 목록을 만들어보라. 경영진이 어떤 방향으로 나가는지도 찾아라. 경영진이 환상적인 지속적 경쟁우위형 사업에 자본을 배치하고 있는가 아니면 가격경쟁형 무차별 사업에 집착하고 있는가?

지속적 경쟁우위형 사업	가격경쟁형 사업

과거 주당순이익과 성장률 추이가 어떠했는가?

주당순이익과 성장률이 지속적으로 강력하다면 분석을 계속하라. 약했던 해가 한두 해 있다면 이것이 일시적인 것인지 고질적인 것인지를 질문해볼 필요가 있다. 일시적인 것이라면 계속 분석을 진행하자(일시적으로 발생해 결국 해결될 수 있는 문제들은 종종 환상적인 수익을 올릴 기회를 제공해준다는 점을 기억해야 한다). 만약 약하거나 진폭이 크게 나타나는 이익 구조가 반복적인 것이라면 분석을 멈추고 미스터 마켓이 더 좋은 기회를 줄 때까지 현금을 아껴놔라.

이익이 지속적으로 강한 추세라면 과거 10년간 주당순이익을 취합하고 다음과 같이 계산기를 사용해서 연간 복리 성장률을 계산해봐야 한다.

연도	연차	주당순이익
95		_____ → 기준년도의 현재 가치
96	1	_____
_____	2	_____
_____	3	_____
_____	4	_____
_____	5	_____
_____	6	_____
_____	7	_____
_____	8	_____
_____	9	_____
_____	10	_____ → 미래 가치

재무계산기를 이용해 주당순이익 성장률을 구하는 재무 계산법은 다음과 같다. 현재가치(PV)에 기초년도의 주당순이익을, 미래가치(FV)에 10년째 주당순이익을, 연 수(N)에 10을 입력하고 계산(CPT) 버튼과 이자율(%i) 키를 누르면 연간 복리 성장률이 계산되어 나온다.

지속적으로 높은 ROE를 기록하고 있는가?

높은 ROE를 기록하지 못하는 기업은 장기적으로 당신을 부자로 만들어줄 만큼 충분히 성장하지 못할 것이다. 만약 물을 건너가고 싶다면 빠르고 힘센 배가 필요한 것은 당연지사다. 달리 말해 15% 이상의 ROE가 필요하다는 뜻이다. 분석 중인 기업이 높은 ROE를 내지 못한다면 펜을 놓고 산책을 나가자. 높은 ROE를 올린다면 지난 10년간 ROE 수치를 모아서 평균이 얼마인지 계산해보자.

연도	ROE
1. _____	_____
2. _____	_____
3. _____	_____
4. _____	_____
5. _____	_____
6. _____	_____
7. _____	_____
8. _____	_____
9. _____	_____
10. _____	_____

평균 ROE : _____

높은 ROTC를 기록하고 있는가?

이 질문에 대한 논리는 앞서 ROE에 대해 논의한 바와 같다. 경영진이 지속적으로 높은 ROTC를 보어주지 못힌다면 그 기업은 디 볼 만한 기치가 없다.

연도	ROTC
1 _____	_____
2 _____	_____
3 _____	_____
4 _____	_____
5 _____	_____
6 _____	_____
7 _____	_____
8 _____	_____
9 _____	_____
10 _____	_____

평균 ROTC : _____

재무구조가 안정적인가?

기업이 직면한 어려움에서 탈출하기 위해서는 충분한 재무적 힘이 필요하다. 지속적 경쟁우위를 가진 기업들은 장기 부채가 전혀 없거나 거의 없는 편이다. 주주 자본이 부채를 갚는 데 거의 쓰이지 않는다는 점을 감안하면 전통적인 의미의 부채비율은 기업의 재무 능력에 대해 통찰력을 거의 주지 못하는 것이 사실이다. 사업의 수익 창출 능력이야말로 부채를 갚을 수 있는 기업의 능력을 재는 유일한 척도다. 스스로에게 다음과 같이 질문해보라. 현재 이익으로 장기 부채를 갚는 데 몇 년이나 걸리겠는가?

현재 총 장기 부채 _____를 현재 순이익 _____로 나누면 장기 부채를 갚는 데 필요한 시간은 _____년이다. 만약 장기 부채가 순이익의 5배가 넘으면 조심해야 한다. 부채는 기업을 죽일 수도 있다.

적극적으로 자사주를 매입하는가?

자사주 매입은 추가 투자 없이 지분을 올릴 수 있는 방법으로 버핏이 매우 선호하는 것이다.

10년 전의 발행주식수 _____주를 현재 발행주식수 _____주에서 빼면 지난 10년간 그 기업이 _____주를 자사주로 매입했는지 알 수 있다. 마이너스 수치가 나오면 그 기업이 신주를 발행했다는 의미다. 버핏은 발행주식수가 줄어드는 기업을 찾고 있다.

인플레이션에 따라 자유롭게 제품 가격을 올릴 수 있는가?

조금 더 분석 작업을 해야 답을 얻을 수 있는 흥미로운 질문이다. 만약 그 기업의 제품이 20년 전과 똑같은 가격에 팔리고 있다면 당신은 가격경쟁형 사업을 대하고 있는 것이니 그냥 넘어가야 한다. 지난 20년간 제품 가격이 적어도 평균 4%씩 올랐다면 인플레이션에 따라 제품 가격을 올릴 수 있는 형태의 사업을 한다고 봐도 무방하다.

현재가치(PV)로 20년 전 제품 가격을, 미래가치(FV)로 현재의 제품 가격을, 연 수(N)로 20을 입력하고 계산(CPT) 버튼과 이자율(%i) 키를 차례로 누르면 제품 가격의 평균 인상률을 구할 수 있다.

제품 가격의 연간 인상률은 _____%

공상과 시세를 최신식으로 유지하기 위해 대규모 자본 지출이 필요한가?

이것은 기업에 대한 사항을 읽어보기만 해도 대답할 수 있는 질문이다. 그 기업이 자동차를 만드는가 소프트웨어를 디자인하는가? 크고 비싼 제트기를 사야만 하는가 아니면 진부화의 위험 없이 20년 동안 똑같은 기계를 사용할 수 있는가? 이 질문에 예라고 답할 수밖에 없다면 주의를 기울일 필요가 있다.

가격 분석

주가가 주식시장의 전체적인 폭락, 업종 불황, 치유될 수 있는 개별기업의 악재 등으로 인해 고전하고 있는가?

앞서 논의한 바와 같이 이런 상황들은 좋은 가격을 제시해준다. 일련의 사건들이 일어난 동안에 매수하지 않으면 당신은 주식에 대해 온전한 가격을 지불하고 있을 가능성이 크다. 부자가 되고자 한다면 악재 상황과 주식시장의 단기적인 시각을 이용하는 방법을 배워야 한다.

투자에 대한 초기 수익률은 얼마이며 국채 수익률과 비교하면 어떠한가?

주당순이익을 현재 주가로 나누면 투자에 대한 초기 수익률을 구할 수 있다. 그런 다음 초기 수익률과 기대되는 성장률을 국채에 투자했을 때의 수익률과 비교해보라. 국채가 더 매력적이라면 주가가 고평가되었을지 모른다.

초기 수익률 : ＿＿＿＿

성장률 : ＿＿＿＿

국채 수익률 : ＿＿＿＿

채권성 주식으로서 그 기업의 예상 연간 복리수익률은 얼마인가?

그 기업의 지난 10년간 평균 ROE ＿＿＿＿%이고, 유보되지 않고 배당으로 지급되는 평균 비율은 ＿＿＿＿%, 유보되는 비율은 ＿＿＿% 이다. 평균 ROE와 유보되는 비율을 곱한 값이 그 기업의 장부가치 성장률인 ＿＿＿＿%가 된다.

현재가치(PV)로 현재 장부가치인 ＿＿＿＿＿를, 이자율(%i)로 위에서 계산된 장부가치 성장률을, 연 수(N)에 10을 입력하고 계산(CPT) 버튼과 미래가치(FV) 키를 차례로 누르면, 10년 후 주당 장부가치는 ＿＿＿＿＿로 계산되어 나온다.

10년 뒤 주가를 결정하기 위해서 미래 주당 장부가치 ＿＿＿＿＿에 평균 ROE인 ＿＿＿＿%를 곱한다. 이렇게 나온 그 기업의 예상 주당순이익은 ＿＿＿＿＿이다. 다음으로 예상 주당순이익 ＿＿＿＿＿에 지난 10년간 평균 PER인 ＿＿＿를 곱한다. 그러면 그 기업의 미래 주가는 ＿＿＿＿＿가 나온다.

현재가치(PV)에 현재 주가인 _____를, 미래가치(FV)에 미래 주가인 _____를, 연수(N)에 두 기간의 차이인 ____를 입력하고 계산(CPT) 버튼과 이자율(%i) 키를 누르면 이 투자를 통한 예상 연간 복리수익률 _____%가 나온다.

지난 10년간 연평균 장부가치 성장률 : _____

배당으로 지급되는 평균 비율 : _____

현재 장부가치 : _____

평균 PER : _____

10년 뒤 예상 장부가치 성장률 : _____

예상되는 미래 주가 : _____

현재 주가 : _____

과거 연간 주당순이익 성장률을 이용한 예상 연간 복리수익률은 얼마인가?

2002년에 매수해서 2012년에 매도하는 투자에 대한 예상 연간 복리수익률을 계산하려면 먼저 1992년부터 2002년까지 연간 주당순이익 성장률을 알아야 한다. 그 다음 1992년부터 2002년까지 주당순이익 성장률을 이용해서 2012년까지 주당순이익을 예상하고 1992년부터 2002년까지 평균 PER를 곱한다. 그러면 2012년의 예상 주가를 구할 수 있다.

1992년의 주당순이익 _____

2002년의 주당순이익 _____

현재가치(PV)로 1992년 주당순이익을, 미래가치(FV)로 2002년 주당순이익을, 연 수(N)로 10을 입력하고 계산(CPT) 버튼과 이자율(%i) 키를 차례로 누르면 이 기간 중 연간 주당순이익 성장률은 _____%가 나온다.

연도	연차	주가
02		_____ → 현재 가치
03	1	_____
04	2	_____
05	3	_____
06	4	_____
07	5	_____
08	6	_____
09	7	_____
10	8	_____
11	9	_____
12	10	_____ → 미래 가치

투자를 통해 얻을 수 있는 예상 연간 복리수익률을 구하는 재무 계산법은 다음과 같다. 현재가치(PV)에 현재 주가를, 미래가치(FV)에 10년째 예상 주가를, 연 수(N)에 10을 입력하고 계산(CPT) 버튼과 이자율(%i) 키를 누르면 예상 연간 복리수익률이 계산되어 나온다.

다음으로 현재가치(PV)로 2002년 주당순이익을, 이자율(%i)로 1992년부터 2002년까지 연간 주당순이익 복리 성장률을, 연 수(N)로 10을 입력하고 계산(CPT) 버튼과 미래가치(FV) 키를 차례로 누르면 2012년 예상 주당순이익은 _____가 나온다.

2012년의 예상 주당순이익에 1992년부터 2002년까지 평균 PER를 곱하면 2012년 예상 주가는 _____다.

매수할 것인가?

매수할 것이냐 말 것이냐 하는 것은 항상 고민되는 질문이다. 만약 당신이 분석하고 있는 기업이 지속적 경쟁우위를 가지고 있고 합리적인 가격에 살 수 있다면 당장 그 기업에 올라탄다. 지속적 경쟁우위가 있지만 주가가 너무 높다는 사실을 발견했다면 더욱 매력적인 상황을 제공하는 주식시장의 조정, 업종 불황, 개별기업의 악재들을 기다려야 한다. 지속적 경쟁우위가 없다면 마음속에서 지워버리고 산책을 다녀온 다음에 지속적 경쟁우위가 있는 다른 기업들을 찾아보자.

한 가지 더 충고할 것이 있다. 버핏은 세상에서 가장 힘든 일이 인내하는 것이라고 말한다. 너무 서두르지 말자. 당신은 언젠가 지속적 경쟁우위를 가지고 있으면서도 적절한 가격에 거래되는 기업을 발견하게 될 것이다. 이것이야말로 당신이 큰돈을 벌 기회를 제공하게 될 것이다. 하루아침에 완벽한 상황을 발견하기는 힘들다. 우리는 다이아몬드를 찾고 있다. 때때로 악재 상황이나 주식시장의 근시안적인 시각은 우리를 다이아몬드 광산으로 안내하곤 한다. 그때 당신은 거기로 걸어가 하나를 줍기만 하면 된다.

최근 외국 동화에도 투자하고 풋옵션 매수까지 하는 버핏을 보면서 며느리가 그의 투자 방법을 자의적으로 재단하고 지나치게 단순화한 게 아닌가 하는 의문을 가지는 독자들도 많을 듯하다. 그러나 실전 적용 방법에 목말라하는 독자들에게 다소 강한 어조로 자세하고 친절하게 설명하고자 하는 의도만큼은 높이 사줘야 한다고 생각한다. 특히 여기서 사용된 여러 잣대들은 친숙하지 않은 외국 기업의 사례를 봐야 하는 국내 독자들이 버핏을 이해하는 데 큰 도움이 되고 있다.

소개한 내용이 너무 금과옥조라 여겨져 나만 보고 싶은 책으로 정의하고 싶은 열혈 독자들은 이런 질문을 던질지 모르겠다. 누구나 다 여기 소개된 방법을 따라 하면 저평가된 종목이 결국 없어지고 기회도 사라지는 것 아니냐고 말이다. 그러나 개인적 소견으로는 기우에 불과하다. 이 책에서도 언급되었지만 월스트리트의 전문투자가들조차도 단기적인 욕심과 취약한 심리에 휩쓸려 버핏과는 반대의 행동을 취한다. 가치투자는 근본적으로 인간의 본성에 역행하는 투자 방법이기 때문이다. 즉 지식을 습득하긴 쉽되 실천하기는 어려운 것이 바로 가치투자다.

그렇다면 이 책을 모두 읽어 지식을 습득한 독자들이 해야 할 일은 하나이다. 본인만의 원칙을 세우고 이를 엄격히 실천하는 일이다. 장세에 따라, 유행에 따라 자신의 투자 방법과 일시적으로 타협을 한다면 그건 원칙이 아닐 뿐더러 장기적으로 좋은 결과로 귀결되지도 않는다. 건전한 투자 문화는 지식으로 이뤄지는 것이 아니라 실천으로 이뤄진다. 우리나라의 투자 문화가 바뀔 수 있느냐는 지금 당신의 선택과 실천에 달려 있다.

한국형 가치투자의 정착을 꿈꾸며

최준철

워런 버핏의 실전 주식투자

1판 1쇄	2009년 8월 5일	
2판 1쇄	2010년 9월 2일	
2판 7쇄	2022년 1월 26일	

지 은 이	메리 버핏·데이비드 클라크
옮 긴 이	최준철
펴 낸 이	김승욱
편 집	김승관 김민영
디 자 인	윤종윤 이주영
마 케 팅	채진아 유희수 황승현
펴 낸 곳	이콘출판(주)
출판등록	2003년 3월 12일 제406-2003-059호

주 소	10881 경기도 파주시 회동길 455-3
전자우편	book@econbook.com
전 화	031-8071-8677
팩 스	031-8071-8672

ISBN 978-89-90831-87-3 13320